JN418077

백암 전재규 박사 평전

향기 짙은 인생여정

백암 전재규 박사 평전

향기 짙은 인생여정

류재양 지음 · 황봉환 엮음

1판 1쇄 발행 | 2023. 1. 25

발행처 | **Human & Books**
발행인 | 하응백
출판등록 | 2002년 6월 5일 제2002-113호
서울특별시 종로구 삼일대로 457 1409호(경운동, 수운회관)
전화 | 02-6327-3535~7　팩스 | 02-6327-5353
이메일 | hbooks@empas.com

ISBN 978-89-6078-766-7 03800

백암 전재규 박사 평전

향기 짙은 인생여정

류재양 지음 · 황봉환 엮음

Human & Books

목차

제8장 백암과 그리스도인의 애국심

제9장 백암의 인생 여정 3막 3장

제10장 백암의 향기로운 인생 시론(詩論)

제11장 백암의 저서에 대한 만호(晩湖)의 서평

제12장 백암의 업적과 예배

마치는 글

부록 I. 추천의 글과 발간사

부록 II. 백암의 유소년기 노래와 미래

부록 III. 백암과 만호의 약력

글머리에

백암(白巖) 전재규 박사의 향기 짙은 삶

만호(晩湖) 류재양

한 사람의 지나온 삶이 가치 있는 역사의 글로 남겨진다는 것은 그 삶의 여정에 남다른 헌신과 봉사와 희생과 결단이 있었다는 것이다. 그리스도인이 살아가는 삶의 제일 되는 목적은 하나님을 영화롭게 하는 것과 그를 영원토록 즐거워하는 것이다. 그러한 목적에 따라 걸어온 삶의 여정에 백암이 남긴 향기는 하나님을 믿는 신앙과 함께 뿜어나온 향기이다. 백암(白巖) 전재규 박사는 그의 인생관에 관한 분명한 철학을 가진 사람이다. 혈기왕성한 소년기와 청년기를 차례로 거치면서 그에게 확고한 신앙과 인생관에 큰 영향을 준 것은 성경이었다. 그는 하나님의 말씀을 벗어나 세상으로 눈을 돌리지 아니하고 그리스도인으로서 천성을 향하여 걸어가는 기독도로서 순수한 외길을 걸어왔다.

성경 중심의 그의 삶은 학문연구에서도 빛을 발했으며, 심령 골수를 깊게 찔러 쪼개듯이 깊이 있는 성과를 세상에 드러냈다. 수차례 발표된 연구 논문은 물론이고 많은 저서를 통해 성경 이해와 그의 삶의 흔적들을 엿볼 수 있다. 이러한 노력의 결과는 그에게 자연스럽게 본명 이외의 별명들을 만들어냈다. 그것이 의학도, 신학도, 철학자, 주의 종이라는 별명이다. 그에게 따라온 아름다운 수식어는 끈기 있게 암벽을 타고 올라가는 담쟁이의 정신과 닮은 그의 성격과도 일치한다. 백척간두 높은 암벽의 정상까지 타고 올라가서도 그곳에서 머리를 숙이는 담쟁이의 모습은 백암이 기도하는 모습과 꼭 닮았다. 백암은 매일 아침 높은 산에 올라가 기도하는 가운데 확신이 서면, 주저하지 아니하고 그가 지향하는 목적을 향해 추진력을 발휘한다. 이러한 담쟁이 같은 연하고도 강한 그의 정신은 인생 여정의 뚜렷한 궤적으로 남겨져 많은 이를 감동시킨다.

그는 계명대학교 의과대학 학장, 대신대학교 총장, 한국호스피스협회 이사장, 대구서현교회 장로 등의 중책을 수행했다. 지금은 '대한민국역사문화운동본부' 이사장, 의료선교사 플레처(Archibald G. Fletcher) 박사 기념관 건축추진 본부장, 대구의 선교 초창기 선교사들의 순례길 조성사업 등을 맡아 여전히 왕성하게 활동하고 있다. 이처럼 그는 대구 기독교의 역사를 끊임없이 연구하여 대구 근대문화사를 집필하고 있다. 그의 이러한 노력은 자연스럽게 '대구성시화'에 기여하고, 대구가 제2의 예루살렘이라는 명성을 회복하려는 운동으로 이어지고 있다. 더 나아가 전재규 박사는 '국제연합교육과학문화기구'(UNESCO)에 대구 근대역사 문화유산으로 등재하기 위한 노력을 계속하고 있다.

이처럼 백암 전재규 박사의 정신은 많은 이들에게 귀감이 되고 있다. 이 업적들을 마음속에만 묻어두는 것이 너무나 애석하여 어렵게 펜을 들고 그의 삶의 궤적을 더듬으면서 『향기 짙은 인생 여정』이란 평전을 집필하게 되었다. 백암 전재규 박사가 걸어온 삶의 뒤안길에는 짙은 향기가 가득 뿌려져 있다. 급변해 가는 제4차 산업혁명 시대를 맞이하여 인공지능(AI)이 사람의 지능을 대신한다 해도 사람에게만 존재하는 영성과 정신을 대체할 수는 없다. 그러니 백암만이 가진 그 영성과 아름다운 정신 사상을 기록하는 일은 참으로 가치 있는 일이다. 특히 백암 특유의 '노블레스 오블리주'(noblesse oblige) 정신은 많은 사람에게 감동을 주리라 생각한다.

이렇게 『향기 짙은 인생 여정』이란 평전에 담긴 백암 전재규 박사의 인생 스토리는 마치 밤하늘에 반짝이는 별빛과 같다. 그의 향기 짙은 삶의 여정에 남은 궤적을 따라가면서 지난 40여 년 동행길에서 마주치고 경험했던 많은 에피소드와 흔적들을 더듬고 필자의 가슴과 머리에 남겨진 백암의 삶을 찬찬히 그려보려고 한다. 그의 행보를 실제만큼 아름답게 그려내지 못한 필자의 표현력에 한계가 있음을 인정하며, 그러기에 높은 수준의 평전으로 담아내지 못했다는 아쉬움이 마음 한구석에 남아있다. 지나온 세월 동안 보고 들었던 삶의 일부를 필자의 주관적인 생각으로 써 내려가는 일이 쉬운 일만은 아니었다. 많은 분의 조언과 격려가 필자에게 큰 힘이 되었다. 따라서 백암의 평전에 담아낸 삶의 흔적들이 깊은 의미와 가치를 담아 읽는 이로 하여금 감동뿐만 아니라 삶에 본보기로 남겨지리라 생각하면 가슴 뭉클하다. 숨겨졌던 삶의 궤적이 세상에 드러나 빛을 발한다면 그것이 하나님께 영광이 되리라 확신한다.

복 있는 사람은 악인의 꾀를 좇지 아니하며 죄인의 길에 서지 아니하며
오만한 자의 자리에 앉지 아니하고
오직 여호와의 율법을 즐거워하여 그 율법을 주야로 묵상하는 자로다
저는 시냇가에 심은 나무가 시절을 좇아 과실을 맺으며
그 잎사귀가 마르지 아니함 같으니 그 행사가 다 형통하리로다
악인은 그렇지 않음이여 오직 바람에 나는 겨와 같도다
그러므로 악인이 심판을 견디지 못하며 죄인이 의인의 회중에 들지 못하리로다
대저 의인의 길은 여호와께서 인정하시나 악인의 길은 망하리로다(시 1편)

추천사

백암 전재규 박사 『향기 짙은 인생 여정』 평전 발간을 축하합니다

권순웅 목사(대한예수교장로회 제107회 총회장)

백암 전재규 박사의 『향기 짙은 인생 여정』 평전 발간을 축하합니다. 가슴 뜨거운 삶의 길은 아련한 감동을 주고 있고 꽃보다 아름다운 궤적을 남긴 귀감의 삶 자체라 생각됩니다. 백암 전재규 박사께서 인재 양성의 요람인 대구 계성학교 선배가 됨을 평전을 통하여 알게 되었습니다. 훌륭한 선배님의 평전에 추천사를 쓰게 됨을 감사하게 생각합니다. 백암 전재규 박사와 저자 만호 류재양 장로는 40년의 오랜 세월 동안 어린 소년들같이 동아리 활동하듯 소통하고 교류 협력하여 온 돈독한 일란성 쌍둥이처럼 형제 사랑으로 긴 세월을 함께해 왔기에 백암의 살아온 여정길을 소상하게 이해하고 순수하게 기술한 평전이라고 생각됩니다.

저자 만호 류재양 장로와 백암 전재규 박사 두 분은 암울한 일제 식민치하 굶주리고 배고픈 가난한 시대에 출생하여 초근목피로 연명하여 온 굴곡의 삶을 경험한 분들로, 국운의 격동기를 체득하고 목도하면서 삶 자체가 아슬아슬한 외줄을 타는 곡예사같은 험악한 상황을 극복해 온 악전고투를 터득한 걸음이었습니다.

백암은 그러한 상황에도 모태신앙인으로서 소년 때부터 성경을 표준 삼고 "그 나라와 그 의를 구하라. 그리하면 이 모든 것을 너희에게 더하시리라."는 말씀에 뜻을 정하여 믿음으로 심지(心志)를 굳게 하여 기도하는 기독도로서 한길을 걸어왔습니다.

백암의 한 발자국 한 발자국에 남겨진 크나큰 독보적 궤적은 모든 사람에게 귀감이 되고 도전이 되며, 겹겹이 쌓여진 족적의 이야기를 촘촘히 읽어보면 철학자의 길, 백암이 살아온 길을 이해하게 되고 현명한 지혜자의 삶이 어떠한 길인가를 배우게 될 것으로 확신하며, 기쁨으로 백암의 평전을 추천합니다.

추천사

백암 전재규 박사 평전 출판을 축하하며

배광식 목사(대한예수교장로회 106회 총회장)

한 사람이 걸어온 생애는 그 사람의 역사임과 동시에 그 사람과 관련된 기관이나 사람의 역사이기도 하다. 일본의 식민통치 격동기에 태어나 예배당 마당을 놀이터처럼 뛰놀며 성장하여 복음 안에서 가진 큰 꿈을 이루고자 매사에 전심전력하며, 오직 교회, 오직 신앙, 오직 하나님께 영광이라는 신앙의 좌우명으로 살아온 전재규 박사의 일생을 평전으로 출간하게 되어 진심으로 축하한다. 이 평전의 저자 류재양 장로는 어쩌면 신앙 안에서 맺은 형제요, 동역자요, 협력자로 백암과 동고동락하며 걸어온 신앙의 죽마고우이다.

이런 관계에서 백암 전재규 박사와 평전의 저자 류재양 장로는 40년의 오랜 세월 대구지역 교회와 기독교 지도자를 양성하는 대신대학교 발전을 위해 동역하며 섬겨왔고, 또 대구 기독교 역사문화 행사에 함께 활동해 왔으며, 함께 어우러진 삶과 헌신을 통해 이루어놓은 보석 같은 업적들이 평전이라는 개인 역사의 주마등 위에 올려져 진솔한 이야기로 빛을 발하고 있다. 평전에 담은 백암의 면면은 현대를 살아가는 사람들에게 종교라는 특별한 신념을 넘어 평범한 한 시민으로서 삶 자체가 모두의 귀감이 될 만한 인물이다. 생각의 폭을 자신의 개인 영역에 초점을 두지 않고 그가 붙잡은 성경의 진리를 전하고, 인류 사회를 건강하게 하려는 열망으로 어떤 시련과 고난을 감내하면서도 꿈을 이루고, 그가 속한 신앙과 삶의 영역에서 빛을 발하는 일에 둔 그의 헌신적 사역(事役)은 높이 평가받아야 한다.

몸에 배어든 삶의 검소함은 근검절약의 표상이며, 교회에 던진 헌신과 희생은 주님의 이름과 영광을 위한 신앙의 목표이며, 과거 역사적 가치들을 가꾸고 지켜 보존하려는 것은 역사·문화를 계승하려는 그의 염원에서 비롯된 것이다. 이것이 교회와 사회를 밝게 하는 빛이다. 백암께서 몸담아 뛰어온 그 자리는 곳곳마다 역사가 되고, 발전을 이루며, 문화 전승의 토대를 이루었다. 배움과 학문연구를 위해 걸어온 30년은 인생의 미래를 결정하는 초석이 되었고, 서현 공동체에서 흘린 눈물과 땀과 물질적 헌신은 교회를 더욱 빛나게 만들었으며, 계명대학교 의과대학과 동산의료원에서 남긴 족적은 지역사회를 견인하며 인생의 전인치유를 경험하게 하는 희망의 발판이 되게 했고, 역사의 뒤안길에 숨겨진 유산들을 발굴하여 후손들에게 시대의 정신을 계승하게 하려는 열정은 마른 땅에 뿌려진 씨앗 같으나 잠시 후에 열매를 거둘 것으로 믿는다.

제4차 산업혁명과 최첨단 기술이 인류에게 줄 미래의 현상은 인류가 창조주보다 피조물을 통한 기술의 발전과 기계의 힘을 더 의존하게 될 것으로 예측한다. 그러나 그 현실 속에 참된 희망과 행복과 평안과 기쁨이 저절로 발생한다고 예고할 수는 없다. 결국, 인생 행복과 평안과 즐거움의 원천은 하나님에게 있다. 그 진리를 찾은 자들이 내뱉는 신앙고백에 귀를 기울이고, 역사가 남긴 사료와 유산에 근거하여 방향을 찾고, 인생의 참 주인을 만나는 것이 가장 큰 행복이요, 축복이 될 것이다.

이런 희망의 이야기를 이 평전에서 발견하게 될 것이다. 평전에서 고스란히 벗겨낸 한 기독도 백암이 걸어온 순례의 길에 남긴 삶의 발자취는 절망하는 시대에 꿈을 심어줄 것이며, 옛날을 더듬어 아름다운 이야기로 촘촘히 엮어낸 만호의 필설은 보고 읽는 이로 하여금 '코람데오'(하나님 앞)에서 옷깃을 여미게 할 만큼 감동을 줄 것이다. 즉흥적 감정이 아니라 오랜 시간 기도하고 이 일이 주의 사명이라 확신하면 아낌없이 헌신하는 용단성을 발휘하는 믿음의 거장 백암의 삶이 독자들의 가슴을 크게 두드릴 것으로 믿어 백암 전재규 박사의 평전을 기쁘게 추천한다.

추천사

백암 전재규 박사님의 평전 출판을 축하드리며 올립니다

대신대학교 총장 최대해

나그네 인생길을 가면서 주님의 택하심과 섭리 가운데 이 땅에 머물 동안의 개인의 흔적인 뒤안길을 살펴보는 것은 참으로 의미 있는 일이다. 이런 귀한 일을 만호 류재양 장로님께서 앞장서심이 여호와 하나님 앞에 상급의 열매가 맺혀질 줄 믿는다. 백암 전재규 박사님의 생애가 평전으로 만들어짐은 모든 사람에게 귀감이 되게 하신 하나님께 감사와 영광을 올려드린다. 대신대학교가 재정적으로 어렵고 힘들 때 수년에 걸쳐서 백암께서는 사재를 희사하시고 만호 류재양 장로님은 교계의 여러분들을 만나서 도움을 청해서 현재 본관 건물을 짓는 데 두 분의 쌍두마차 역할이 학교 발전의 단초가 되게 하셨다.

만호의 그 인품이 우리 교단을 섬기고 헌신과 봉사의 힘이 선지학교를 새로이 세워가며, 특히 백암과의 관계를 더욱 돈독하게 만들었다. 만호께서는 경북 경산시 용성면에서 일제강점기에 출생하시고, 전 국민이 어렵고 힘든 시기에 근면과 성실로 삶을 사시면서도 언제나 하나님 말씀 중심으로 주님을 섬기고 교회를 섬기고 대한예수교장로회 부총회장으로 섬겨오신 어른이다. 신실한 신앙으로 주위 분들에게 언제나 신앙인의 진실한 모습으로 교회와 총회와 특별히 선지학교를 위하여 평생을 두고 기도하며 헌신하셨고 선을 이루어 가시는 데 앞장서신 분이시다.

우리 교계의 새로운 전기가 마련될 때마다 만호의 필설의 역할은 교계와 특히 선지학교의 역사를 다시 쓰게 만들었다. 그리고 만호와 백암의 40여 년 우정과 사랑에 힘입어 백암의 바른 신앙을 기초로 하여 초지일관 하나님 나라 확장과 한국교회의 부흥을 이끌고 선지학교를 사랑하고 계명대학교 의과대학 동산의료원에서 그동안에 남긴 아름다운 모습은 지역사회를 이끌고 희망의 견인차 역할을 할 것이다. 하나님은 보이지 않는 손으로 섭리를 이루시되 보이는 사람을 사용하셔서 일을 이루어가신다. 그 중심에 서 계신 백암은 강직한 믿음과 온유한 성품을 지니셨다.

언제나 신앙적으로 추호도 흔들림이 없는 정통 보수신학의 신앙적인 인격을 지니시고 경건한 삶과 지금까지 지켜오신 신앙은 후진의 큰 사표가 되셨다. 교회 내외적인 형편을 두루 살피고 개인의 사사로운 정에 이끌려 편협함이 없으신 백암의 삶은 이 시대에 귀감이 된다. 이런 신앙의 반듯하심과 정직하신 성품을 지니셨기에 대신대학교 5, 6대 총장을 역임하셔서 후학들에게는 보수신앙의 기초를 다지는 데 크게 기여하셨다. '코로나19' 시대에 이 세상 사람들은 모두 다 무덤으로 끝난다고 슬퍼하지만, 백암은 그날 주님께서 이루실 부활을 믿고 소망 가운데 살아가게 하시는 분이다. 백암의 이런 모습을 진솔하게 서술하신 만호 류재양 장로님은 우리에게 분명히 혼돈의 시기에 모범을 보여주셨다. 이 세상의 사람들과 구별되고 사는 목적과 방법이 다르고 가는 길이 다르고 우리의 마지막 종착점이 다름을 분명히 보여주신 백암의 삶을 평전에 담게 됨을 축하드리며 추천한다.

추천사

전재규 박사님의 평전 출판을 축하합니다

영남신학대학교 총장 권용근

한 사람이 걸어온 궤적을 더듬어 기술한다는 것은 그만한 의미를 지닌 사건과 그가 걸어온 빛난 족적이 쌓여있기 때문이라 생각한다. 저자 류재양 장로님은 대구경북 복음선교 초기 미국북장로교 선교사 아담스(Rev. James William Adams)가 경산시 용성면 송림리에 1903년 설립한 송림교회에서 소년기 예수님을 영접하고 세례받은 역사 깊은 송림교회 출신으로, 대한예수교장로회 장로 부총회장을 역임하고 현재 대구 반야월 중부교회 원로장로로 섬기고 계신다.

저자는 전재규 박사님과 1980년 대구신학교에서 함께 공부하신 동창으로 42년간 온갖 어려움과 괴로움을 참고 대신대학교를 섬기셨다. 전재규 박사님이 대신대학교 총장 재임 시 저자 류재양 장로님은 재단이사로, 대신대학교 발전추진위원장으로 섬기며 두 분 모두 학교 발전에 큰 역할을 하셨다. 두 분은 상호 눈빛만 봐도 이심전심의 생각을 이해하고, 소통할 수 있는 사이로, 교내 과업은 물론 대외적 사업일지라도 성취하고자 하는 목표가 설정되면 기도하고 추진한 과업들은 백 프로 성취 달성되었다고 상호 고백하고 있는 사이다.

두 분은 남은 여생 견고하게 우의를 다져나가게 되므로 42년간 동행하여온 죽마고우 사이였다. 저자는 전재규 박사님의 사상과 지향하는 삶의 방향과 성취하고자 하는 목표 등을 간략하고 진지하게 단락별로 잘 기술해 주셨다. 이 저서에서 발견되는 전재규 박사님은 '높은 사회적 신분에 상응하는 도덕적 의무와 책임'을 뜻하는 '노블레스 오블리주' 정신을 실천하신 분으로 나타나 있다. 또 이 책은 전재규 박사님이 솔선수범 정신사상을 가지시고 인간사고의 최종은 진리라고 생각하시고 그 정점을 찾아가시는 여정을 잘 서술해 주고 있다.

그러므로 이 책에 나타난 백암 전재규 박사님은 우리 시대 교회 지도자들에게 귀감이 되고 높은 덕망을 지닌 분으로 서술되었다. 또 모두가 인정하는 존귀한 철학을 소유한 믿음의 거장으로 현존하는 대구 기독교 역사 인물 편에 보존될 것으로 확신한다. 이러한 내용을 저자는 전재규 박사님에 대해 솔직담백한 필체로 잘 저술해 주었기 때문에 모두가 한번 읽어보고 도전을 받을 수 있도록 기쁜 마음으로 추천한다.

축사

전재규 박사 평전 간행을 축하드립니다

장차남 목사
(증경총회장, 91회기, 온천제일교회 원로목사)

저자 류재양 장로께서 80대 후반이란 적지 않은 연세에 '백암 전재규 박사 평전'을 집필했다는 놀라운 소식에 진심으로 감탄하며 축하를 드립니다. 이 평전의 주인공인 전재규 박사는 경북대학교 대학원 출신으로 선교사들이 설립한 대구 동산의료원 의사로서 30년을 재직하였으며, 그 와중에도 40년 전에 대구신학교 야간부를 수학하시어 류재양 장로와는 비슷한 연배로 동기생이 되었습니다.

백암은 대구서현교회 장로로서 평생직장이었던 동산의료원을 은퇴한 후 대신대학교 총장으로 추대되어 목회자와 선교사 및 기독교 인재 양성에 전심전력을 기울였습니다. 또 그는 총장 재직 시와 그 이후 학교 발전을 위해 65억 원 상당의 사재를 희사하여 시설확장 등 학교의 기틀을 다지는 데 큰 업적을 남겼습니다. 이외에도 그는 신학연구를 위하여 졸라(Zola) 유태인 신학교에서 수학하였고 대구 근대사학 연구자로 계속 활동 중입니다. 오로지 신앙에 의지하여 초기 30년은 의사로서 후기 30년은 대신대학교를 위해 이바지해 오신 분입니다.

청지기의 사명감으로 노블레스 오블리주를 소리 없이 실천하신 삶의 귀감이 되는 귀한 장로입니다. 이런 전재규 박사의 평전이 오랜 지기요 동지인 류재양 장로에 의해 집필되어 출간을 하게 되니 한국 교계의 경사스러운 일로 여겨 감사와 더불어 찬사를 올립니다.

축사

전재규 박사 평전 간행을 축하하며

박정규 목사
(전 대신대학교 교회사 교수, 현 서울교회사연구소장)

금번 대신대학교 명예이사이신 존경하는 류재양 장로께서 명예총장 전재규 박사의 평전을 쓰시면서 축사를 의뢰해 왔기에 졸필이나마 사양하지 않고 이 글을 쓰는 이유는 평전을 집필하는 류재양 장로와 장로께서 집필하는 평전 대상자인 전재규 명예총장 두 분과 관하여 나에게 잊을 수 없는 사연이 있기 때문이다. 전재규 총장과는 한국 선교 100주년을 기념하는 1984년에, 필자가 대구서현교회에 부름을 받아 수석 부목사로 대학부 지도 목사로 봉사하면서 인연이 맺어졌다.

당시 필자는 'EXPLO74' 세계대회 준비를 하면서 한국대학생선교회(C.C.C) 대구지구 대표(Staff)로 임무를 마칠 즈음에 대구서현교회 담임 김수학 목사의 소개로 당시 대신대학교 전신인 대구시 대명동에 위치한 가톨릭병원에 인접한 대구신학교 야간부에서 기독교 교육사와 한국교회사를 가르치고 있었는데, 저녁 휴식시간에 운동장에서 전재규 장로를 우연히 만나게 되었다. 어찌 학교에 오셨냐고 하였더니 학교에 다니신다고 하여 깜짝 놀랐다. 전재규 장로는 당시 대구 계명대학교 부속병원의 동산의료원 마취과 의사와 의과대학 교수로서 유명세를 타고 있는 명성 있는 교수이자 서현교회 장로였다. 한번은 대학부 예배 강사로 초청하였는데 창세기에 하나님께서 아담을 잠들게 하신 후 갈비뼈 하나를 취하여 하와를 만드셨다는 설교를 하던 모습이 지금도 생생하게 기억되고 있다.

설교 도중에 창세기 2장 21절, “여호와 하나님께서 그 사람을 깊은 잠에 빠지게 하시자, 그가 잠이 들었다. 하나님께서 그 사람의 갈빗대 하나를 빼내시고 그 자리를 살로 메우셨다.”를 인용하면서 하나님께서 아담을 불러 앉히시고는 아담의 이마에 손을 얹으시고 “아담아, 잠시 눈을 감고 있어라.” 하시며 깊은 잠에 빠지게 하시고, 그 사이에 오른쪽 갈비 한 개를 빼서 그의 동료요 아내가 될 하와를 만드신 후 “아담아 잠에서 깨어라.” 하시니 아담이 그동안 이루어진 일을 하나도 모른 채 눈을 떴다고 설명하며 설교하시던 모습이 ‘아! 과연 마취과적인 실감 나는 설교였다.’는 생각에 지금도 눈에 선하게 각인되어 있다.

그 후 대신대학교가 대구 인근의 경산시로 이전한 후 학교 강의실과 식당에서, 필자의 연구소와 총장실에서 한국교회사에 관한 이야기를 나누며, 기독교 역사 문화발전을 위하여 많은 대화를 나누었고 특별히 전재규 총장의 후원과 추진력에 의하여 ‘대신대학교 60년사 발간위원회’를 조직하여 필자가 주필이 되고 편집위원으로 박창식 박사와 이혜정 박사와 함께 체계적으로 대신대학교 역사와 대구 경북 기독교 선교역사를 정립하기 위하여 관계자료를 찾고 또 고증자료와 문헌자료를 수집하는 데 어려움이 많은 가운데서도 교사(校史) 편찬위원들의 노력으로 지역 교회사의 보감이 될 대신대학교사를 출판하게 되었다. 전재규 총장은 대신대학교 발전에 개인적으로도 힘을 다하여 버팀목 역할로 재정적으로 크게 후원하였기에 오늘의 신학대학원의 건물이 우뚝 세워져 성화(聖火)의 불빛을 밝히고 있다. 뿐만 아니라 30년 동안 전문 의료인으로 봉직하면서 의료인으로서만이 아니라 신학 공부를 하였고, 이 지역의 근대 역사문화의 깊은 학문적인 연구도 하면서 역사신학자로 평가받고 있다.

본서의 집필자인 류재양 장로 역시 대구신학교에서 전재규 장로와 동시대에 함께 신학 공부를 한 동창생이고, 교단 총회 산하 전국장로회 또 ‘전국남전도회연합회’ 회장과 총회 부총회장을 역임한 교단의 원로 지도자로서 특별히 대신대학교 선지동산을 함께 섬겨온 지 40년이다. 두 분은 절친으로 동행하여 오면서 전재규 장로를 가까이에서 보고 느낀 그의 신앙적 비전과 인생관과 생활양식과 움직이는 걸음걸이를 유심히 살펴본 점과 그의 사고방식과 의지력, 혁신적 생각과 개혁신앙의 언행 등을 다각도로 바라보면서 눈빛만 봐도 서로 깊은 마음속까지 살펴보고 있어 그를 가까이에서 보고 겪은 분이므로 전재규 명예총장의 평전 집필자로서의 능력을 겸비한 분이어서 좋은 평전이 되리라 기대한다.

평전 필자와의 숨겨진 인연이 하나 있다. 필자가 대구 달성교회 담임목사로 재직할 때 경북노회 중시찰회 서기로 같은 시찰의 달성제일교회 장로장립식에 안수위원의 한 사람으로서 류재양 집사를 장로장립하여 세우는 데 함께한 개인적 인연이 있어 감사한 마음으로 집필을 진심으로 축하드린다. 평전 이곳저곳에 시인으로서 저술가의 면모가 여기저기에서 빛나고 있어 집필자의 면모가 두드러지게 나타난다. 이 평전이 한국교회와 대구지역 인물사에도 큰 몫을 감당하리라 믿어 의심치 않는다. 진심으로 평전 간행을 축하드리며 노고에 감사한다.

축사

존경하는 전재규 장로님과 류재양 장로님!

강문명 장로
(대구서현교회 원로장로, 경북대 명예교수)

전재규 장로님의 생애는 의학을 전공하신 마취통증의학자로서 계명대학교 의과대학 마취통증의학과장, 의대학장, 대신대학교 총장을 역임하셨고, 한국호스피스협회 창립 및 초대이사장, 대구 3·1운동길 조성, 역사정립운동 및 대구기독문화운동 사업을 이끌며 헌신하셨다.

장로님은 권사님과 같이 1남 2녀를 훌륭하게 양육하여 모두 미국에서 사는데, 장녀는 스탠퍼드 의과대학 교수로서 내과 과장이고 사위는 면역학 교수, 차녀는 도시 건축학 설계사이고 사위는 국제변호사, 아들은 미국 연방은행 중역원으로 근무하고 며느리는 스탁톤병원 내과 과장으로 사역하는 의사이다. 장로님의 형제들은 모두 장로님으로서 큰형님은 직물회사 회장으로 산업화에 기여하셨고, 둘째 형님은 국어학자로서 경북대학 인문대학장직을 역임하셨으며, 셋째 형님은 검사장으로 법조계를 위해 크게 공헌하셨다.

권사님의 가정은 대구가 자랑하는 신앙가정으로 오빠는 동산의료원 외과장과 원장 그리고 의무부총장으로 헌신했으며, 큰언니는 대구교육대 교수, 형부는 계명대학 총장을 지내신 김태한 장로, 둘째 언니는 동산의료원 소아과장, 형부는 경북대 교수, 동생은 부부 박사로서 미국에 거주하신다. 이렇게 자녀들과 양가 형제들 모두가 성공적인 삶을 산다는 것은 어려운 일인데 부모님의 은혜요, 하나님의 크신 축복이라 생각한다. 전재규 장로님과 강일혜 권사님은 물질의 축복도 받으셔서 교회와 선교와 장학을 위하여 많이 헌금하셨고, 특히 대신대학교를 튼튼한 반석 위에 세우는 일에 크게 공헌하셨다.

40년 넘는 세월 동안 가까이서 장로님을 지켜보면서 새옷 입은 것을 거의 보지 못했다. 최근 조카 내외가 새 양복을 선물하였는데 저렴한 양복점에서 맞추시는 것을 보았다. 장로님의 삶은 그야말로 근검절약하는 삶이었다. 장로님이 대신대 총장으로 계실 때 2013년 5월 6~16일 나이지리아 '선교훈련센터' 헌당식에 함께 참석하였는데 헌당식 날 장로님의 유창한 영어 실력은 국제적이었다. 대구 3·1운동길 조성과 대구 선교역사인 청라언덕 사업은 대구시와 대구 기독교계가 해야 할 일이지만 장로님께서 사명감을 가지고 외롭게 혼자서 시간과 돈을 투자하여 완성하셨다.

장로님은 오랜 세월 동안 대구 근대역사문화벨트 조성사업을 위해 온 정성을 쏟고 계신다. 이 거대한 일이 장로님 생전에 반드시 성취될 것이라 확신한다. 이러한 장로님의 삶을 보면서 진실로 존경과 감동과 감사를 드린다. 그리고 2022년 7월부터 서현교회 70주년 기념사업으로 시작하는 교역자 사택과 화장실, 쉼터와 주차장, 교회 묘지길 공사를 위하여 장로님은 기성회 위원장으로 앞장서셨다. 이러한 장로님의 교회를 위한 헌신적인 결심이 잘 완성되도록 함께 봉사하게 되어 진심으로 감사를 드린다. 끝으로 존경하는 류재양 장로님께서 얼마나 친구를 사랑하고 존경하였으면 노령이심에도 귀한 책 '전재규 박사 평전'을 집필하셨는지! 이 귀하고도 아름다운 책 출간을 진심으로 축하와 감사를 드린다.

서쪽 하늘에 노을지면 현란한 소리 들려오니
교우들 모여 기도한다.
회전목마 트로이 언덕 강력한 군사 몰려와도
문화가 세상을 바꾸고 명사는 시대를 밝히니
원대한 희망을 가진다. 노상 걸음도 늠름하다.
장로는 빛과 소금 되어 노정길 밝게 비춰준다.

백암 전재규 박사의 성장 이야기

The Garden of Jehovah-Jireh
At this location, a gentle hill outside the old walls of Daegu, Protestant Christianity was established and grew to become a major part of religious life in Korea. In 1899, three inspired American Presbyterian missionaries, Dr. James E. Adams, Dr. Woodbridge O. Johnson and Rev. Henry M. Bruen met at this site and blessed the site proclaiming "the land we are standing on was provided by the Lord", and further, gazing below at the walled city of Daegu, proclaimed it as the "Jerusalem where the Tower of David stands."
A church and mission office as well as a medical clinic, where western medicine was first practiced in this region, were established at this location. The clinic was the predecessor to the present Dong San Medical Center. As foretold by the missionaries, this site became central to expanding the Christian church and ministries in Daegu and beyond.

1. 겨자씨로 자란 소년기 30년

백암 전재규 박사께서 10세 때까지 보낸 소년기는 국가적으로는 일제의 식민치하 기간이었다. 그는 암울한 시대에 가난한 농부의 가정에서 4남 1녀 중 막내아들로 1937년 경상북도 칠곡군 동명면 금암1리 56번지에서 출생했다. 그는 일제치하 기간에 1년 6개월간 초등교육을 받았다. 이후 1945년 8월 15일, 조국이 해방되는 기쁨을 경험했고, 1950년 6·25 동족상잔의 상처와 아픔을 경험했다. 잔인한 전쟁포화로 인해 불가피하게 소년시절 가족들과 함께 부모를 따라 정처 없이 피난길을 떠나는 고달프고 고통스러운 생활을 몸으로 체험했다. 1948년 8월 15일 대한민국이 건국되던 때, 그의 나이는 열두 살 소년이었다.

백암께서 장래의 희망과 꿈을 품고 묵묵히 걸어온 그 길에는, 그가 쉽게 이해할 수 없는 상황이 많이 전개되었다. 그러나 그에게는 믿음 안에서 겨자씨 같은 생명의 씨가 마음속에 심어져 있었다. 그 생명의 씨가 백암으로 하여금 그의 나라와 그의 의(義)을 구하는 소년기로 성장하게 했으며, 계성학교와 경북대학교 의과대학을 졸업하게 한 토대가 되었다. 이후 그는 미국으로 유학하여 1967년 1월 세인트루이스병원 인턴(intern) 과정을 수련하고, 임상학 전문의로 환자를 진단 치료하는(clinical medicine) 과정을 수료했다. 이후 오하이오(Ohio)주 휴론로드병원 레지던트(resident) 과정 2년을 수료하고, 에크론 아동병원에서 전문의로 근무하기까지 6년간 미국에서 생활했다. 이후 대구 동산기독병원의 하워드 마펫(Howard F. Moffett) 원장의 초빙으로 마취통증의학과 의사로서 치유사역을 시작했다. 여기까지 주권적으로 인도하신 하나님의 은혜를 이루 다 말할 수 없음을 감사하고 있다.

꿈을 키운 소년기부터 청년기까지 전적 하나님의 계획과 섭리로 인도해 주신 것을 비로소 이제 알게 되었다. "사람이 마음으로 자기의 길을 계획할지라도 그의 걸음을 인도하시는 이는 여호와이시니라”(잠 16:9). 그는 이 성경 말씀을 가장 귀하게 묵상하는 지혜자였다. 백암은 “지혜와 훈계를 알게 하며 명철의 말씀을 깨닫게 하며, 지혜롭게, 공의롭게, 정의롭게, 정직하게 행할 일에 대하여 훈계를 받게 하며 어리석은 자를 슬기롭게 하며 젊은 자에게 지식과 근신함을 주기 위한 것이니, 지혜 있는 자는 듣고 학식이 더할 것이요 명철한 자는 지략을 얻을 것이라”(잠 1:2~5)는 말씀을 기억하며 살아온 믿음의 철학자이다.

2. 청년기를 보낸 동산병원 30년

백암 전재규 박사는 미국에서 6년간 유학생활을 하던 중 대구 동산기독병원 하워드 마펫(Howard F. Moffett) 원장으로부터 동산병원에서 함께 일하자는 초청을 받고 1972년 12월 31일 귀국하여 마취통증의학과 의사로 근무하게 되었다. 그는 귀국한 후 첫날은 동산기독병원 선교사 사택에서 쉬었고, 새해 첫날인 1973년 1월 1일부터 감격스러운 마음으로 큰 포부를 가지고 첫 출근을 했다. 마음 한편에는 인술을 베푼다는 큰 뜻을 간직하고, 생명치유사역의 귀중한 가치도 잊지 아니하였다. 그는 동산기독병원 마취통증의학과 의사로서 환자들의 수술 전후 마취통증을 시술하여 환자들의 통증을 잠재우고, 마취통증 시간과 회복 시간을 정확하게 조절하는 의료 기술로 급한 환자들을 치료하는 치유사역에 열중했다. 의사로서의 치유사역은 생명과 직결되는 엄중한 일이었다. 그는 환자들을 대하기 전 먼저 하나님을 만나는 시간을 가졌다.

백암은 동산기독병원에서 업무를 시작하는 날부터 의료진들과 함께 매일 업무 시작 30분 전에 채플 시간을 갖는다. 부지런한 전재규 박사는 아침 일찍 출근하여 먼저 예배를 준비하고, 예배인도자로 찬송하고 기도하며, 말씀을 강론했다. 이 채플 시간은 동산기독병원 내의 직원들과 의사와 간호사 모든 참석자가 기도와 찬양을 드리고 말씀을 통해 은혜를 받는 시간이었다. 채플이 끝나고 각자 업무를 하도록 한 것이 제일 보람된 일이었다고 전재규 박사는 회고했다. 또 전재규 박사는 생명이 긴급한 환자를 위한 치유사역을 멈추지 않았다.

1960~1970년 기간에는 국가적으로 가정의 주거생활을 위해 무연탄을 연료로 많이 사용하던 시기였다. 따라서 추운 겨울에는 연탄가스에 취한 인명사고가 많이 발생하곤 했다. 동산기독병원에도 연탄가스에 중독되어 치료가

시급한 환자가 많이 모여들었다. 이때 산소 공급 호흡기용 의료기를 주문 제작하여 많은 환자의 생명을 소생되게 치료한 일을 생생하게 기억하고 있다. 그는 동산병원 30년의 생명치유사역과 농어촌 의료선교사역이 가장 보람된 사역이었음을 아직도 생생하게 기억하고 있다. 그는 인생의 황금기를 가치 있고 보람 있게 보냈다고 생각하는 것은 동산기독병원에서 일할 때 위급한 환자들이 입원하여 치료받고, 건강을 회복한 후 밝은 얼굴로 퇴원하면서 감사 인사를 할 때 인생 여정에서 제일 행복한 시간이었다고 말했다.

3. 장년기 30년과 선지동산

백암 전재규 박사는 30년 동안 동산의료원에 의사로 근무하였다. 정년이 되어 은퇴한 후 기독교 지도자(목사, 선교사, 전도사, 신학자)를 양성하는 대신대학교 5대 총장에 취임하여 4년간 재직하였다(2009. 7. 1.~2013. 6. 30.).

백암은 대신대학교의 전신인 대구신학교 재학 시절에 저자와 함께 주경야독으로 공부했다. 학교를 졸업한 다음에 후학들을 가르치는 외래교수로 재직하던 중에 석좌교수로 임명받아 봉직하였다.

그 후에 학교법인 재단감사와 재단이사로 선임되어 그 직분으로 봉사하였고 학교에 대한 사정과 형편과 환경을 잘 이해하고 있었다. 총장으로 초빙받을 때 그는 본 대학 미래의 발전에 대한 꿈과 단단한 비전과 마음에 각오와 플랜을 준비해서 총장직을 수락하고 취임하였다.

백암은 대신대학교 총장으로 시무할 때 기억에 보람되게 여겨지는 것으로 총장 퇴임 임박할 즈음 총장실에서 저자와 담소를 나누는 자리에서 필자가 4년 재임 중 가장 보람된 것이 무엇인지 생뚱맞게 질문하니, 그는 조용히 말하기를 선지생도 중에 가정형편이 아주 어려워서 학업에 힘들어하는 학생에게 개인 사재로 등록금조로 장학금을 수여하여 신학대학원생 3년 과정을 졸업하게 하여 지교회 목사로 해외 선교사로 인재를 양성하여 배출한 것이 총장 4년 재임 중 가장 보람되고 감사한 일로 생각한다고 했다.

백암이 총장 4년간 재임하는 동안 학교에 남긴 업적도 대단히 크다.

백암은 총장 취임시에 다짐했던 꿈과 비전과 플랜을 실현하기 위하여 교육용 학교부지를 확장하여 종합관을 건축했다. 건축개요는 신학대학원생들의 강의실과 교수연구실, 직원행정실 환경개선과 도서관 확장 및 세미나실 등으로 설계하였다. 건축공사 규모는 지하 1층 300평 지상 5층으로 총 1,800평 규모다. 설계비 및 조경 포함 건축공사비 약 90억 원으로 종합관 건축을 완공하였다. 설계업체는 미래종합건축 설계사무소(대표 김문열 소장), 감리감독은 (전)경북대학교 교수이며 대구서현교회 강문명 장로님이 수고해 주셨다. 시공업체 ㈜삼화종합건설회사(대표 배청 회장)와 도급계약하여 일체 사고없이 만 1년만에 완공하였다. 새롭게 건축한 종합관 5층 세미나실에서 건축위원들과 건축비를 헌금하여 준 교회 목사님들과 시공업체 대표와 학교관계자들이 다 함께 모여 영광스럽게 하나님께 준공 감사 예배를 드렸다.

종합관 건축을 완공한 다음 5층 세미나실 내부 인테리어 공사와 개인별로 앉는 의자 설치공사와 도서관 인테리어 공사와 책장구비 및 제 2생활관(여학생 기숙사) 리모델링 공사 등도 백암 전재규 박사의 기부금으로 완공했다.

이와 같은 큰 과업을 성공적으로 수행한 것에 감사하여 최대해 총장과 재단 이사들과 교직원들 모두 한마음으로 종합관 5층 세미나실에서 전재규 박사와 강일혜 권사의 팔순기념 축하감사 예배를 드렸다.

이와 같은 행사는 본 대학 설립된 후 처음 가진 뜻깊은 축하 행사이었다. 2022년 2월 7일에는 전재규 박사와 딸 전은주 교수의 공유재산인 30년간 소유하였던 부동산(대구시 북구 복현동 5거리 로타리 근처 상업용 건물 대지 206평)을 매도하여, 매매대금 33억원 전액을 대신대학교에 헌금하였다. 큰 기업체도 아니고 개인이 이렇게 많은 거액을 본 대학교 장학금 및 발전기금으로 기증하는 일은 결단코 쉬운 일이 아니고 보기 드문 일이다. 백암과 전은주 교수가 기부한 33억 원 중에서 5억 원은 대신대학교 선교문화센터 건축비로 사용했다. 이는 기증자의 뜻이기도 하다. 선교문화센터는 125년 전 대구·경북에 미국 북장로교회 선교사들이 복음전도 사역을 중점적으로 펼쳤던 곳이 대구·경산 지역이며 당시 세워진 역사깊은 교회가특히 경산지역에 많이 있다. 대신대학교는 기독교 선교역사문화를 귀중하게 여기고 세계선교역사와 대구·경북 근대역사문화를 연구하여 다음 세대에 전수하는 사명를 감당할 것이다.

대신대학교는 선교문화역사를 연구 발굴하여 그들이 남긴 역사 문헌과 유산 유물을 수집하여 보존하며 복음이 이 땅에 어떻게 전래되었는가를 미래

세대들에게 가르치어 계승되게 하고, 선교역사를 촘촘히 알게 하여 복음의 지경을 확장하게 하는 전초기지 역할을 감당하게 될 것이다. 이러한 일련의 과정을 통하여 백암의 선교 열정과 특별히 대신대학교를 사랑하는 그의 정신과 마음이 높이 평가되어야 할 것이다.

백암이 대신대학교를 사랑하는 마음은 멈추지 아니한다. 백암의 장년기 30년은 오직 선지동산 대신대학교 발전에 전심전력을 쏟아부었다.

백암은 남다른 특별한 재능을 소유하고 있다. 백암은 초지일관하는 의지력과 심지깊은 마음의 정서와 수준높은 학식과 덕망, 단절없는 기도의 영적 사고력을 가지고 있음을 필자는 확신한다. 필자는 그가 의기소침할 때와 비오는 날 온몸이 나른해 할 때에 영적 감동의 역동적인 격려 시를 읊조려 그에게 용기와 생기를 분출케 하기 위해 노력했다. 시(詩)가 매개체가 되어 백암과 저자와도 감성적(감각지각표상) 관계가 돈독하게 되었고 결속력도 강철같이 강하게 단결되었다. 이 시대 초월적 헌신과 각양 봉사를 하는 백암과 불초 필자와는 대신대학교 발전에 관한 일에는 언제나 허심탄회하고 호흡도 잘 맞아 대신대학교 발전을 위하여 전심전력을 다 했다.

백암 전재규 박사가 대신대학교의 발전을 위한 장년기 30년(외래교수및석좌교수, 감사, 이사, 총장)의 헌신 봉사한 위업이 정금같이 빛나기를 바라며 하나님께 받을 상급도 하늘 보고에 가득 쌓여 있을 줄 확신한다.

4. 일생을 몸담은 서현교회 60년

전재규 박사가 지난 60년 동안 믿음의 반석 위에 세워진 대구서현교회를 헌신적으로 섬겨온 이야기는 대단히 감동적이다. 그는 대구서현교회에 출석한 후로 교회학교 교육을 위한 헌신은 물론 물질적 봉사로 벽돌 한 장 한 장을 쌓는 정성으로 남들의 눈에 보이지 않게 헌신했다. 그는 장로로 장립한 후 시무장로 35년, 원로장로 15년간을 대구서현교회의 장로로 섬기고 있다. 그는 대구서현교회를 섬길 당시 원석 대리석을 구입하여 동양 최대 예배당을 건축할 때 동참하여 헌신하였고 유지재단 서현교육관을 건축할 때에도 기도와 물질로 헌신했다. 그뿐만 아니라 그는 대구서현교회 선교위원장을 맡아 강승삼 선교사를 아프리카 나이지리아로 파송하여 개척교회를 설립하였고, 신학교를 세워 현지인 교역자를 양성하는 역사적인 선교사역에 동참했다. 더 나아가 대구서현교회 부활동산 토목공사와 조경공사를 위한 일에도 그의 물질적 헌신은 그곳을 더욱 빛나게 만들었다. 한편 부인 강일혜 권사의 헌금으로 교회 전광판(LED)을 설치하여 성도들이 예배의 감격을 더 느끼도록 하는 일에도 헌신을 아끼지 아니했다. 그는 지금도 대구서현교회 성도들과 개혁신앙의 정체성 위에서 일체감을 가지고 섬기고 있다.

혹자는 대구서현교회가 있기에 전재규 장로님이 존재하고, 전재규 장로님이 있기에 대구서현교회가 빛을 발한다고 이야기한다. 대구서현교회를 사랑하고 섬기는 그의 마음은 마치 다윗왕이 이스라엘의 예루살렘 성전을 사랑함과 같다. 이처럼 전재규 장로님도 대구서현교회를 특별한 애정으로 깊이 사랑하고 있다. 백암 전재규 박사와 강일혜 권사 가정은 교회교역자를 아주 특별하게 잘 섬기는 가정이다. 담임 정기칠 목사님과 부교역자를 존경하며, 목회에 대한 노고에 감사로 보답하곤 했다. 특별히 은퇴장로님들과 진솔한 교분을 나누고 있다. 그중에도 강문명 원로장로님과는 친근감이 돈독하다. 두 분의 사랑과 신뢰와 교제는 전재규 박사로 하여금 대신대학교 총장 재임 시 학교에 크고 작은 건축공사를 시작할 때마다 강문명 원로장로님을 감리 감독자로 세웠다. 두 분의 우정이 깊고 돈독하여 요나단과 다윗의 마음이 하나가 되어 요나단이 다윗을 자기 생명같이 사랑하였던 것과 같은 사랑의 교분을 두텁게 나누고 있다.

대구서현교회에서 전재규 장로님과 강문명 장로님 두 분은 특별한 우정을 가졌기에 행복을 공유하고, 서로를 신뢰하고 있다. 지금도 시무장로님들을 격려하고 자문 역할을 하고 있으며, 대구서현교회 환경 정비개선 사업인 주차장 공사에도 노련한 지혜로 협력하고 있다. 강문명 원로장로님은 건축학박사 전문지식으로 공사를 감리 감독하고 있다. 두 분의 여생 아름다운 동행이 되고, 성도들에게 귀감이 되고, 행복하기를 기원한다.

내게 토단(土壇)을 쌓고 그 위에 네 양과 소로 네 번제와 화목제를 드리라 내가 내 이름을 기념하게 하는 모든 곳에서 네게 임하여 복을 주리라(출 20:24)

5. 백암의 출생과 신앙의 유산(遺產)

백암 전재규 박사는 1937년 3월 10일생으로, 외유내강형 성격을 소유한 아버지 전윤환 선생과 신앙심이 깊고 자애로운 어머니 최월금 여사 사이 막둥이로, 경북 칠곡군 동명면 금암1리 56번지 시장터 도로변 상가 안방에서 고고한 울음을 터뜨리며 모태신앙인으로 태어났다. 그가 태어날 당시 시대적 상황은 암울했고 국가의 운명은 풍전등화 같은 어려운 시기였다. 일제 식민치하에서 민족압제와 수탈이 극심했던 때였다. 일본제국주의 통치자들은 조선 땅 농민들이 생산하는 농산물인 벼와 보리, 잡곡과 광산의 광물, 하다못해 가정의 놋그릇과 교회의 종까지 강제로 약탈해 갔다. 이토록 비참한 처지였던 일제 식민치하의 모든 국민은 자유를 박탈당한 채 희망도 없이 좌절할 수밖에 없었다. 더 나아가 일제는 언어와 글과 노래와 춤 등 문화를 말살시키려 했고, 민족정기와 개인의 정체성까지 혼돈케 하는 창씨개명 정책을 펴나갔다.

그 일을 위하여 일본 제국주의는 강제적으로 일본의 언어와 문화를 교육받게 하고 내선일체로 동화시키려는, 소위 대동화정책을 획책하였고, 결국 전쟁을 도발하여 청년들을 징병하여 전쟁터로 보내는 천인공노할 만행을 저질렀다. 제2차 세계대전의 연합군 승리로 마침내 일본 히로히토[裕仁] 천황의 항복선언과 동시에 일본은 패망하게 되어 일본인들이 쫓겨가는 모습을 목도하게 되었다.

마침내 우리나라는 식민지배를 벗어나 해방과 자유를 찾아 1945년 8월 15일 해방의 기쁨과 환희를 체험하였고, 더불어 민족 자유독립의 새 시대가 열리는 광경도 보았다. 드디어 국면이 전환되어 극반전의 역사가 시작되는 1948년 5월 10일, 유엔총회의 인준하에 3·8선 이남 지역에 유엔 감시로 총선을 실시하여 제헌 국회의원 198명을 선출했다. 1948년 5월 31일 제헌국회 제1차 회의록 기록을 보면, 임시 의장 이승만 박사가 의장석에 등단하여 전 국회의원들에게 먼저 하나님께 기도하자고 제의하여, 이윤영 의원(목사)이 기도 했다.

1948년 7월 17일, 국회의사당에서 제헌국회가 소집되어 헌법을 제정하고 정부 수립을 위하여 제1공화국 이승만 초대대통령과 이시영 부통령이 선출되었다. 대통령의 취임 선서 이후 내각을 구성하여 정부가 수립되면서 명실상부한 대한민국 민주공화국이 건국되었다.

백암 전재규 박사는 이러한 자유민주주의 자유시장경제 체제 위에 나라가 건국된 역사적인 날을 똑똑히 목격하며 성장했다. 소년기에 그가 경험한 이런 역사는 그의 정체성 정립에 큰 영향을 주었다. 특히 그의 마음속에 누구보다도 조국을 사랑하는 특별한 애국심을 불러일으켰다. 이런 역사적 배경은 그가 자유민주주의 신념을 갖게 하는 데 큰 영향을 주었다. 이런 관점이 자연스럽게 근대 역사문화의 중심이 되는 기독교 선교역사문화에 깊은 관심을 둔 사학자가 되게 했다. 또 그는 (사단법인) '대한민국역사문화운동본부'를 설립하고, 이사장으로 취임하여 대구 경북지역 미국 선교사들의 초창기 선교역사의 흔적과 발자취를 발굴 답사하고 재조명하는 역사 소설책 『너도가서 그리하라』를 공저로 저술하기도 했다.

대구기독교 선교순례1길로 첫발을 디뎠던 베어드(W. D. Baird) 선교사가 입성한 기독교 선교순례길 제1코스 길을 설계하여 완성해 놓았다. 베어드 선교사는 제1차 경북 내지선교를 시작하면서 대구, 의성, 안동, 영덕, 경주, 울산을 거쳐 부산으로 돌아갔다. 대구 약령시장에 첫발을 내디딘 일자는 1893년 4월 22일 오후 1시경이었다. 아담스(James E. Adams) 선교사는 베어드 선교사의 처남으로, 베어드 선교사는 아담스 선교사의 누나 남편이고 손위 매형(자형)이다. 아담스(안의와, 安義窩) 선교사는 1895년 5월 29일 부산항에 도착하여 대구 선교지로 옮겨왔다. 그의 자형인 베어드 선교사는 1896년 11월, 서울로 전근하게 되면서 아담스 선교사는 1897년 11월, 부인(Nellie Dick)과 아들(Edward), 어학선생 조수 김재수, 임시간호사 마리 체이스(Marie Chase) 양과 함께 낙동강 배편으로 대구에 도착했다.

대구 경북의 지역교회를 개척 설립한 교회로는 대구제일교회·반야월교회·범어교회·사월교회·봉회동교회·송림교회·신기교회·서상교회(하양), 당곡교회·삼북교회·북사교회·박사교회·사동교회·하양읍교회·전지동교회·금곡교회·청도송서교회 등이 있다. 이 교회들은 설립한 지 100년 이상 된 역사를 간직한 교회로, 경산지역 일대에 유독 많다. 이는 복음의 열정이 많은 백성이 그곳에 있었기 때문이라고 생각한다. 선교 초창기의 이야기를 들어보면 선교사들이 이곳을 방문하여 '문맹퇴치운동'과 '미신타파운동'을 확산시켰다. 이는 기독교가 농촌 개화와 기독교 문화발전에 기여했다는 사실을 보여준다. 따라서 이러한 장소들은 충분한 선교역사의 순례길로 조성되어야 할 것으로 사료된다. 당시 한 교회가 한 학교를 세웠고, 문맹퇴치에 크게 공헌했다. 그러나 그후 교회마다 재정 상황이 빈약하여 폐교된 학교들도 상당하다. 베어드 선교사가 출발한 부산 선교지에서 밀양지역을 거쳐 청도를 지나 팔조령 정상 고갯길에 이르면 미국북장로교 파송 선교사 베어드가 잠시 휴식하면서 대구 도성을 바라보며 기도했던 곳을 확인할 수 있다. 그가 잠시 쉬어갔던 장소 근처에는 베어드 선교사의 선교 100주년을 기념하는 100주년 기념비가 세워져 있다. 대구선교 제1길 첫 출발지점으로 경산시 백천동 산 8번지에 대신대학교 선교문화센터를 건축하여 기쁜 소식, 복음을 전해준 선교사님들에 관한 이야기와 그 복음을 받고 변화된 삶을 살았던 초대 성도들의 이야기와 그들이 남긴 문서와 유물들이 보존될 것이다. 예루살렘 초대교회 예수님의 제자들이 성령의 권능과 능력을 받아 행하였던 많은 이적과 기사가 일어났던 것처럼 복음을 받은 많은 성도의 체험 이야기를 문헌과 함께 기록한 책, 그리고 다른 여러 가지 사료를 보고 들음을 통해 이 시대의 성도들에게 신앙을 재무장하는 계기가 될 것으로 기대한다.

백암께서 헌금한 기부금으로 건축한 선교문화센터가 영적 큰 권능의 에너지를 충전하게 하는 근원지가 될 것으로 확신하고 있다. 특히 경산지역의 교회 이야기와 청도지역의 교회, 영천지역 교회와 경주지역 교회 등의 역사 이야기의 제1길이 자연스럽게 연결되어 멋진 기독교 순례코스가 될 것이다. 전재규 박사가 기획하는 선교문화 순례길이 선교역사 관광지로 조성되어 대구 경북의 새로운 선교문화 유산으로 잘 보존되기를 기대한다.

예수께서 베다니 나병환자 시몬의 집에서 식사하실 때에 한 여자가 매우 값진 향유 곧 순전한 나드 한 옥합을 가지고 와서 그 옥합을 깨뜨려 예수의 머리에 부으니 어떤 사람들이 화를 내어 서로 말하되 "어찌하여 이 향유를 허비하는가. 이 향유를 삼백 데나리온 이상에 팔아 가난한 자들에게 줄 수 있었겠도다."라고 하며 그 여자를 책망했을 때 예수님은 이렇게 말씀하셨다.

가만 두라 너희가 어찌하여 그를 괴롭게 하느냐 그가 내게 좋은 일을 하였느니라 가난한 자들은 항상 너희와 함께 있으니 아무 때라도 원하는 대로 도울 수 있거니와 나는 너희와 항상 함께 있지 아니하리라 그는 힘을 다하여 내 몸에 향유를 부어 내 장례를 미리 준비하였느니라 내가 진실로 너희에게 이르노니 온 천하에 어디서든지 복음이 전파되는 곳에는 이 여자가 행한 일도 말하여 그를 기억하리라 하시니라(막 14:6~9)

6. 백암의 출생지와 지명의 유래(流來)

경북 칠곡군 동명면 금암1리 56번지 면사무소 인근 위치와 자연 현황을 확인하면 동명면은 칠곡군의 남동쪽 팔공산맥의 서쪽 자락에 위치해 있다. 동쪽과 남쪽으로 대구광역시 북구와 접하여 있으며, 북쪽에는 가산(901m)과 오계산(466m)의 가산면과 군위군 부계면(缶溪面)과 접하고 있다. 서쪽으로는 백운산(白雲山)과 건평산(建靈山)이 지천면과 접하고, 동쪽은 도덕산(道德山)이 접해 세 개의 면이 골짜기에서 시작하는 팔거천(八据川)이 동명면 중앙에서 남으로 흘러 금호강으로 흘러 들어가고 있다. 그 좌우로 형성된 비옥한 농토에는 다양한 채소를 농사지어 농가소득을 증대시키고 있다. 중앙고속도로와 대구 안동 간 국도가 동명면 중앙을 지나고 있으며, 현재 대구 시내버스 북부 종점으로 대구의 주요 생활권에 위치해 있다.

전재규 박사가 태어난 동명

동명은 1914년 전국의 행정구역이 바뀔 때 조선시대 학명동(鶴鳴洞)에서 이어진 이름이다. 학이 울던 동네에 있던 역원(驛院)인 동명원(東明院)의 이름을 따 '동명'이 되었다고 한다. 동명원은 칠곡군 동명면 학명리의 조선시대 역원으로, 고려시대부터 조선시대까지 신구 관찰사와 감사의 교대 장소나 외국 사신의 경유지, 수령을 맞이하는 장소 등 지방행정의 공식적인 행례나 공무 및 일반 여행자에 대한 편의 제공 등 복합적 기능이 수행되었던 곳이다.

예루살렘을 위하여 평안을 구하라 예루살렘을 사랑하는 자는 형통하리로다
네 성 안에는 평강이 있고 네 궁중에는 형통이 있을지어다
내가 내 형제와 붕우(朋友)를 위하여 이제 말하리니 네 가운데 평강이 있을지어다
여호와 우리 하나님의 집을 위하여 내가 네 복을 구하리로다(시 122:6~9)

7. 백암 전재규 박사의 궤적(軌跡) 이야기

백암 전재규 박사는 필자와 40여 년 지기로 때때로 머리를 마주하고, 중요한 과제를 놓고 숙의하고 논의하는 사이이다. 특별히 그가 걸어온 발자취 뒤에는 그를 향한 하나님의 계획과 예정과 하나님의 섭리하심의 경륜이 내재되어 있다. 경륜 따라 걸어온 발자취에 대하여 모든 것을 전부 더듬어볼 수 없지만, 뚜렷하게 이야기할 수 있는 부분들도 많이 있다. 필자와 함께 의논하고 추진하여 완성된 것으로는. 대구 3·1운동 재연행사, 대신대학교 발전 프로젝트(현 본관 건평 1,800평 완공), 대구 3·1운동길 지정(대구광역시), 대구 3·1만세운동 발상지 표지석 건립(대구중구청) 등은 성취되었지만, 아직 미완성되어 계속 추진 중에 있는 프로젝트도 있다. 특별히 대구 근대역사문화 유네스코(UNESCO) 등재를 추진하고 있으며, 대구애락원 설립자 플레처 선교사 기념관 건립도 추진하고 있다.

그러나 역사적 사실을 입증하기 위하여 논픽션(nonfiction)으로 쓴 '대구애락원'의 애환이 녹아있는 한센병 환자들을 주제로 한 소설, 『너도 가서 그리하라』는 김진환 작가와 전재규 박사 공저로 펴낸 소설이다. 소설을 쓰기 전 한센병 환자들의 애환이 깃든 이야기를 듣고 쓰기 위하여 가족들이 집단으로 모이는 교회, 칠곡군 지천면 신동 신촌교회와 낙산교회를 필자와 함께 방문하여 많은 이야기를 들었다. 대구로 돌아오면서 해방 전 어렵게 살던 이야기를 하면서 풍찬노숙하고, 걸식했던 한센병자들이 구걸하며 불렀던 '각설이타령' 1절을 불러보기도 했다. 그들은 구걸하기 위하여 동네 집 대문에 들어가면서 애환이 담긴 '각설이타령' 노래를 불렀다.

"아하! 얼시고 절시고 들어간다! 작년에 왔던 각설이 죽지도 않고 또 왔네! 아하!

주인네 아줌마는 이뻐고 인심도 좋구먼. 한쪽 바가지 푹 떠주면 저절로 복 들어온다네! 아하! 작년에 왔던 각설이 죽지도 않고 또 왔소."

젊은 아줌마가 한바가지 푹 더 떠주면 "아이고, 고맙소이다." 절하며 인사하고 대문 밖으로 나간다.

인생 여정의 길, 기억에 남아있는 것으로 화창하고 맑은 날 탄탄한 길을 걸어온 발자취의 흔적은 희미하기 마련이다. 반면 확실하게 마음과 생각에 오래 남아있는 것은 비바람 불고 구름 짙은 흐린 날이나 소나기가 쏟아지는 날의 진흙 길을 걸어온 흔적이다. 더욱더 뚜렷하게 보이는 것은 한겨울 찬 바람 불고 함박눈 소복이 쌓인 들판 눈길을 걸어간 흔적이다. 이는 선명하게 남아 마음밭에 깊숙이 아로새겨져 있다. 전재규 박사의 여정길에도 많은 궤적이 뚜렷하게 남아있다. '답설야(踏雪野)', 내 뒤로 오는 이들의 이정표가 될지 모르니, 눈 덮인 들판이라도 이리저리 함부로 걷지 말라는 말이다. 그가 걸어온 많은 족적들, 숲속에 묻혀있는 보석같이 귀중한 것을 찾아 살펴보려 하니 인생의 족적을 관조의 시선으로 보았을 때 아름다운 발자취로 보여진다. 순진했던 어린 시절, 꿈 많은 청년시절, 변화무쌍했던 장년시절, 황혼에 이른 86년의 생애를 따라가 보려 한다. 무슨 이야기를 해도 그가 걸어온 족적은 누가 감히 따를 수 없는 독보적 존재감을 보여준다. 이에 시사하는 바가 크기에 그가 걸어온 여정을 더듬어 글로 써 내려간다.

우리의 연수가 칠십이요 강건하면 팔십이라도
그 연수의 자랑은 수고와 슬픔뿐이요 신속히 가니 우리가 날아가나이다
누가 주의 노여움의 능력을 알며 누가 주의 진노의 두려움을 알리이까
우리에게 우리 날 계수(計數)함을 가르치사 지혜로운 마음을 얻게 하소서(시 90:10~12)

제2장

백암의 가정 이야기

The Garden of Jehovah-Jireh
At this location, a gentle hill outside the old walls of Daegu, Protestant Christianity was established and grew to become a major part of religious life in Korea. In 1899, three inspired American Presbyterian missionaries, Dr. James E. Adams, Dr. Woodbridge O. Johnson and Rev. Henry M. Bruen met at this site and blessed the site proclaiming 'the land we are standing on was provided by the Lord', and further, gazing below at the walled city of Daegu, proclaimed it as the 'Jerusalem where the Tower of David stands.'
A church and mission office as well as a medical clinic, where western medicine was first practiced in this region, were established at this location. The clinic was the predecessor to the present Dong San Medical Center. As foretold by the missionaries, this site became central to expanding the Christian church and ministries in Daegu and beyond.

1. 청춘남녀 전재규와 강일혜의 러브스토리

하나님은 청춘 남녀가 혼기에 이르면 사람들 사이에 관계를 형성해 짝을 찾게 한다. 이 과정을 세상 사람들은 인연이라 말하지만, 주 예수를 믿는 성도들은 하나님의 예정과 섭리에 따른 것으로 믿고 순종하고 결혼한 후 삶을 영위하며 가정을 형성해 간다. 결혼한 후 가정에서는 부부일체의 관계로 자식을 낳아 양육하고, 인재 양성을 위하여 교육하며, 후손을 낳아 신앙의 명문 가문을 세우기 위해 노력한다. 이는 하루아침에 이루어지는 것이 결코 아니다. 신앙의 탁월한 영도력을 소유한 남자와 하나님이 짝지어 주신 현숙한 아내의 협력을 통해서만 명문 신앙가정이 세워진다. 하나님 자녀들의 가정은 사람 사이의 인연이기 이전에 하나님의 예정과 섭리로 이루어지는 것을 믿어야 한다. 훌쩍 장성한 청년 전재규의 둘째 형께서 신명여고의 담임선생으로 재직할 즈음에 형님은 강일혜 여고생을 눈여겨보았다고 한다. 똑똑하고 지혜롭고 예리하여 공부 잘하는 강일혜 여고생을 두고 일찍이 눈도장을 찍어두고, 동생 전재규의 배필이 되면 좋겠다고 생각하였다고 하는 동화 같은 실제 이야기도 있었다.

세월이 흘러 강일혜도 약학대학을 졸업하고 약사 자격을 취득하여 경상북도 위생시험소 검수관으로 취업한 초년생일 때, 전재규 쪽에서 먼저 지인을 통해 중매로 강일혜에게 정식으로 청혼을 제안했다. 청춘남녀 두 사람이 중국집에서 처음 만나 식사기도를 부탁받으니 전재규는 기회가 왔다고 생각하고, 씩씩한 청년의 모습을 보이기 위하여 용기를 내어 귓전을 울리도록 우렁차게 기도했다고 한다. 수줍음 많은 소녀 강일혜는 귀에 남아있는 큰 목소리에 놀라 소침하게 되어 식사하는 내내 수줍음을 느껴 고개를 들지 못했다고 한다. 옛날 청춘남녀의 순진한 모습은 현대 청춘남녀에게서는 찾기 어려운 모습이 아닐 수 없다.

당시 강일혜의 귓전에 꽹과리 치듯 울린 그의 기도소리는 계속 만나서 교제하라는 마음의 신호로 여겨졌다. 확신으로 가득 차 우렁차게 드린 기도의 메아리가 끊어지지 아니하고 서로의 귓전에 메아리로 남았다. 두 사람의 만남 역시 주님이 이끌어주시는 섭리로 생각했다. 이후 전재규는 분위기 있는 다방에서 조용히 만나 호들갑을 떨면서 그 자신은 의과대학생이라고 자기를 소개했다. 그러고는 그녀에게 자신의 인생관을 이야기했다. 자신을 위해 호의호식하며 살기보다 이웃을 위해 헌신 봉사하며 '노블레스 오블리주' 정신으로 살아가고 싶다는 말을 할 때 강일혜의 눈빛 역시 공감하듯 밝게 반짝였다. 높은 사회적 신분에 상응하는 도덕적 의무를 다하고자 한다는 그 뜻을 내보이는 전재규의 얼굴이 무척 아름답게 느껴졌다고 후일에 강일혜는 고백했다.

두 사람은 결혼을 앞두고 금시초면의 첫 만남이었고, 이들 두 사람 역시 한 번도 다른 사람과 만난 적 없는 순정품의 사람들이었다. 두 사람은 그 시대에 세상 물정도 몰랐고 학교와 교회와 집밖에 모르는 양순한 청춘남녀였다. 마치 온실 안에서 자란 연한 순같이 부드러운 청춘들이었다. 양가 집안 역시 독실한 기독교 신앙 중심의 가정이었기에 이들의 결혼은 순풍에 돛 단배같이 목적지인 항구에 이르게 되었다. 이 결혼 역시 예비된 길을 인도하신 하나님의 계획 안에서 그들은 한 치의 의심도 하지 않았음을 고백했다.

청년 전재규는 자신의 모친같이 맑고 깨끗한 마음을 가진 아내를 맞이하기 위하여 주암산 기도원 정상 바위에 올라가 미래 배우자와 가정을 위해 금식기도를 시작했다. 그는 이상적인 가정을 그리면서 그의 어머니를 닮은 아내를 사모하고 있었다. 하나님은 그에게 그의 어머니 모습을 꼭 닮은 강일혜를 배우자로 찾게 인도하여 주셨다. 믿음의 가정에서 자란 이는 어머니의 삶의 신앙은 절대적인 부분이 있고 남편의 아내로 내조를 잘하면서도 교회를 가정 다음으로 소중하게 생각했다. 현숙한 아내는 가정뿐 아니라 교회 일에도 항상 앞장서서 일한다. 그는 교회 중심의 삶을 이어왔기에 하나님과 사람 관계, 사람과 사람 관계, 리드와 팔로워 관계를 이해하여 사람들과 이해관계를 잘 정립하여 교제를 돈독하게 하는 사랑방 역할을 감당할 수 있었다.

강일혜와 전재규는 구약의 이삭과 리브가의 가정을 형성하는 경우와 몹시 닮았다. 이삭의 아버지 아브라함이 자기의 신복 늙은 종을 고향 메소포타미아로 보내 아브라함의 동생 나홀의 아내 밀가의 아들 브두엘의 소생 리브가를 데려오게 하여 이삭의 아내로 삼았고 이삭은 그녀를 사랑했다. "이삭이 그 땅에서 농사하여 그해에 백 배나 얻었고 여호와께서 복을 주시므로 그 사람이 창대하고 왕성하여 마침내 거부가 되어 양과 소가 떼를 이루고 종이 심히 많으므로 블레셋 사람이 그를 시기하여 그 아버지 아브라함 때에 그 아버지의 종들이 판 모든 우물을 막고 흙으로 메웠더라(창 26:12~15)"고 했다.

이처럼 믿음과 헌신의 사람 강일혜와 전재규 가정도 많은 재물의 복을 받아 헌신된 삶의 귀감이 되는 가정을 세웠다. 자녀교육 역시 미국 유학을 하게 하여 의사로, 공학박사로, 전문 금융경영인으로 미국 사회에 우뚝 서게 하고 신앙의 바탕 위에 기도로 성장하게 한 것은 하나님의 축복이다. 전재규는 소년 때부터 가정의 중요성과 현숙한 아내를 맞이하기 위하여 산(山) 기도는 물론 금식기도를 하면서 현숙하고 믿음 좋은 아내를 맞이할 준비 기도를 해 왔다. 결국, 학문과 재주가 뛰어난 규수 강일혜를 아내로 맞이하게 되었고 존귀한 신앙의 가정을 형성하게 되어 하나님께 감사와 영광을 올려 드리게 되었다. 그의 가정은 시 128편의 말씀처럼 복을 받는 가정이 되었다.

여호와를 경외하며 그의 길을 걷는 자마다 복이 있도다 네가 네 손이 수고한 대로 먹을 것이라 네가 복되고 형통하리로다 네 집 안방에 있는 네 아내는 결실한 포도나무 같으며 네 식탁에 둘러앉은 자식들은 어린 감람나무 같으리로다 여호와를 경외하는 자는 이같이 복을 얻으리로다 여호와께서 시온에서 네게 복을 주실지어다 너는 평생에 예루살렘의 번영을 보며 네 자식의 자식을 볼지어다 이스라엘에게 평강이 있을지로다(시 128:1~6)

그의 가정은 하나님이 세운 가정으로 신앙의 복과 물질의 복을 풍성히 받은 가정이 되었다. 전재규와 강일혜 두 사람은 성경을 표준삼아 하나님의 섭리에 따라 순조롭고 평화스럽게 가정을 형성했다. 하나님의 충만한 사랑 속에 이삭과 리브가의 가정처럼 두 사람의 가정도 그렇게 형성된 것이다. 백암 전재규 박사는 주님 앞에 이렇게 고백했다.

> 내게 주신 모든 은혜를 내가 여호와께 어떻게 보답할까 내가 구원의 잔을 들고 여호와의 이름을 부르며 여호와의 모든 백성 앞에서 나는 나의 서원을 여호와께 갚으리로다(시 116:12~14)

2. 전재규, 강일혜 부부와 자녀들

인생 여정에는 출생, 결혼, 죽음이란 중대사가 존재한다. 출생은 양친 부모로부터 태어나니 전적으로 타의에 의한 것이다. 태어난 남녀는 서로 다른 환경에서 성장한다. 혼기에 이른 남녀는 서로의 관계를 통해 사랑하는 사람을 찾고, 만나서 결혼식을 행하고, 부부로 결합하여 사랑을 전제로 맺어진다. 이렇게 우리의 가정이 세워짐이 성경이 가르치는 진리이다. 모든 가정의 소망은 자식을 낳아 양육하고, 훌륭한 인격체로 성장하기를 바라는 것이다. 그리하기 위해서는 교육과정을 거쳐야 한다.

과거 1960~70년대의 우리나라는 농경사회였기에 전통적으로 자식을 많이 낳아 가정의 구성원을 많이 확보하는 것을 복(福)으로 생각했던 시기였다. 농경시대였기에 노동력의 확보를 위해서도 자식을 많이 낳는 것이 필요했던 시대였다. 당시 부모들은 자식들을 공부시켜 훌륭한 인물을 배출하는 일을 열망하고 즐거운 낙으로 생각하여 자식들을 교육하기 위하여 나무지게로 등골이 휘어지도록 짐을 져 나르거나 손톱 밑에 피가 날 정도로 논과 밭에서 노동했다. 이후 자식 대학 보낼 때는 문전옥답 팔아서 등록금을 대납해 주고, 부모는 좋은 음식을 먹지도 못하고 좋은 옷을 입지 못해도 오직 자식들의 성공을 위하여 모든 것을 희생하는 것이 보람이라고 생각하고 즐거움으로 살아오며 미래의 희망을 바라보며 살았다. 그때는 모든 가정의 부모님들이 자식 교육을 위하여 열화같은 뜨거운 마음을 소유하던 시기였고, 학교에는 치맛바람 붐(boom)도 치열하게 불던 시대였다.

이런 상황에서 강일혜 약사와 전재규 박사는 자녀교육을 위해 국내 상황에만 편승하지 않았다. 일반 가정의 부모들의 생각이 미치지 못할 때, 그의 자녀들을 해외로 조기 유학을 시키는 선견지명의 모습을 보여주었다. 그러나 세계 교육선진국인 미국에서 자녀를 유학시키는 일이 당시에는 그리 쉽지 않았다. 유학비자 발급, 미국 체류 비용, 학비와 생활비, 언어소통 및 학습 교과 과정 등 어려운 일은 연이어 일어났다. 이렇듯 어렵고 힘든 난제들을 잘 극복하였던 것은 전재규 박사 자신이 선진 의학 및 선진 의료교육을 받기 위하여 일찍 미국 유학의 길에 올랐기 때문이라고도 볼 수 있을 것 같다. 그의 자녀들도 성격이나 생활습관이 아버지로부터 대물림된 것처럼 같거나 비슷하게 닮아 순리적으로 조기 유학길에 동참하게 되었다. 이런 걸 두고 부전자전이라고 할 수 있을 것이다.

당시 강일혜 약사는 대구시 서구 비산동 388번지 길가에 소재한 초가집 한 채를 매입하여 '신일약국'을 개업하여 인근 주민들의 건강과 보건위생에 도움을 주고, 환자 치유를 위한 약 처방에도 오직 하나님의 능력이 수반되는 것으로 믿으며 직업에 일관했다. 시간이 지나 신일약국은 비산동 지역뿐만 아니라 대구 경북지역 전역에 신경성 질환, 우울증, 어지럼병, 소화기 질환 등, 치료약을 잘 짓는다는 소문이 퍼지면서 상당히 명성이 높은 약국으로 알려졌다. 거기에는 강일혜 약사만의 하나님으로부터 받은 은사와 믿음의 신비적 능력과 그가 체득한 비밀이 담겨있었기에 가능했던 일이다. 또 강일혜 약사가 성실과 친절한 마음까지 겸하여 경영 능력을 탁월하게 수행했기에 성업을 이룩하여 가정경제를 든든하게 만들고, 자녀들을 미국에 조기 유학하게 하여 미국사회에서 의사로, 공학전공자로, 금융전문인으로, 훌륭한 인재로 배출하는 일에 기여했다.

이 모든 지나온 과정은 전적으로 하나님의 은혜이고 두 분이 합력하여 기도와 몸소 실천한 헌신 봉사 정신이 바탕이 되었으며, 그러한 정신이 결코 그 자신의 가정만 위함이 아니었다. 그의 마음이 어디에 귀결되는지를 살펴보면 이웃과 사회와 교회와 복음사역을 위하여 쓰임 받기를 원했으며, 주 예수의 나라를 확장하는 선지생도들을 양육하는 선지동산 발전을 위하여 두 분의 사랑이 전달되었으며, 지금까지 근검절약하여 일평생 모으고 적금한 소유재산 전부를 아낌없이 대신 선지동산에 기부헌납했다. 이러한 정신과 각오는 하나님의 뜻을 이루기 위한 두 분만의 선한 뜻을 성취하는 일로서 하나님의 나라 복음사역의 사명을 감당할 선지생도들을 자녀같이 사랑하는 마음을 갖고 있기에 가능했으며, 대신대학교 설립 70년의 역사를 계승하고 있는 이 시점에 위대한 업적을 쌓는 과업이 되었다. 2022년에는 대신대학교 '선교역사문화센터' 건립을 위하여 건축헌금 전액을 기부하여 건평 80평의 건축공사가 시작되었다. 이곳이 대구 복음선교 역사의 체험 코스가 되어 내실 있는 한국 초대 선교역사 인물들과 관련된 선교자료와 조형물 설치를 비롯한 선교사적지와 관광순례길 코스의 정점 출발지가 될 전망이다.

교육 발전을 위한 두 분의 숭고한 뜻은 자기 자신의 가정 자녀교육 목표를 초월하는 복음사역에 소명 받은 선지생도들을 자식들처럼 사랑하였기에 모든 재산을 아낌없이 기꺼이 투자한 본심을 통해 우리에게 잔잔한 감동을 주고 있다. 이러한 마음이 이 시대를 살아가는 우리에게 모티브가 되고 보감(寶鑑)이 되어 모범이 되고 수준 높은 거장(巨匠)으로 존재하고 있다. 이를 본받아 제2, 제3의 신실한 신앙의 거목(巨木)들이 출현하여 잔잔한 감동을 주기를 기대한다.

신약성경에 사도 바울은 이렇게 말했다.

> 그러므로 형제들아 우리가 끝으로 주 예수 안에서 너희에게 구하고 권면하노니 너희가 마땅히 어떻게 행하며 하나님을 기쁘시게 할 수 있는지를 우리에게 배웠으니 곧 너희가 행하는 바라 더욱 많이 힘쓰라(살전 4:1)

백암은 자유분방한 미국에서도 자녀교육을 기독교 보수가정의 방식으로 엄한 교육을 지향했다고 말했다. 그는 1977년 11월 동산의료원에 재직한 지 5년마다 안식년을 맞아 두 번째로 미국으로 건너가서 필라델피아의 의사 친구 집에 머물며 의사 일자리를 찾은 적이 있었다. 그에게는 미국 의사면허증과 전문의자격증이 갖추어져 있었기에 어렵지 않게 직장을 구할 수도 있었다. 그는 필라델피아 도심에 위치한 템플대학교(Temple Universty) 소속 세인트크리스토퍼(St. Christopher)병원에 취업하여 조교수로 임명받고 열심히 연구에 매진했다. 그의 자녀들은 그곳에 정착해서 함께 생활했다. 그때 당시 막내아들 전신석은 '라이달'(Rydal)초등학교에 입학했고, 둘째딸 전은주는 5학년으로 전학을 했다.

이국땅으로 이사한 뒤 그 지역의 분위기에 적응하는 일에 어려움이 많았다. 그러나 시간이 지나면서 자연스럽게 이웃들과 교류하며 차차 안정을 되찾았다. 그때까지도 강일혜 약사는 대구에서 약국을 경영하고 있었다. 첫째딸 전은애는 대구 원화여자중학교를 졸업하고 곧바로 미국으로 건너와서 '아빙톤'(Abington)고등학교에 입학했다. 자녀들의 타고난 성격도 각자 달라서 내성적 성격의 아이들과 외향적 성격을 가진 아이들이었다. 전재규는 이렇게 빚어내신 하나님 능력에 감사를 드렸다. 자녀들은 각자의 방식으로 자연스럽게 이국땅에서 적응해 나갔다.

그 후 강일혜 약사까지 미국에 합류하게 되어 온 가족이 미국에 모이게 되었다. 강일혜 약사는 미국에서 자녀교육을 전담하여 자녀들의 각기 다른 성격을 존중하며 특성에 따라 교육 진로를 설계하여 주었다. 때에 따라서는 미국에서도 회초리를 들고 엄한 훈육을 했다고도 한다. 그럴 때면 아이들 눈에서 눈물이 떨어질 만큼 엄격한 교육을 했다고 전재규 박사는 회고했다. 강일혜 약사가 일찍이 엄격한 가정교육을 받고 성장했기에 자녀들 교육에도 철저한 엄마가 되었다고 한다. 그는 세 자녀의 교육과 남편의 뒷바라지까지 하는 일이 쉽지 않았지만, 책임감을 가지고 잘 수행했다.

강일혜 약사는 미적 감각 또한 탁월하여 아름답게 가정을 꾸몄다. 가족 생일과 명절 그리고 절기 등을 세심하게 챙기고, 섬세한 미적 작품으로 가족들을 향한 이벤트를 펼쳐 그들에게 감동을 주기도 했다. 이렇듯 강일혜 약사는 따뜻하고 즐거운 가정 분위기로 행복한 시간을 만들어주는 가정의 내무대신 역할을 했다. 먼 이국땅인 미국에서 자녀를 양육하고 남편을 뒷바라지하는 행복을 누리던 때였다. 그러한 시기에 전재규 박사의 가족은 캠핑카를 빌려 가족여행을 간 적이 있었다. 미국의 서부지역, 샌프란시스코 금문교, 그랜드 케니언, 로스엔젤레스, 샌디에이고를 거쳐 후버댐과 거대한 전기 발전소까지

둘러보았다. 온 가족이 함께 캠핑카 한 대에 의지해서 미국 전역을 누빈 이 여행은 지금도 생생하게 기억한다. 이렇게 행복한 가족여행을 회상하며, 지나온 생활 이야기에 감동의 시간을 더해 행복에 잠기기도 했다.

이제는 자녀 세대를 거쳐 손자손녀를 선물 받아 제3의 손자손녀 시대에 접어들었다. 그들은 귀엽게 자라나 가정 내에서 재롱부리는 모습으로 사랑스럽게 성장하고 있다. 이제 손자손녀들의 시대에 하나님의 사랑과 축복이 가정마다 이어지기를 바라며, 예수 그리스도의 은혜와 하나님 사랑과 성령의 충만함이 백암 전재규 박사 가정과 자녀 후손들 가정 위에 임하기를 주 예수님의 이름으로 기도합니다.

주 예수 그리스도의 은혜와 하나님의 사랑과 성령의 교통하심이
너희 무리와 함께 있을지어다(고후 13:13)

3. 백암의 교육철학과 자녀교육

강일혜 약사와 전재규 박사는 가정의 조기교육을 실행하여 자녀들에게 양국 언어를 자유로이 구사할 수 있도록 언어교육에 특별히 심혈을 기울였다. 영어와 한국어, 양국 언어를 모두 구사하면서도 이들이 부모와는 가능한 한국어로 소통하고, 자녀 삼남매끼리는 영어를 쓰도록 독려했다. 이렇게 양국 언어를 사용하는 데 있어 불편함이 없도록 교육을 하였기에 지금에 이르러서는 양국 언어를 자유롭게 구사하고, 자유롭게 쓸 수 있게 되었다. 그러한 교육의 결과로 손자손녀들은 각 전공 분야에서 언어로 인한 어려움 없이 자유자재로 사용하고 있다. 미국과 한국 생활에서도 각각 어려움을 느끼지 못한다고 한다. 언어와 학문은 공부하는 만큼 유능하게 발전하는 것 같다. 전재규 박사는 결혼 전 강일혜 권사와 약속했던 것을 잊지 않고 실천에 옮겼다.

대신대학교 총장 재임 시 학비 조달에 어려움을 겪고 있는 선지생도들에게 전액 장학금을 주어 졸업 후 목회자로 양성하도록 도움을 주었다. 후학들이 일선 목회자가 되어 목회를 잘하고 있음을 보고 큰 보람으로 여기고 있다. 백암 전재규와 강일혜가 결혼하여 가정을 이루었던 시대는 경제적 상황이 어려운 시대였지만 남달리 어려움을 극복하면서 의사와 약사가 되기 위해 학문에 매진했다. 이러한 백암의 정신과 그의 철학에는 노블레스 오블리주 정신을 바탕으로 한 학문의 중요성이 강조되고 있다. 그러나 사실 그의 마음을 움직이는 가장 큰 진원지가 강일혜 약사의 지혜라는 점은 공공연한 비밀이다. 이러한 철학을 공유하는 두 분의 함수관계를 인지하는 사람들은 별로 많지 않다. 지식인의 사회적 책무를 감당하는 백암의 정신과 그 철학의 밑바탕에는 강일혜 권사의 청렴한 정신이 밑바탕에 깔려있다.

여기서 두 분에 대한 현대판 사랑 이야기를 써보려 한다. 해방 전 일제강점기의 대동강 부벽루에는 이수일과 심순애로 대표되는 사랑의 순애보가 있었다. 이 시기의 청춘남녀들에게 사랑과 황금이라는 두 갈래 길을 제시하고, 애틋하고 진실한 사랑을 버린 대신 황금과 권세를 따라가는 세속적 풍조를 드러내면서 안타까운 이별과 슬픈 사랑을 호소하는 신파 연극이었다. 이와 반대로 해방 후의 현대판 이수일과 심순애로는 전재규와 강일혜의 순애보를 꼽아 볼까 한다. 전재규와 강일혜의 순애보는 눈물의 이별 한 점 없이 떼려야 뗄 수 없는 사랑의 결정체만이 존재한다. 이들은 한국에서도 합환채가 되었고, 미국에서도 정원에 있는 꽃과 나비처럼 다정한 모습을 보여주었다. 이들은 따뜻하고 평화롭고 정결하여 아름다운 신앙의 모범적인 명문 가정을 세웠다. 어찌 두 사람을 현대판 순애보로 회자하지 않을 수 있을까! 아가서의 사랑 노래가 이 두 사람의 사랑을 노래한다고 할까!

나의 사랑하는 자는 내게 엔게디 포도원에 고벨화 송이로구나
내 사랑아 너는 어여쁘고 어여쁘다 네 눈이 비둘기 같구나
나의 사랑하는 자야 너는 어여쁘고 화창하다 우리의 침상은 푸르고
우리 집은 백향목 들보 잣나무 서까래로구나(아 1:14~17)

나는 사론의 수선화요 골짜기의 백합화로다
여자들 중에 내 사랑은 가시나무 가운데 백합화 같도다(아 2:1~2)

내 사랑 너는 어여쁘고도 어여쁘다 너울 속에 있는 네 눈이 비둘기 같고
네 머리털은 길르앗산 기슭에 누운 염소 떼 같구나
네 이는 목욕장에서 나오는 털 깎인 암양 곧 새끼 없는 것은 하나도 없이
각각 쌍태를 낳은 양 같구나
네 입술은 홍색 실 같고 네 입은 어여쁘고 너울 속의 네 뺨은 석류 한 쪽 같구나
네 목은 무기를 두려고 건축한 다윗의 망대 곧 방패 천 개 용사의 모든 방패가 달린 망대 같고 네 두 유방은 백합화 가운데서 꼴을 먹는 쌍태 어린 사슴 같구나(아 4:1~5)

전재규
정태호
유석정

4. 고(故) 강일혜 권사 소천을 애도하며

조사(弔辭): 고(故) 강일혜 권사 소천을 애도하며 영정에 조사

성경에 인생에 대하여 말씀하는 구절 이사야 40장 6절은 이렇게 기록하고 있습니다.

모든 육체는 풀이요 그의 모든 아름다움은 들의 꽃과 같으니 풀은 마르고 꽃이 시듦은 여호와의 기운이 그 위에 붊이라 이 백성은 실로 풀이로다 풀은 마르고 꽃은 시드나 우리 하나님의 말씀은 영원히 서리라 하라

예수께서 이르시되 나는 부활이요 생명이니 나를 믿는 자는 죽어도 살겠고 무릇 살아서 나를 믿는 자는 영원히 죽지 아니하리니 이것을 네가 믿는냐(요 11:25~26)

위의 성경 말씀으로 애도를 표하고 유족들에게 위안 되시기 바랍니다.

고(故) 강일혜 권사님은 훌륭한 믿음의 가정 독립운동가 집안에서 성장하여 미모에 지혜를 타고났습니다. 그때나 지금이나 어려운 약학대학을 졸업하고 국가약사고시에 합격하여 약사 자격을 받고 경상북도 위생시험소 검수관으로 취업하여 일하던 중 의과대학생 전재규와 결혼하여 가정을 세웠습니다. 그 당시에는 6·25 전쟁의 상흔이 남아있고, 모든 사람이 가난하게 살던 열악한 환경이었습니다. 국민의 보건 위생도 열악하던 때 강일혜 약사는 대구 비산동에 '신일약국'을 설립 치료사역을 하였고, 또 가정경제를 든든하게 하여 자녀교육을 미국 유학시켜서 자녀들도 어머니의 기도로 지혜를 받아 미국 상류사회에 의사와 전문금융인으로 자랑스러운 한국인이요, 그리스도인으

로서 빛을 발하고 활동하는 것은 고 강일혜 권사님의 기도의 밑거름인 영양가를 받아 성장한 결과를 증명함을 엿볼 수 있습니다.

또 남편 전재규 박사의 철학과 오늘의 사회적 존재와 위상을 높이게 하는 데 그 배경을 말하지 않을 수 없습니다. 전재규 박사는 동산병원 30년 의사로서 병자들의 치료사역도 귀중하지만, 전국적 지명도 있는 의학계와 기독교계에 명성을 높이는 대구 근대역사문화에 대한 저서와 3·1운동 정신 고취와 재연행사를 비롯하여 많은 저서를 발간했으며, 저명인사로 주목을 받는 데도 고인의 협력이 컸습니다.

특별한 것은 남편 전재규 박사로 하여금 '그리스도 나라의 사역자 즉 목회자를 양성하는 역사 깊은 대신대학교 제5대, 6대 총장'을 역임하게 하는 일에 배후의 뒷바라지와 기도협력으로 신관 건축 대지 5,310평 매입자금 13억 원을 헌금하는데 고인의 숭고한 높은 뜻이 녹아있음을 말씀드리지 않을 수 없습니다. 오늘 전재규 박사의 존재감도 故강일혜 권사의 내조가 없었다면 미미했을 것입니다. 전재규 박사께서 대신대 총장 시절 대신대의 큰 그림을 그릴 수 있었던 것은 하나님께 헌신하는 반려자 故강일혜 권사의 의지와 지혜와 결단성과 강하고 담대하고 강철같은 신앙과 끊임없는 祈禱가 뒷받침했기에 큰 일을 수행할 수 있게 되었던 것입니다

저와 40년 전 전재규 박사와는 1980년도 대신대학교의 전신이었던 대구신학교 야간부에서 함께 신학을 공부하였고, 당시 같이 공부한 장로님들로 친목 모임으로 '장우회'를 조직하여 10여 년 모임을 동산병원 선교사 사택에 거주했던 전재규 박사 집에서 가졌을 때 40년 전 그때 고 강일혜 권사님을 처음 뵙게 되었고, 초면에 만나서도 서먹서먹함 없이 평안하게 맞아주시고 분위기 조성에도 신경 써주셔서 모두가 좋아했습니다.

고 강일혜 권사님은 미모에 훤출한 키와 따뜻한 마음에 만면에 웃음으로 편안하게 맞아주셨던 인상이 지금도 생생하게 기억됩니다. 40년 인연을 끈끈하게 이어오고 있습니다. 백암이 대신대학교 총장 재임 시에 필자는 재단이사로서 상호 협력하여 학교를 위한 기도 제목 100%를 성취하게 되는 신앙 간증을 함께 이야기하기도 했습니다. 고인의 일생 85년 일대기는 수신제가 현모양처를 초월하여 자녀들에게는 자애스런 엄마로, 서현교회 권사로는 기도의 어머니로, 담임목사님과 교역자들과 성도들을 섬김과 교회를 사랑하는 마음 간절하여 몇 년 전 교회 본당 예배실에 도움을 더하기 위하여 고인께서 LED 전광판을 위해 1억 원을 정성되게 헌금하여 설치하고 성도들이 기쁘게 예배하는 모습을 보고 기뻐했습니다. 고인은 남편에 대한 내조를 위해 끊임없는 기도의 손을 일시도 놓지 아니하고, 자녀들 신앙교육과 고인의 삶의 인생관에 대하여도 오직 주님을 향한 사랑과 기도뿐임을 짐작할 수 있었습니다.

하나님의 섭리로 전재규 박사와 두 분 가정을 이룬 지 60년 세월을 가까이에서 볼 때 한평생 행복하게 걸어온 여정도 일순간같이 느껴지지 않겠나 생각됩니다. 모범적 가정 보석 같은 믿음의 가정 세웠고 자녀들도 선진국 미국에서 주류사회 지도자로 우뚝 서게 되었고 교회 성도들을 섬기는 권사 직분 잘 감당하셨고 하나님을 향한 기도와 교회를 섬김과 헌신을 주님께서 받으셨기에 고인을 기쁘게 영접하고 주를 믿는 자 승리자에게는 영원한 유업 생명의 면류관 영광의 면류관 받았음을 믿습니다.

특별히 반려자 고 강일혜 권사를 먼저 하늘나라에 보내고 혼자 남게 된 전재규 박사님에게 특별한 주님의 은총 충만과 건승을 기원드리고, 자녀 유족들에게도 위로와 평안을 기원합니다. 제반 장례절차 안전하게 진행되기를 기도합니다.

5. 고(故) 강일혜 권사 천국환송예배

전재규 박사의 반려자 고(故) 강일혜 권사는 2022년 4월 20일 향년 85세로 하나님의 부름을 받아 소천하셨다. 천국환송예배를 대구서현교회에서 담임 정기칠 목사 집례로 드리는 시간 남편 백암 전재규 박사는 고 강일혜 권사를 먼저 천국으로 보낸 상실감과 애도함이 제일 깊게 보였고, 부모 자녀 간의 애정을 단시간에 끊을 수 없는 밀착된 마음을 가지며, 낳으시고 길러주신 어머니의 사랑을 회상하는 자녀들은 마음에 치솟는 슬픔의 애절함에 가득 잠기어 있었다. 한생애 동안 함께 신앙생활을 해왔던 서현교회 동료 권사들과 성도들, 일가친척들과 함께 기도와 찬송을 부르면서 고인을 떠나보내는 예배 가운데는 애달픔과 슬픔이 가득했다.

예배 중 담임목사는 "한번 죽는 것은 사람에게 정해진 것이요 그 후에는 심판이 있으리니 이와 같이 그리스도도 많은 사람의 죄를 담당하시려고 단번에 드리신 바 되셨고 구원에 이르게 하기 위하여 죄와 상관 없이 자기를 바라는 자들에게 두 번째 나타나시리라"(히 9:27~28)는 말씀과 "예수께서 이르시되 나는 부활이요 생명이니 나를 믿는 자는 죽어도 살겠고 무릇 살아서 나를 믿는 자는 영원히 죽지 아니하리니 이것을 네가 믿느냐. 이르시되 주여, 그러하외다. 주는 그리스도시요 세상에 오시는 하나님의 아들이신 줄 내가 믿나이다"(요 11:25~27)라는 두 본문의 말씀을 전했다.

구주 예수를 믿는 자는 주님의 나라 천국으로 주님께 인도받아 마지막 날에 생명 부활하여 영생에 이르게 한다는 소망의 말씀을 경청하고 크게 위로를 받았고 찬송가 606장을 함께 불렀다.

1. 해보다 더 밝은 저 천국 믿음만 가지고 가겠네
   믿는 자 위하여 있을 곳 우리 주 예비해 두셨네

2. 찬란한 주의 빛 있으니 거기는 어두움 없도다
우리들 거기서 만날 때 기쁜 낯 서로가 대하리
3. 이 세상 작별한 성도들 하늘에 올라가 만날 때
인간의 괴롬이 끝나고 이별의 눈물이 없겠네
4. 광명한 하늘에 계신 주 우리도 모시고 살겠네
성도들 즐거운 노래로 영광을 주앞에 돌리리
후렴: 며칠 후 며칠 후 요단강 건너가 만나리
며칠 후 며칠 후 요단강 건너가 만나리, 아멘

이 찬송을 부르면서 유족들과 함께 조문객들도 감사하는 마음으로 천국 환송예배를 드렸다. 운구차와 승용차에 탑승한 상주와 조문객들은 경상북도 군위군 서현교회 부활동산의 장지에 가서 하관예배를 마친 후 상주를 비롯하여 친지들과 조문객들도 흙 한 삽을 점토할 때에 창세기 3장 19절의 말씀, "…네가 그것에서 취함을 입었음이라. 너는 흙이니 흙으로 돌아갈 것이니라 하시니라."는 성경 말씀같이 조문객들도 인생무상함을 깨닫게 되었다. 또 유족들과 모든 조문객은 욥기 33장 6절 "나와 그대가 하나님 앞에서 동일하니 나도 흙으로 지으심을 입었은즉"이란 말씀을 상기하게 되었다. 장례식 당일 경북 군위 장지까지 동승하여 운전해 주신 삼영교회 김재수 장로님의 수고와 노고에 감사한다. 성경 말씀처럼 고인을 보내는 성도들의 아름다운 참여는 유족들에게 오래 기억될 것이다.

좋은 이름이 좋은 기름보다 낫고 죽는 날이 출생하는 날보다 나으며
초상집에 가는 것이 잔칫집에 가는 것보다 나으니
모든 사람의 끝이 이와같이 됨이라 산 자는 이것을 그의 마음에 둘지어다
슬픔이 웃음보다 나음은 얼굴에 근심하는 것이 마음에 유익하기 때문이니라
지혜자의 마음은 초상집에 있으되 우매한 자의 마음은 혼인집에 있느니라
(전 7:1~4)

제3장

백암의 선교와 근대역사에 관한 이야기

1. 90여 년을 달려온 뜀박질 인생

의학도들은 매사를 과학에 접근하여 진단하고, 자기공명영상(MRI) 의료기 촬영으로 분석하고 검사하여 독해한다. 따라서 의학도들은 엄밀한 의학적인 분석에 근거해 사고하고 결론을 도출해야만 한다. 이러한 과학적인 사고능력은 그들이 사람의 생명을 다루는 일에 종사하기 때문에 요구되는 것이다. 그러나 아무리 명성 높은 의사라 해도 어려운 문제에 직면하게 되면 쉽게 답을 찾지 못하고 고심할 수밖에 없다. 이를테면 위급한 큰 수술을 앞둔 시점, 시급한 치료를 앞둔 순간에도 전문의는 긴장한다. 이럴 때면 전공 전문분야에 유능한 의사라 할지라도, 혹은 고도의 의료의술을 가진 의사라 할지라도 당면한 문제를 해결하기 위해 고심을 거듭한다. 그 고심과 깊은 진단 끝에 문제에 대한 답이 존재한다는 걸 알고 있기 때문이다.

백암 전재규 박사가 한국 마취통증의학의 길에 첫발을 내디딜 때만 해도 마취통증의학은 남들이 선호하지 않는 분야였다. 그러나 하나님 은혜로 부지런히 한길을 걷다 보니 오늘에 와서는 넓고 좋은 길이라 말해도 좋을 듯하다. 전재규 박사는 한국 마취통증의학 연구 분야의 많은 논문과 4권에 달하는 저서를 출간하여 해당 연구 분야의 지평을 넓혔다. 1974년 전재규 박사는 드디어 한국에서 저명한 마취통증의학과 전문의가 되었다. 1980년 10월에 그가 몸담아 일하고 있는 동산의료원이 계명대학교와 합병되었다. 그리하여 동산병원은 계명대학교 의과대학 부속병원이 되어 대학병원으로 승격하게 된 것이다. 전재규 박사가 교육과 연구에 더욱 매진할 수 있는 환경이 갖추어진 셈이다. 1981년 3월에 이르러 드디어 첫 학기를 맞이하면서, 전재규 박사는 마취학과 과장 및 마취통증의학과 주임교수로 발령받았다.

이 시기의 전재규 박사는 후학을 위한 가르침을 시작함과 동시에 마취통증의학과 주임교수 겸, 마취통증의학과 과장의 중책을 맡으며 직무를 감당하는 격변기를 맞이하게 되었다. 시간이 지나 1983년, 그는 처음으로 본과 3학년을 대상으로 마취 강의를 맡게 되었다. 이렇듯 마취과에서 마취통증의학과가 되기까지의 나름의 격동기를 겪게 되면서 그는 학회를 통한 연구논문 발표와 학술상 제정에 크게 기여했다. 그의 인생에 있어 이 시기의 발자취는 그의 뇌리에 분명하고 생생하게 남아있다.

이러한 격변기 안에서 다른 한편으로는 그가 섬기는 서현교회의 장립집사로 임직받게 되었고(1974년 10월 25일), 이후 이듬해인 1975년 10월 25일, 서현교회 장로로 장립을 받게 되는 은혜를 입었다. 이렇듯 전재규 박사의 인생은 쉼 없이 달리는 기차의 불통과 같고, 달리는 역마차와 같았다. 쉼을 생각하지 아니하고 부지런히 앞으로만 내달리는 그의 부지런한 삶은 우리에게 시사하는 바가 크다. 풍차는 바람이 불 때를 기다려 커다란 바람개비를 열심히 돌린다. 이러한 풍차와 같은 모습으로 몰아치는 세월을 뜀박질 인생으로 일관해 온 전재규 박사의 삶은 무척 인상 깊다.

이런 그의 부지런한 성격답게, 그는 허송세월을 용납하지 않는다. 그가 총신대학교 재단이사로 봉사할 때, 서울 총신대학교에서 이사회 회의가 열렸다. 필자와 회의에 참석하기 위해 사당동 총신대학교에 도착하는 지하철를 탑승하기 위해 계단을 오를 때였다. 그는 지하철역 오르내리는 계단를 두 계단씩 뛰어오르기 시작했다. 그 모습은 높이뛰기 선수처럼 보일 정도로 날랜 동작이었다. 운동선수만큼 부지런하고 활동적인 그의 이러한 특징은 일상생활에서도 확인할 수 있다.

그의 일상을 한마디로 말하자면 부지런한 삶의 실천가이다. 책상에 앉기 전에는 전등불을 끄고, 수돗물 한 방울조차 아끼는 등 꾸준히 절약 생활을 실천한다. 이러한 그의 신념과 철학적 사고는 제자들에게 훌륭한 본이 되었다. 숨 가쁘게 부지런히 달려온 전재규 박사의 삶의 격동기를 회고해 볼 때 그는 좁고 힘든 길을 넓고 편안하게 만드는 데 큰 영향을 끼쳤다. 이는 그의 교육적 신념과 철학 그리고 사상이 큰 영향을 미친 결과라고 단언할 수 있다. 이처럼 부지런한 그의 뜀박질 인생길에는 이제 여유로운 선비정신이 넉넉하게 남아 우리에게 또 다른 귀감을 보여주고 있다. 〈시경〉에 '행백리자반구십'(行百里者半九十)이란 말이 있다. 백 리를 가는 사람은 구십 리를 반으로 생각한다. 긴장을 늦출 수 없다는 뜻이다.

오직 말과 행실과 사랑과 믿음과 정절에 있어서 믿는 자에게 본이 되어
내가 이를 때까지 읽는 것과 권하는 것과 가르치는 것에 전념하라(딤전 4:12)

나는 선한 싸움을 싸우고 나의 달려갈 길을 마치고 믿음을 지켰으니
이제 후로는 나를 위하여 의의 면류관이 예비되었으므로
주 곧 의로우신 재판장이 그 날에 내게 주실 것이며
내게만 아니라 주의 나타나심을 사모하는 모든 자에게도니라(딤후 4:7~8)

2. 널리 퍼뜨린 복음의 씨(seed)

백암 전재규 박사는 동산의료원 의사로서 환자들을 치료하는 사역에 분주했고, 강일혜 권사 역시 자녀교육과 남편 뒷바라지에 전념했던 젊은 시절이었다. 이렇게 바쁜 와중에도 이들은 특별한 선교 비전을 공유하고 있는 부부였다. 이 부부는 개별적으로 선교사와 협력하여 해외 선교지에 교회를 설립하였으며, 여러 선교사에게 개별 선교비를 계속해서 지원했다. 그 와중에 서현교회 선교부에서는 해외 선교사로 나가기 위해 기도로 준비하고 있던 강승삼 목사를 해외 선교사로 파송하기로 결정했다. 그는 미지의 땅, 아프리카 나이지리아 땅에 복음의 씨를 전파하기 위하여 대구서현교회가 파송한(1980년 10월 26일) 첫 한국인 선교사였다.

백암은 당시 서현교회 선교위원회 회장이었고, 가정이 주축이 되어 기도와 선교비 충당을 집중하여 그곳에 선교의 열매가 맺어지기를 기도했다. 그곳의 오지 마을 곳곳에 주민의 식수문제 해결과 복음을 전파하기 위하여 10인용 승합차를 구입하여 지원하기로 선교위원회 회장 백암의 제의로 결의했다. 이때 지원한 승합차는 나이지리아 선교지에서 많은 지방을 다니면서 선교사역을 감당하였고, 귀한 생명에게 복음의 빛을 받게 하는 생명사역에 보람되게 사용되었다. 그는 선교위원회 회장의 사명 감당을 위하여 대구서현교회의 해외 첫 선교지 아프리카 대륙 나이지리아 국가에 심각한 가뭄 현상으로 인한 기후재해 상황을 직접 현지에서 확인하게 되었다. 이 사실을 전 교우들에게 보고하고 나서 전 교우들의 선교헌금과 각 기관 협조로 선교 현지에 어려움을 극복하고 해소하는 데 큰 도움을 주려는 선교 역점 사업이 시작되었다.

전재규 박사는 SIM국제선교회 한국대표 국제이사로 나이지리아 현지에 가서 국제회의를 주재한 후에 참석자들과 함께 기념촬영을 하고, 국제 인사들과 교류 협력하면서 선교사역을 수행해 갔다. 나이지리아 해외 선교가 성공적으로 잘 이루어진 데에는 전재규 박사와 강일혜 약사의 선교 열정이 한 몫을 했다. 이들이 선교의 씨(seed)를 심었었기에 싹이 자라 큰 나무로 성장한 것이다. 현지 '빌리리(Billiri)신학교'의 이능성 선교사와 최규정 선교사의 가정 사택 앞에서 나이지리아 전통의상을 입고 부부가 함께 기념사진을 찍기도 했다. 사진으로 남겨진 두 사람의 모습을 살펴보고 있노라면 선교의 열기가 뜨겁게 분출되는 눈빛과 미지의 나라 나이지리아를 사랑하는 뜨거운 열기가 솟아나고 있다. 그가 86년간 걸어온 발자취는 오직 주님과 교회의 믿음 생활밖에 모르고, 외길을 걸어온 단단한 밧줄에 떨어지지 않는 예술적인 곡예사의 걸음이라고 볼 수 있다. 예술적 곡예사는 실수로 땅에 떨어지면 수많은 관중에게 실망을 주게 되고, 기쁨도 사라지게 한다.

전재규 박사의 회고록 『아픔은 잠들고 사랑을 깨우라』를 보면 그의 인생 삶의 여정에 대한 진솔한 고백이 담겨 있다. 그는 유흥가와는 거리가 멀었고, 학창시절 유행했던 세속적인 영화 구경조차 하지 않았다. 당구, 바둑, 장기, 화투 등도 멀리하고, 교회생활에만 열정을 쏟았다고 고백한다. 유행가 한 소절도 부르지 못했고, 자기 자신에게 스트레스를 주는 거친 욕을 한 적도 없다고 말한다. 그가 모태신앙으로 성장하여 교회와 신앙생활에서 탈선한 적 없이 오직 한길 예수님과 동행하여 믿음의 길을 걷게 된 것은 오직 주님의 사랑과 은혜라고 고백한다. 그가 하나님이 특별히 택하셨다는 사실을 깨달았을 때 그는 비로소 마음속 깊이 솟아나는 기쁨과 만족과 평안을 맛보았다고 고백한다. 하나님이 이끄시는 외길을 걸어온 것이 하나님의 특별한 사랑이요 은혜임을 깨닫게 되며, 하나님 동행함의 삶이었다고 회고록에 기록하고 있다.

그가 살아온 길은 헌신과 봉사, 특히 선교사역을 빠뜨릴 수 없기에 대구서현교회 선교위원장직을 사명감을 가지고 잘 수행하였다. 그는 영어를 능통하게 구사하기 때문에 한국대표직을 맡아 선교 현장에서 지원하는 역할을 담당하기도 했다. 2001년 회계년도 결산을 맞이하여 SIM국제선교회가 동년 6월 12~14일까지 개최되었기에 국제이사 자격으로 나이지리아를 방문할 기회를 얻기도 했다. 1980년 10월, 아프리카 나이지리아에 처음으로 강승삼 선교사를 파송했고, 그 후 이어 이능성 선교사와 서재옥 선교사가 사명을 이어받아 선교사역을 감당하던 중에 파송한 지 25년 만에 아내 강일혜와 함께 직접 그 땅을 밟아 감격의 기쁨을 체득했다고 말했다.

서현교회에서 선교사를 파송하여 세운 '빌리리신학교'를 통해 배출된 목사가 200명이 넘었고, '카고로신학교'에서도 배출된 목사가 많이 있다고 했다. 그의 부부가 아프리카 나이지리아 선교의 열정과 현지답사로 체득한 경험 이야기를 회고록에 기념사진과 체험기를 구체적으로 기술해 놓았다. 그는 주님의 구속사적 관점을 보면서 하나님의 놀라우신 섭리를 온몸으로 느낄 수 있었고 현장에 가서 마지막 때를 바라보며 지금도 끝없이 이어지고 있는 하나님의 은혜의 역사(役事)에 감사드리며, 그리스도인 모두에게 주신 선교명령의 말씀을 되새겨본다.

> 예수께서 나아와 말씀하여 이르시되 하늘과 땅의 모든 권세를 내게 주셨으니 그러므로 너희는 가서 모든 민족을 제자로 삼아 아버지와 아들과 성령의 이름으로 세례를 베풀고 내가 너희에게 분부한 모든 것을 가르쳐 지키게 하라 볼지어다 내가 세상 끝날까지 너희와 항상 함께 있으리라 하시니라(마 28:18~20)

전재규 박사가 선교지에 쏟아 바친 선교의 열정이 식지 않기를 기도한다.

3. 대구선교와 기독교 순례길(사문진~청라언덕)

백암 전재규 박사는 대구 선교 역사를 연구하여 저술하는 역사학자로서 사문진에서 청라언덕까지를 대구선교 제2 순례길로 조성하려는 것은 매우 상징적인 이야기가 담겨 있기 때문이다. 1900년 미국북장로교 소속 사이드 보탐(Side Botham) 선교사 부부는 선교 활동에 사용하기 위해 미국 샌프란시스코에서 배편으로 부산으로 피아노를 운송하였다. 그들 부부는 그 피아노를 다시 배편으로 낙동강을 거쳐 사문진(화원유원지)에 도착시켰다.

1900년 3월 대구시 달성군 사문진(화원유원지)에 그의 이삿짐과 함께 피아노가 도착했을 때 여러 명의 일꾼이 상여를 들 듯 어깨에 메고 대구제일교회로 이동했다. 그 후 사이드 보탐 선교사 부부가 부산으로 이동하여 갔을 때 피아노도 함께 부산으로 옮겨졌다. 그 후 대구에는 1901년 5월 에디터 피커(존슨 부인)에 의해 새로운 피아노를 들여오면서 본격적으로 대구의 피아노 교육이 시작되었다. 현재 존슨 부인의 피아노는 대구 신명여자고등학교에 기증되어 있다.

동산의료원 초대 의료원장인 존슨 박사 후임으로 업무를 이어받은 제2대 원장 아치볼드 플레처(Archibald. G. Fletcher) 의료선교사는 거리를 배회하며 걸식하는 한센병 환자가 많은 것을 보고 이들을 치료하고 돌보기 위하여 1913년 '대구애락원'을 설립했다.

이 병원에 대한 한센병 환자들의 사무친 기쁨과 슬픔의 애환을 담은 이야기를 배경으로 하는 역사소설인 『너도 가서 그리하라』는 전재규 박사와 김진환 작가가 공저로 저술하여 2018년 봄에 출간했다. 많은 독자가 슬퍼하고 서러워하던 한센병 환자들의 비애를 느끼며, 감동을 주었기에 일본인 히라시마 노조미 목사가 일본어로 번역하여 출판하기도 했다. 이 소설책이 일본에서 베스트셀러가 되어 활발히 읽히고 있다는 반가운 소식도 듣는다. 이것은 미국인 의료선교사 플레처가 한센병 환자들을 돌본 감동적인 이야기가 소설이라는 주류 장르로 발간되었다는 점에서 더욱 반응이 좋았던 것으로 생각한다. 더구나 한국, 미국, 일본이라는 3개국이 얽힌 사람과 사람 사이의 인연, 국가 간의 역사적 관계에서 드러난 이야기라는 점에서도 수많은 독자에게 공감을 불러일으킨 요인이 되었다. 이는 국제 평화를 위한 교류와 인류애를 표현하여 박애정신으로까지 승화되었다는 점을 느낄 수 있다.

소설에 표현된 이야기의 실제 사례는 '대구애락원'에 얽힌 이야기를 역사(歷史)를 통해 알게 되었다고 한다. 이후 동산의료원 선교박물관 견학과 선교사 묘역, 3·1운동길, 대구 3·1운동의 주동적인 역할을 했던 대구제일교회, 대구서문교회, 대구남산교회 교인들과 계성학교 교사와 학생, 신명여학교 교사와 학생들과 서문시장에 모인 장꾼들 다수가 참가하여 1919년 3월 8일 독립만세운동 거사를 일으켰던 현장을 답사하였고, 역사와 전통을 가진 서문시장과 토성 달성공원, 대구약령시장, 구 제일교회 박물관(대구시 문화재지정), 경상감영 자리인 중앙공원, 국채보상운동기념 공원, 신암선열공원, 앞산충혼탑, 대구 2·28 학생민주화운동기념탑 등 다양한 사건과 장소들에 얽힌 역사 이야기가 함축되어 한 편의 소설이 완성된 것이다. 전재규 박사는 그의 소설에 표현된 장소들은 특별히 대구의 기독교 역사문화가 담겨있기에 그곳에 큰 의미를 담아 순례길을 조성하고 있다. 하루빨리 근대역사문화의 제2순례길이 조성되어 그의 꿈이 실현되기를 기원한다.

의인은 종려나무 같이 번성하며 레바논의 백향목 같이 성장하리로다
이는 여호와의 집에 심겼음이여 우리 하나님의 뜰 안에서 번성하리로다
그는 늙어도 여전히 결실하며 진액이 풍족하고 빛이 청청하니
여호와의 정직하심과 나의 바위 되심과 그에게는 불의가 없음이 선포되리로다(시 92:12~15)

4. 3·1운동 재연행사

3·1절기념 재연행사와 백암 전재규 박사

대구에서 최초로 3·1절기념 재연행사 및 퍼포먼스 시도를 기획 추진한 이는 백암 전재규 박사이다. 백암이 주창하는 3대 정신은 3·1독립운동정신, 애국애민정신, 청교도 청라정신이다. 제89주년 3·1절기념 재연행사를 백암의 아이디어로 주도면밀하게 준비하여 성황리에 거행하였던 기억을 되새겨본다. 2010년 2월 초, 그가 대신대학교 총장으로 재임할 때 대신대학교와 '대구시장로회연합회'가 공동으로 제89주년 3·1절기념 재연행사를 위한 프로젝트를 기획했다. 프로젝트의 담당자는 당시 총무부장이었던 최유화 장로가 그 취지를 충분히 이해하고 필자에게 의뢰하게 되었다.

이에 제89주년 3·1절기념 재연행사를 목표로 대구시장로회연합회와 협의했으나 안타깝게도 그 해는 '대구시장로회'가 영적각성부흥회를 개최하기로 계획하고 있기에 3·1절기념 행사를 추진하지 않는다고 전해왔다. 이에 불가피하게 '대구기독교총연합회' 대표회장 박순오 목사님과 대신대학교 총장 전재규 박사가 공동으로 개최하는 것으로 합의했다. 그리하여 대구제일교회에서 제89주년 3·1절기념 재연행사를 개최하게 되었다. 김범일 대구시장, 우동기 교육감, 대구 출신 국회의원, 대구시의 교회 목사님과 장로님, 대기총, 여전도회, 각 교회 성도들과 시민들 700여 명이 참석했다.

1부 예배의 사회는 충성교회 담임 최영태 목사, 설교는 대기총 대표회장 박순오 목사, 축사는 김범일 대구광역시장, 찬양은 대구장로합창단(단장 박정도 장로), 지휘는 정희치 장로, 그리고 단원 100여 명 합창, 제2작전사령부 군악대 특별연주, 백암 전재규 박사의 만세 삼창의 순서가 뒤따랐다. 만세삼창은 백암 전재규 박사가 '대한민국 독립만세'를 힘차게 제창할 때 참석자들도 감격스러운 마음으로 큰 소리로 만세삼창을 불렀다. 이후 다 같이 3·1절 노래를 합창한 후 제일교회 담임 고용수 목사의 축도로 1부 예배를 마쳤다.

2부 재연행사는 백암 전재규 박사의 진두지휘로 진행했다. 전재규 박사는 민족의 얼이 깃든 민족정기를 일깨우고자 3·1절기념 재연행사를 직접 지휘했다. 흰 두루마기 한복차림으로 태극기 머리띠를 두르고, 양손에는 태극기를 쥐고 메가폰을 움켜잡고 진행하는 그 얼굴은 마치 청년기의 모습처럼 빛났다. 대열의 제일 앞쪽에는 계성학교 악대부가 행진곡을 연주하고, 대형 태극기를 펼쳐 4괘를 잡은 단체임원들이 뒤따랐다. 그 뒤로는 경북고, 계성학교, 신명학교 학생들의 퍼포먼스가 이어졌다. 퍼포먼스를 할 때는 길 가던 행인들도 멈추어 서서 함성을 지르고 박수치며, 행사에 참여하는 모습을 확인할 수 있었다. 이렇게 행사에 참여한 수백 명의 교인과 시민들, 태극기를 손에 들고 순간순간 '대한독립만세'라는 함성을 외치며 행진했다.

대구제일교회 본당에서 출발한 행렬은 대구3·1길 돌계단(대구시 지정)을 지날 때 즈음 모두 다 함께 '대한독립만세'를 벅찬 마음으로 외치며, 과거의 순간을 재연하는 감격스러운 행사였다. 그때의 그 함성, 천지를 진동하듯 떨리는 외침은 아직도 잊을 수가 없다. 행렬은 섬유회관 앞에서 집결하여 재연행사를 치르고 서성로교회를 지나 대구경찰서를 거쳐 대구경상감영공원(중앙공원)에서 집결하는 것으로 마무리했다. 마감 행사로 김범일 대구광역시장이 3·1절 기념사와 내빈 축사를 한 후 3·1절 노래를 합창했다. 이어서 대신대학교 백암 전재규 총장이 인사 말씀을 전하고, 기념사진 촬영으로 행사를 마친 후, 참여한 모든 이가 점심 대용으로 빵을 나누어 받고 해산했다.

전재규 박사가 저술한 「대구3·1독립운동사」를 살펴볼 때 이와 같은 상세한 역사적 사건에 대해서 더욱 자세히 이해할 수 있을 것이다. 대구시민이나 사회단체 어느 곳에서도 3·1운동 재연행사를 생각지도 못하고 있을 때 그는 개인적으로 3·1운동 재연행사를 떠올리고 기획했다. 그의 발상으로 인해 대구보훈지청의 협조와 대구광역시, 계명대학교, 동산의료원, YMCA, 경북고, 계성고, 신명여고, 제일교회, 서문교회, 남산교회 후원 협조로 대구3·1운동 재연행사가 최초로 이루어질 수 있었다. 이처럼 그는 대구 시민사회에 3·1운동의 민족정신을 일깨운 선각자였다. 그의 업적으로 인해 이후부터 지금까지 매년 대구광역시총장로회연합회가 3·1독립운동 기념행사 및 재연행사를 주최하고 있다. 백암 전재규 박사도 동참하여 재연행사를 지도하고 격려해 주고 있다.

이처럼 전재규 박사는 대구 3·1운동 재연행사를 최초로 발기하고 시도하여 젊은 청년 학생들과 시민사회에 애국애민정신을 함양시키는 데 큰 역할을 했다. 이러한 그의 활동은 시대적 사명을 감당하여 대구시민의 정신문화를 일깨우는 역사운동에 기록되어야 할 중요한 업적이라고 말할 수 있다. 백암의 삼대 정신인 3·1운동정신, 애국애민정신, 청교도 청라정신 문화가 널리 전개되어 대구 시민사회에 긍정적인 자극이 되길 바란다. 또 그 자극을 받아들여 사물을 바르게 분별하고 판단하며, 대상을 이해하는 인식의 변화로 승화하길 바란다.

민족적 거사(巨事) 운동은 대구로부터

백암 전재규 박사는 1999년 '동산의료원 100년사' 발간을 위해 편찬위원장이라는 중직을 맡아 역사편찬 작업을 하면서 동산의료원 역사를 기술했다. 이는 우리 민족의 역사에 지울 수 없는 일로 1919년 3월 1일을 기회로 삼은 거국적으로 일어난 민족적 거사 운동이자, '독립만세운동'이다. 백암은 대구지역 '3·1독립만세운동사'에 관심을 가지고 지난 역사를 연구하기 시작하면서 대구 도성이 이스라엘의 성지 예루살렘성과 같다는 사실을 알게 되었다.

대구 3·1운동은 아름답고 숭고한 민족애를 품고 있다. 그 주최는 대구제일교회 이만집 목사, 대구계성학교 백남채 교사와 그 학생들, 신명학교 교사와 학생들, 대구제일교회 교우들과 대구서문교회 교우들, 대구남산교회 교우들을 중심으로 시작하여 대구큰시장 상인들과 시장에 온 시민들이 합세하여 3월 8일을 기해 만세운동이 일어났고, 독립만세운동에 가담한 많은 사람들이 가혹한 문초를 받고 투옥되어 옥고를 치렀다. 경북지역 안동, 의성, 비안, 동해안 영덕, 강구까지 전국적으로 펼쳐져 나간 '독립만세운동'이었다. 이때 경북

지역에서 독립만세운동을 하였던 상당수의 사람이 경찰서에 잡혀가서 고문당했고, 투옥되기도 했다.

이렇듯 숭고한 민족정신을 품은 '독립만세운동'을 기억하며, 재연하지 못하는 것을 전재규 박사는 안타깝게 생각하여 3·1운동 재연행사를 실행하기로 결심하고, 행사 개최를 준비했다. 그때 당시 거사에 동참했던 대구제일교회, 서문교회, 남산교회, 계성학교의 학생들, 신명학교 학생들의 협력을 받아 일제에 항거하는 재연행사를 제1회로 대구제일교회에서 출발하여 대구경찰서를 거처 경상감영공원까지 태극기를 들고 만세운동 재연행사를 시작하게 되었다. 이것을 시작으로 현재까지 3·1운동 재연행사가 지속되면서 학생들에게 민족정기를 고취하고 나라 사랑에 대한 교육을 재연행사로 보여주고 있다. 민족 자유독립의 숭고한 정신을 이어가게 하는 일에 앞장서서 대구 3·1운동의 애국정신을 고취시키는 백암의 노력을 반드시 본받아야 할 것이다.

그뿐만 아니라 전재규 박사는 대구가 제2의 예루살렘으로 불리었던 영적인 명성을 회복시키려는 열망으로 지금도 날만 밝아오면 "대구는 예루살렘이다."를 외친다. 대구의 성시화를 열망하는 그의 마음에 불붙은 복음전파의 열정은 식을 줄 모른다. 그는 대구 근대 100년간의 문화와 역사는 기독교 선교역사를 빼고 말할 수 없다고 생각하는 장본인이다.

의인을 위하여 빛을 뿌리고 마음이 정직한 자를 위하여 기쁨을 뿌리시는도다 의인이여 너희는 여호와로 말미암아 기뻐하며 그 거룩한 이름에 감사할지어다(시 97:11~12)

의인는 종려나무같이 번성하며 레바논의 백향목같이 성장하리로다 이는 여호와의 집에 심겼음이여 우리 하나님의 뜰 안에서 번성하리로다 그는 늙어도 여전히 결실하며 진액이 풍족하고 빛이 청청하니 여호와의 정직하심과 나의 바위 되심과 그에게는 불의가 없음이 선포되리로다(시 92:12~15)

계성학교 100주년 기념 3·1운동 재연행사 단상에서(2003. 3. 1.)

제4장

감동의 사람 백암과 선지동산 대신대학교

1. 칠흑 같은 밤하늘의 별이 되어

백암 전재규 박사는 남다르게 탁월한 재능을 가졌다. 특히 혜안의 눈빛이 강렬하고 섬세 정밀하게 판별하는 판단력의 소유자이다. 마음 또한 관대하여 넓은 이해심과 흡입력 있는 교제심을 발휘한다. 이러한 그의 재능은 각계각층의 개성 있는 지식인들과 교분을 나누며 항상 온유하고 따뜻한 품성을 유지할 수 있도록 해준다. 그는 무슨 일이든지 하고자 하는 일에 확신이 생기면 주저 없이 결단하고 곧바로 실천하는 단호한 성격의 소유자이다. 그 사람의 성격을 알기 위해서는 함께 여행을 해보는 것이 좋다는 말이 있다. 하룻밤 이상을 동숙해 보고, 한 상에서 식사를 해보면 그 사람의 성격을 이해할 수 있는 좋은 기회가 될 수 있다. 필자는 백암 전재규 박사와 함께 장시간의 여행에 동행한 적은 없다. 대신 자주 만나 산책로를 따라 걷거나 같은 장소에서 식사하면서 많은 대화를 나누었다. 같은 프로젝트를 중심으로 한 회의도 수차례 진행하였고, 전화 통화로는 자주 소통했다.

그는 다른 사람들보다 걸음 속도가 빠른 편이다. 때로는 남들보다 한 발자국 정도는 앞서서 이끌어가는 것처럼 보이기도 한다. 중년시절 그와 동행하다 보면 지하철 계단이나 엘리베이터 없는 고층건물 계단을 오르내릴 때, 종종 그의 빠른 걸음을 실감하곤 했다. 그는 거침없이 월단하여, 두 계단씩 성큼성큼 뛰어오르는 모습을 보여주었다. 그 모습은 마치 날랜 맹장과도 같았다. 그는 언제나 비상시를 생각하여 의사의 근성을 버리지 못하는 모습을 보여주었다. 은퇴 후에도 항상 가지고 다니는 때 묻은 가방에 몇 권의 얇은 책과 몇 종류의 간단한 의료기구, 그리고 '메스'(Mess)와 구급약을 넣어 다닌다. 그의 가방은 뻔질나게 여닫았기 때문에 반질반질하게 손때가 묻어 있다. 그는 그 끈 달린 가죽가방을 항상 들고 다니는 노신사로 유명하다.

그는 매사에 유비무환의 마음으로 준비한다. 등산을 좋아하며, 누구보다 이른 시간에 일어나 새벽을 깨우는 기도의 사람으로 사색과 명상을 좋아한다. 집념도 끈기도 남달리 강하여 거주하는 아파트 뒤편에 있는 와룡산에 올라 규칙적으로 체력을 단련하는 생활체육인이 되었다. 이렇게 그는 산에서 하루의 일과를 설계하는 습관으로 현재까지도 건강을 유지하고 있다. 그의 남다른 건강한 신체는 유년시절로 거슬러 올라가 보아야 한다. 그는 강한 체력을 타고난 편은 아니라 오히려 유약하다시피 한 체력 때문에 수차례 좌절한 적이 더 많았다. 약한 체력 때문에 그는 중고등학생 때 이르러 체력을 기르기 위해 본격적으로 운동을 시작했다. 체조운동으로 철봉, 평행봉 운동과 함께 동시에 도장에서 태권도와 '가라데'를 배우기까지 했다. 이후 정식 승급 심사를 통해 유단자 자격을 받게 되었다. 이에 따른 재미있는 에피소드가 있다.

그가 경북대학교 의과대학을 졸업하고 미국으로 유학한 때이다. 1967년 1월 첫 주, 세인트루이스 시립병원(St. Louis Hospital) 인턴 코스를 수련받을 시기였다. 그는 미국 사람들보다 키도 작고 몸집도 왜소했다. 언어소통도 모국어만큼 자유롭게 구사할 수 없었기에 병원에서 함께 일하는 사람들은 그를 무시했다. 이렇게 어렵고 불편한 환경에 처한 그는 심리적, 신체적으로 큰 스트레스를 받게 되었다. 병원 내에서의 긴장 상태는 그를 의기소침한 심리상태로 내몰았다. 이때 그는 좌절하지 않고 자신의 능력을 아낌없이 보여줄 기회가 주어질 날을 벼르고 있었다. 그러던 어느 날 우연히 엘리베이터에 동기, 선배, 간호사 등 많은 병원 동료들이 한꺼번에 동승하게 되었다. 그는 이때라고 생각하고 엘리베이터 문을 크게 한 번 내려쳤다. 쾅, 소리가 나고 엘리베이터 전체가 휘청거리며 흔들렸다. 엘리베이터 안에 있는 병원 동료들 모두 혼비백산하며 그를 쳐다봤다. 어디서 용기가 났는지, 그는 젖먹던 힘을 다해 큰소리로 태권도 기합을 내어 첫 구호를 외쳤다. 그리고 그 기합과 함께 태권도 기술로 두발차기 2단 자세로 힘껏 올려찼다. 그 동작은 천장에 노출된 전구까지 닿아 회전 동작과 함께 착지까지 멋지게 성공했다. 이렇게 그들에게 체력단련을 위해 학생 시절 배운 태권도 시범을 보여줄 수 있게 된 것이다. 그 광경을 본 병원의 동료들과 선배, 직원들은 일제히 그를 향해 박수를 치고 환호를 보냈다. 그 후로 전재규 박사를 보는 그들의 눈빛은 사뭇 달라졌다.

미국인들은 무술에 관한 동경이 크다고 한다. 영화관에서도 상영하는 영화 내용 중 태권도의 발차기 기술이 나오면 박수를 치면서 좋아하는 모습을 보이곤 한다. 그런데 눈앞에서 그런 장면을 목격하고 말았으니 놀랍고 신기할 수밖에 없었던 것이다. 키도 크고 코도 높은 미국 사람들을 놀라게 한 일이 있고 난 다음부터 동료들의 태도는 조금 바뀌었다. 병원 복도에서 그와 지나치게 되면 웃으며 인사를 건네거나, 태권도 동작을 가르쳐달라고 하기도 했다. 아마도 대단한 무술인이라고 소문이 나돈 듯했다. 이처럼 그는 스스로의 힘으로 자신감과 자존감을 드러냈다. 이러한 그의 능력은 사람들과 친해지는 데 큰 도움이 되었다. 태권도 종주국이라는 우리나라의 위상을 높인 일도 따라왔기에 더욱 기분이 좋아지는 에피소드이다.

그의 어록에 빠지지 아니하고 외치는 일성이 있다. "대신대학교가 살아야 대구 교회가 산다."라고 자주자주 외치던 그때가 새록새록하다.

그의 어록이 또 하나 더 있다. "대구는 제2예루살렘이다."라고 장로들 몇 사람이 모인 곳이면 영적 명성을 마음에 인이 박히도록 외쳐 심어준다.

근래 와서 추가되는 어록으로 그는 "청라정신이 살아나야 대구가 성시화된다."라고 힘주어 외친다.

2022년 10월 25일 대구인터불고호텔에서 청라정신을 살리기(蘇生) 위하여 전국 기독교계 저명 인사 500여 명을 초치(招致)하여 '청라정신과 대구경북 역사문화'를 주제로 특강을 개최하여 호평을 받기도 했다.

> 여호와는 위대하시니 극진히 찬양할 것이요 모든 신들보다 경외할 것임이여
> 만국의 모든 신들은 우상들이지만 여호와께서는 하늘을 지으셨음이로다
> 존귀와 위엄이 그의 앞에 있으며 능력과 아름다움이 그의 성소에 있도다
> 만국의 족속들아 영광과 권능을 여호와께 돌릴지어다, 여호와께 돌릴지어다
> (시 96:4~7)

2. 백암과 대신대학교의 하드웨어(hardware)

동산의료원에서 은퇴한 후 백암 전재규 박사는 선지동산 대신대학교의 총장으로 초빙받아 학교를 경영하게 되었다. 이때 그는 본관(종합관) 건축과 대학진입로 개설, 여학생 생활관 '리모델링' 완공 등 대학교의 '하드웨어'적인 측면을 완비하기 위해 노력했다. 다양한 장학금의 편성은 물론, 신대원생의 강의실, 도서관, 교수연구실, 행정실, 5층 세미나실 등의 공허한 공간을 새롭게 인테리어하여 학생들의 면학 분위기를 조성했다. 이러한 과업들을 위해 소요되는 모든 재정적 부담은 백암 개인의 사재로부터 지원되었다. 그는 채플(chapel) 시간에 강단에 올라 학생들을 향한 첫인사로 "샬롬, 샬롬, 샬롬!"이라고 외친다. 이때 그의 발성은 꽤 독특해 학생들의 집중도가 높다. 모든 학생은 그와 같은 발성으로 백암에게 화답한다. 이렇게 집중도를 높여 학업 분위기를 만들어 강의를 경청하게 하는 방법은 백암만의 독특한 강의 방식이라고 말할 수 있다.

선지동산 대신대학교 총장을 은퇴한 요즈음도 그는 대구 근대역사문화 연구로 『청라정신과 대구·경북 근대문화』를 공저로 출판하는 등 여전히 왕성한 활동을 보여주고 있다. 또 대구 기독교 역사적 발자취인 선교지 순례코스를 제정하기 위해 청도군 이서면 팔조령에 첫발을 디딘 윌리엄 베어드 선교사의 100주년 기념비를 답사하고, 그곳을 선교순례 제1길로 만들려고 부단한 연구와 노력을 하고 있다. 그는 모든 기독교 지도자들이 생각지 못하는 때에 선각자의 자세로 대구 경북의 역사문화를 연구하고 발굴하여 대구3·1운동길, 여호와이레 기념비석 제막, 동산병원 박물관, 3·1운동 재연행사 연출, 대신대학교 선교문화역사관 건축 등 문화 관광길을 조성하는 일에 많은 재정과 시간을 투입하고 있다.

그는 평범하게 살아가는 사람들이 미처 생각하지 못하는 기독교 역사문화를 발굴하여 관광지화하고, 사라져가는 문화와 역사를 재조명하는 활동에 특별한 노력을 기울이고 있다. 이 노력으로 인해 옛 역사가 보존될 수 있을뿐더러, 역사의 귀중함을 새삼 발견하게 될 것이다. 특히 각종 문화행사와 작품, 음악, 동요, 찬양 시(詩), 민족독립 저항 시 등을 보존하여 정신문화의 귀중함을 계몽할 수 있을 것이다. 이는 민족의 자존감과 자긍심을 정립하는 방향으로 이어지면서 우리가 선진적인 문화민족임을 드러낼 것이다.

이처럼 백암 전재규 박사는 전 세계 인류에게 영향력을 주며, 그들을 이끌어가는 선교대국인 제사장의 나라가 되기를 소망한다. 이 점은 그의 열정과 추진력에서 분명하게 확인할 수 있다. 그는 무슨 일이든 하나님께 영광된 사업이면 기도하고, 시작하면 완성해야 직성이 풀리는 믿음의 소유자이기 때문이다. 지금도 그는 대구 극동방송국에 출연하여 대구성시화를 위한 강론을 진행하고 있다. 또 대구서현교회 원로장로로서 교회의 발전을 위하여 시무장로들에게 교회를 섬겨온 오랜 경륜을 함께 나누고 있으며, 노익장을 발휘하여 교회주차장 공사에 동참하며, 환경정화 사업에도 적극적으로 협력하고 있다.

선지동산 대신대학교를 위한 헌신과 한국호스피스 및 간호협회를 창설한 공로자로서 백암은 일복(福)을 많이 받은 사람이다. 그는 젊었을 때부터 노년에 이르기까지 평범한 사람들보다 더 많은 일복을 받고 살아가는 특이한 사람이다. 2006년 3월 1일 대신대학교 제4대 총장으로 부임한 이의근 총장(장로)은 경북도지사를 12년을 역임한 후 제4대 총장으로 부임하여 2년간을 시무하다가 2008년 3월 서울 새마을중앙회 회장으로 전임하여 갔다. 그의 후임으로 계명대학교 의과대학장을 역임한 백암 전재규 박사가 총장으로 초빙받게 되었다(2009년 7월 1일). 대신대학교는 기독교 교역자(목사, 전도사, 선교사, 신학자)를 양성하는 선지학교로 70년의 역사와 함께하고 있다. 장로로서 총장에 취임한 분은 이의근 장로와 전재규 장로 두 분뿐이다. 사실 장로 총장을 초빙하는 일이 쉽지만은 않을뿐 아니라 반대도 많았었다. 이 과정을 극복하기 위하여 필자가 재단이사회와 운영이사회에 대학발전을 위한 전략

기획 프로젝트를 제안 설명하여 양 이사회(재단이사, 운영이사)를 이해시키는 과정을 거쳐 초빙절차가 신속하게 진행될 수 있었다. 백암 전재규 박사를 총장으로 초빙하는 과정에는 본 대학교 운영이사장을 역임한 이판근 목사와 최부영 목사의 협력과 격려와 기도가 큰 도움이 되었다. 그리하여 그는 대신대학교의 건학이념인 사랑, 경건, 학문과 개혁신학의 정체성을 지키기로 서약하고 총장에 취임하게 되었다. 또 대신대학교 2020 비전 선언 정신을 계승하여 사재 13억 원의 헌금으로 경산시 백천동 산 8번지(경산시 소유의 국유지 17,055㎡)를 대신대학교의 교육용 재산으로 불하받는 과정에 큰 역할을 했다.

2013년 5월 30일 본관 건평 1,800평, 건축공사비 약 90억 원의 종합관을 완공하다.
2010년 4월 12일 대신대학교 개교기념일 확정과 역사이해 포럼을 개최하다.
2010년 7월 20일 일반대학원 학위과정 신설하다.
2010년 11월 9일 기독교역사연구소 개소하다.
2011년 9월 26일 음악치료연구소 개소하다.
2012년 2월 1일 종합관 건축추진위원회 위원장 류재양 장로 선임 발족하다.
2012년 2월 6일 성지언어연구소 개소하다.
2012년 5월 30일 대신대학교 종합관(본관) 기공식 하다.
2012년 8월 10일 대신대학교 60년사 출판감사예배 드리다.
2012년 11월 9일 기독교역사문화연구소 개설하다.
2014년 5월 30일 대신대학교종합관(본관) 준공예배 드리다.
2014년 2월 1일 대신대학교 명예총장 추대와 김인환 박사 총장으로 취임하다.

이처럼 왕성하고 많은 활동을 할 수 있었던 진원지는 그의 반려자 강일혜 권사의 기도와 결단 있는 조력, 그리고 믿음의 내조 덕분이다. 강일혜 권사 덕분에 그는 좀 더 자신감을 가지고 일할 수 있었고, 자신만의 인생길을 적극적으로 추진할 수 있었다. 그는 지금도 매일 새벽기도로 하나님께 지혜와 능력을 받아 큰일들을 성취하려 한다. 그의 발자취가 많은 이들에게 영향력 있는 자양분이 되어 다음 시대를 이끌어갈 능력 있는 인재들이 배출되어 나오기를 기도한다.

백암 전재규 박사가 대신대학교 총장으로 재임할 당시, 필자와 함께 난제에 고뇌하고 고심한 적이 여러 번 있었다. 그때 필자는 그에게 기도와 격려로 협력하며, 그가 주님께 생기를 얻고 용기가 소생되도록 하는 격려 시(詩)를 작시한 바 있다. 이 시는 대신대학교 본관 5층의 세미나실 출입문 입구 상부에 놓여있다. 침륜에 처해있을 때 힘내라고 몇 편의 헌시로 힘을 돋우어주기도 했다. 필자의 작시는 영성을 떠오르게 하고, 성령의 감동을 받게 하는 깊은 상상력으로 영감으로 지은 기도시(詩)이기에 읽고 듣는 자는 감흥에 흠뻑 젖게 되는 영시(靈詩)로서 생기를 소생케 하는 복을 받게 될 것이다.

백암은 선지동산 대신대학교 총장 재임 시 본 대학교를 든든한 반석 위에 올려놓으려고 부단한 노력의 결실을 맺기 위해서 인간적 고심도 많이 하였고 시간과 노력도 기울였고 그가 평생 저축한 재물을 기름 붓듯 아낌없이 쏟아붓기도 했었기에 학교 발전의 기반을 탄탄하게 다지는 데 크게 기여하였던 것이다.

그는 보이지 않는 아름다운 선한 일을 많이 한다. 병약자를 돌보아주는 구제사업에 동참하고 선교사 후원에 동참하며 특히 대학생 장학 후원사업에 많은 기여를 하였다.

우리가 아는 바와 같이 부자라고 많은 재물로 선한 사업을 하는 것은 아니고 사마리아 사람 같은 심성을 가진 사람들만이 선하고 아름다운 일을 할 수 있다.

백암은 대신대학교 하드웨어(hardware)를 단단히 구축하였다.

온 땅이여 여호와께 즐거운 찬송을 부를지어다

기쁨으로 여호와를 섬기며 노래하면서 그 앞에 나아갈지어다

여호와가 우리 하나님이신 줄 너희는 알지어다

그는 우리를 지으신 이요

우리는 그의 것이니 그의 백성이요 그의 기르시는 양이로다(시 100:1~3)

3. 백암과 대신대학교의 소프트웨어(software)

백암은 1980년도 대구신학교 야간부에서 신학공부를 할 때부터 기독교 역사에 심취하여 예수님이 탄생한 기독교 발상지인 이스라엘의 예루살렘, 예수님의 십자가의 죽음과 부활의 동산이 있는 성지를 여러 차례 순례했다. 그는 성지에 직접 찾아가서 의사가 보는 혜안으로 기독교 역사연구를 진행했다. 한때 그는 히브리대학교에서 역사 수업을 수강하기도 했다. 이러한 그의 역사에 관한 관심이 대구 경북 기독교 역사문화 연구로 이어졌다. 이후로 그는 저서로 『대구3·1운동의 정체성』을 발간하고 『동산의료원 100년사』의 편찬위원장을 역임하게 되는 계기가 되었다. 또 다른 그의 저서로는 『의사의 눈으로 본 십계명, 주기도, 팔복』과 『내 집이 평안할지어다』, 공동저서로 『너도 가서 그리하라』와 『청라정신과 대구·경북 근대문화』가 있다. 이 저서들 중에 특히 『너도 가서 그리하라』는 125년 전 황무지에 가까운 땅이었던 대구에 찾아온 미국인 선교사 아치볼트 플레처의 이야기를 담고 있다.

다른 한편으로 그는 의학 분야의 전문적인 연구 논문과 통증의학 전문저서, 말기 환자를 위한 호스피스 간호와 관련된 다양한 저서를 출판한 이력으로 후배 의학도들에게 큰 존경을 받는 선배로서 큰 존재감을 보여주고 있다. 이 외에도 계명대학교 의과대학 교수, 학장 역임과 치유사역 30년의 인생으로 고스란히 몸 바쳐 봉사한 점은 더욱 존경스럽다. 전재규 박사는 2009년 7월 1일~2013년 6월 30일까지 총 4년 동안을 대신대학교의 총장으로 재임하면서 선지학교의 지향 목표를 수립했다. 그는 특히 재학생들의 자질 향상과 지도자들이 갖추어야 할 덕목인 인성, 지성, 영성, 도덕성 교육을 중요하게 생각했다.

이를 위해서 전재규 박사는 먼저 선지생도들을 가르칠 교수들로 외국 명문 대학교의 신학 및 철학박사 학위를 취득한 교수 여러 명을 채용하여 전문지식을 습득하도록 해 신학대학원 학생들의 지적 수준을 높이는 일에 주력했다. 또 신학대학원 지도교수의 교육 향상을 위하여 선지학교 교육의 질적 수준을 높이기 위한 '소프트웨어'(software)적 내실화를 강화하는 일에 필요한 재정을 백암의 이름으로 기부된 헌금으로 충당하였다. 또 그는 대신대학교에 특임 연구교수를 채용하여 신학 전담 특별교육에 해당하는 강의를 개설하여 선지학교가 갖추어야 개혁신학 지향과 목표를 공고히 할 수 있도록 했다.

또 백암은 경제적 어려움을 겪고 있는 학생들을 위한 복지도 빠뜨리지 않았다. 그는 경제적으로 어려운 학생들을 엄밀하게 파악하여 그들의 수업에 지장이 없도록 개인 장학금을 지급했다. 이 장학금으로 등록금을 납부할 수 있었던 학생들은 성실히 공부하고 졸업하여 큰 교회의 사역자로 성실히 일하는 모습을 보여주었다. 이따금 이 학생들은 감사한 마음을 담아 백암 전재규 총장에게 선물을 들고 찾아오기도 했다. 백암은 이렇게 찾아온 학생들을 환대하여 한동안 정감 있는 대화를 나누는 시간을 무척 즐긴다. 신대원 학원생 한 사람은 3년간 '백암장학금'을 받고 졸업한 후 예비 신부와 함께 찾아온 적도 있었다. 결혼을 앞둔 어느 학생은 백암에게 청첩장을 전달하면서 주례를 부탁하기도 했다. 물론 그는 기꺼이 제자들의 주례를 맡아주었다. 백암은 창세기 2장 21~25절의 말씀에 근거하여 주례사를 하곤 했다.

> 여호와 하나님이 아담을 깊이 잠들게 하시니 잠들매 그가 그 갈빗대 하나를 취하고 살로 대신 채우시고 여호와 하나님이 아담에게서 취하신 그 갈빗대로 여자를 만드시고 그를 아담에게로 이끌어오시니 아담이 이르되 이는 내 뼈 중의 뼈요 살 중의 살이라 이것을 남자에게서 취하였은즉 여자라 부르리라 하니라 이러므로 남자가 부모를 떠나 그의 아내와 합하여 둘이 한 몸을 이룰지로다 아담과 그의 아내 두 사람이 벌거벗었으나 부끄러워하지 아니하니라(창 2:21~25)

이와 같이 백암은 대신대학교 총장재임 시에 '소프트웨어' 측면에서 개혁신학의 지성적인 위상을 높이기 위해 외국에서 수학한 유능한 교수들을 영입하였으며, 학생들의 면학 분위기를 높이기 위해 강의실, 도서관, 기숙사, 주변 환경을 정비하고 학교를 발전시키는 일에 심혈을 기울였다. 백암은 인생 여정에 있어서 그가 섬겼던 대신대학교를 하나님께서 주신 큰 선물이라 말한다. 그는 대신대학교에 그의 모든 진액과 뜨거운 애정의 마음, 사랑과 열정을 온전히 쏟아부었다. 그러므로 대신대학교는 복음과 함께 하나님의 영광의 빛을 선지동산뿐만 아니라 온 세상에 비춰야 할 사명이 있다.

> 여호와께서 시온의 포로를 돌려보내실 때에 우리가 꿈꾸는 것 같았도다
> 그때에 우리 입에는 웃음이 가득하고 우리 혀에는 찬양이 찼었도다
> 그때에 뭇나라 가운데에서 말하기를 여호와께서 그들을 위하여 큰 일을 행하셨다 하였도다(시 126:1~2)

제5장

변화를 추구하는 백암의 삶

1. 백암과 한국호스피스협회 창립(創立) 이야기

'호스피스'란 인간답게 죽음을 맞이할 수 있도록 위안과 안락을 베푸는 봉사활동이나 그런 일을 하는 사람을 지칭한다. '호스피스'(hospice)라는 명칭은 라틴어의 '호스피탈리스'(hospes와 hospitium)에서 기원된 것으로 알려져 있다. '호스피스'는 인생의 여정을 거의 마치고 마지막 임종기에 처한 환자들을 숭고한 사랑으로 돕고 보살피는 공동체 정신 프로그램이다. '호스피스'는 생명을 인위적으로 연장하거나 죽음을 재촉하는 일이 아니며, 단지 죽음을 준비하며, 생명의 존엄성을 가지고 순간순간의 삶을 평안하고 아름답게 살아가도록 돕는 일이다. 백암 전재규 박사는 호스피스 프로그램은 인간의 본질인 존엄성과 인격성과 윤리성의 근본 출처와 종말과 영생과 사후세계를 깨닫게 해주는 학습의 현장이라고 말한다. 존엄하게 창조된 인간이 가진 영혼에 초점을 두고 전인(全人)을 돌보며 섬기는 프로그램이라고 힘주어 말한다. 그래서 백암은 이 호스피스 프로그램이 더욱 체계화되고 사회 각계각층에서 말기 암 환자들을 신뢰와 긍휼과 사랑으로 돌보는 아름다운 봉사로 발전해 가기를 소망하고 있다.

근래에 와서는 사람이 살아온 날을 아름답게 정리하여 평안한 삶의 마무리를 준비하는 말로 '웰다잉'(well-dying)이란 말을 사용한다. 인간 삶의 끝자락에서 누구나 맞이할 수 있는 죽음을 스스로 미리 준비하는 일은 자신의 생을 뜻깊게 보낼 뿐 아니라 남아있는 가족들에게 도움이 되는 것이라는 인식이 늘어나고 있다. 이러한 사회적 분위기 속에서 호스피스사역은 뜻깊은 봉사이다. 이 호스피스 정신은 기독교 사랑에서 출발했다. 가난하고 병든 자와 함께 생활하면서 긍휼과 자비를 최선의 미덕으로 실천하고 가르치신 예수 그리스도의 사랑에 근거한 것이다.

백암 전재규 박사는 초창기 한국의 '호스피스협회' 회장을 역임하면서, 전국 대학교 석학들과 여의도순복음교회 조용기 목사님을 포함하여 한국 기독교계의 여러 목회자에게 호스피스 간호의 중요성에 대해서 강조했다. 1991년 '한국호스피스협회'가 설립된 이후 백암은 '한국호스피스협회'의 초대 이사장으로서 협회를 발전시키는 일에 큰 공적을 세웠으며, 수십 년 동안 '한국호스피스협회' 학술세미나에서 논문을 발표했고, 호스피스 시민의 날 행사에서 개회사, 인사말, 격려사 및 축사를 전하면서 사람의 마지막 임종을 돕는 호스피스사역이 대단히 중요하다는 사실을 역설했다.

특별히 '한국호스피스협회' 10주년을 맞이했을 때 회원들과 함께 호스피스 교육을 위한 표준 교재로 사용하기 위해 『호스피스총론』을 발간하기에 이르렀다. 호스피스에 대한 인식이 전무했던 시기에 회원들이 땀 흘려 노력한 연구의 열매가 책으로 엮어져 세상에 빛을 발하게 되었던 것이다. 그 이후로 호스피스에 대한 의료인들뿐만 아니라 시민들의 인식도 크게 달라졌다. 따라서 전국에 '호스피스협회' 지부도 설치하고, 비약적으로 발전하는 모습을 보이기도 했다. 백암은 현재도 '한국호스피스협회'뿐만 아니라 계명대학교 동산의료원의 호스피스 간호사협회와도 계속 교류 협력하고 있다. 백암은 반려자 강일혜 권사와 사별 후 홀로 고독한 순간 상심한 마음을 하나님의 말씀과 기도와 찬송으로 스스로 위로하며 지낼 때 동산병원 호스피스협회 회원들이 그의 가정을 방문하여 백암의 마음을 위로해 주었다. 그는 이때 받은 위안으로 평안의 마음을 되찾을 수 있었다고 했다.

백암을 위로하는 사랑의 일은 여기서 멈추지 않았다. 2022년 8월 15일 해방기념일에 맞추어 미국에 있는 백암의 딸 전은주 교수가 손녀와 함께 귀국했다. 홀로 계시는 아버지를 뵙기 위해서 찾아온 것이다. 백암은 오랜만에 누리는 사랑스러운 딸과 손녀와의 만남이 기쁘고 반가웠다. 그는 기쁜 마음을 감출 길 없어 서둘러 필자에게 전화로 알려왔다. 필자도 덩달아 기쁜 마음으로 그에게 아낌없이 축하와 격려의 말을 주고받느라 시간 가는 줄 몰랐다. 백암에게는 6개월 만에 속마음을 숨김없이 대화할 딸이 찾아와 잠시나마 있어서 큰 위로가 되었다. 오랜만에 딸과 손녀를 만난 백암은 다정하게 많은 이야기를 나누었고, 강일혜 권사의 묘소에 찾아가 성묘도 했다. 건강하고 맛있는 음식으로 식사 교제를 나누기도 하고, 따뜻한 커피도 마시면서 오랫동안 옛 이야기를 나누는 시간을 가지고 딸과 손녀는 미국으로 돌아갔다.

보라 형제가 연합하여 동거함이 어찌 그리 선하고 아름다운고
머리에 있는 보배로운 기름이 수염 곧 아론의 수염에 흘러서 그 옷깃까지 내림 같고
헐몬의 이슬이 시온의 산들에 내림 같도다
거기서 여호와께서 복(福)을 명하셨나니 곧 영생이로다(시 133:1~3)

2. 백암과 치유선교

백암 전재규 박사는 '한국호스피스협회' 이사장으로 활동하는 동안 단순히 환자들의 질병만 치료하는 의사로서의 활동만 아니라 하나님의 형상대로 창조된 모든 인간의 전인적인 치유에 관한 해답을 찾고자 현대의학과 성경의 가르침 사이의 관계성에 대하여 고민하면서 인간의 전인치유(wholistic healing)에 깊은 관심을 두기 시작했다. 백암은 한 번 연구의 주제가 생각나면 반드시 그 문제를 연구하고 추적하여 풀어가야 하는 집념이 강한 의지력을 가진 학자이다. 백암은 현대의학과 과학의 힘으로 풀 수 없는 난제를 성경에서 해답을 찾고자 시도했다. 인간은 한 인격적 피조물로서 건강하고 행복한 존재로 사는 삶이어야 한다는 것이 그의 관심사였다. 그래서 건강한 육체, 건강한 활동, 건강한 사고, 건강한 신앙 그리고 건강한 삶을 위한 관리와 돌봄과 치료가 전인적으로 이루어져야 한다는 생각이 그의 전인치유 이론의 출발이었다.

백암은 의료계에서 40년 이상 의료발전과 환자들을 치료하는 생명사역에 헌신했다. 그가 많은 업적을 남기고 의료계에 공헌했음에도 그에게는 늘 목마름이 남아있었다. 그는 신앙을 가진 의사로서 성경에서 예수님이 행하신 치유사역에 대하여 관심을 갖기 시작하면서 성경의 치유사건을 현대의학의 범주 안에서 풀어나가기 위해 연구하기 시작했다. 백암 전재규 박사는 누구보다 인간의 건강과 치료에 관한 정의를 잘 알고 있는 분이다. 세계보건기구(WHO) 헌장에도 건강을 육체적, 정신적, 영적 그리고 사회적으로 쾌적한 상태라고 정의했다. 바로 예수 그리스도께서 행하신 치유사역도 인간을 육체적, 정신적, 영적, 사회적으로 쾌적한 상태에 이르도록 하는 일이라는 것과 일치한다는 것을 깨달은 것이다. 따라서 백암은 건강은 육체적 질병을 치료하고 정상적으로 회복시키는 일을 하는 것만이 아니고 정신적으로 영적으로도 회복시켜 사회에서 활동하는 전인적인 건강을 유지하도록 해야 한다는 이론적 근거를 성경에서 발견한 것이다.

따라서 인간의 전인치유는 사람에게 의존하는 것이 아니라 치유자 되시는 하나님을 믿고 의존하면서 하나님께서 인간을 창조하신 그 원래의 상태, 죄로 인하여 오염되고 부패한 지·정·의와 정신, 양심, 영적인 상태가 온전히 회복될 때 전인치유가 이루어질 수 있다는 것을 깨닫게 된 것이다. 하나님은 성경에서 자신을 "나는 너희를 치료하는 여호와임이라"(I am the Lord your healer, 출 15:26)라고 하셨다. 이 말씀은 하나님에 의해 피조된 인간은 영적 죽음에서든, 육체적 질병에서든, 정신적 불균형에서든, 사회적 무질서에서든, 인간이 당하는 어떤 고통에서도 창조주 하나님을 구원의 주, 치유하시는 주로 믿고 순종하며 따를 때 전인적인 치유를 경험할 수 있게 된다는 것을 포함하는 위대한 선언이다.

이러한 전인치유라는 정의에 근거하여 백암은 성경에 기록된 치유사건을 개별적으로 연구하여 그 실례들을 정리하여 『통전적 치유와 건강』이라는 책으로 출판했다(2000.3.4.). 백암은 이 책에서 전인치유를 이해하기 위해 성경이 언급하고 있는 가장 본질적 인간 존재의 구조인 육체, 혼, 영의 기능에 관하여 삼위일체적 관점에서 설명한다. 인간의 타락 이후에 이 기능들은 부패하고 오염되어 바르게 기능하지 못하게 되었다. 이런 전인적 기능을 온전하게 치유할 수 있는 분이 하나님이시며, 그분의 가르침에 따라 인간을 돌보고 치료하는 사역이 전인치유사역이란 점을 강조한다. 백암은 하나님께서 행하신 치유사역에 관하여 연구했을 때 현대과학으로 풀 수 없는 하나님만의 전능한 영역이 있음을 발견했다. 백암은 이러한 영역은 인간의 이성으로는 다 이해할 수 없는 부분임을 깨닫게 된다. 그러나 그것이 현대의학과 충돌되는 것이 아니라 그것은 인간의 이성적 이해를 뛰어넘는 전지전능하신 하나님만의 치유방법이기에 인간의 과학보다 선행(先行)하는 하나님의 과학이라고 설명한다.

백암은 하나님의 선행하는 과학과 인간이 이성에 근거하여 발전시킨 현대과학의 충돌을 피하기 위해 물리학자인 이명복 박사와 함께 『전인치유, 현대과학 그리고 성경』이란 주제로 연구의 영역을 더 넓힌 책을 저술했다 (2015.3.30.). 이 책은 한국에서 전인치유사역을 바르게 이해할 수 있는 길라잡이가 되는 최초의 저술이라 말할 수 있다. 이 책이 출판됨으로 치유사역의 이론적 틀이 제시되었고, 이 이론을 바탕으로 '치유선교학'이라는 학문의 영역이 새롭게 시작되어 대전에 있는 건양대학교에서는 치유선교학과를 개설하여 가르치고 있으며, 백암 전재규 박사도 그 대학에서 강의했으며, 이미 그 분야에서 박사학위를 받은 분들이 배출되기도 했다.

오늘날 기독교회 안에서 하나님의 치유능력을 힘입어 육체의 치유만을 위해 사역하는 자들이 다소 있다. 이러한 현상은 오직 하나님의 영적인 능력에 의해 육체의 질병을 지닌 자들을 치료하려는 인간의 노력일 뿐이다. 백암이 저술한 전인치유에 관한 책을 읽고 공부하여 하나님의 초자연적 능력과 현대과학이 충돌하지 않는다는 점을 이해하고 육체와 혼과(정신) 영의 영역에서 돌봄과 치료하는 전인치유가 이루어지도록 노력해야 할 것이다.

3. 의료윤리 법제화를 위한 백암의 공헌

백암은 현대과학에 근거한 의사로서, 또 하나님의 선행과학에 근거하여 인간의 육체와 생명을 다루는 치유사역자로서 활동하면서 의료계에서도 의료윤리가 필요하다는 점을 깨닫게 되었다. 치유사역은 인간의 생명을 다루는 사역이다. 인간이 육체 속에서 가진 영적 생명은 오직 하나님의 창조에 의한 것이며, 하나님께서는 그 인간을 천하보다 귀한 존재라고 말씀하셨으며, 하나님의 형상을 따라 창조된 생명의 존임성과 귀중성 때문에 인위적으로 살인하지 말 것을 율법을 통해 명령하셨다. 기독교 율법의 근본이 되는 십계명 가운데 제6계명은 "살인하지 말라"(출 20:13)고 했다. 백암은 이 계명은 모든 인간 공동체의 질서와 인간 생명의 존엄성 유지를 위한 하나님의 위대한 선포요, 종족 보존을 위한 윤리의 대전제(大前提)라고 설명했다.

백암은 살인과 살생을 구분하여 설명한다. 불교계에서 말하는 살생(殺生)은 모든 생명을 죽이는 개념을 포함하고 있으나 기독교가 말하는 살인(殺人)은 오직 인간에게만 국한시키는 개념이라는 것이다. 왜냐하면, 하나님께서는 인간의 생명과 동물의 생명을 구분하여 다루시기 때문이다. 물론 하나님께서 창조하신 동물의 영역도 보존과 돌봄이 필요하지만 어떤 동물들은 인간이 먹을 수 있도록 허용하셨다. 율법의 제6계명은 인간의 생명과 관련된 모든 영역인 자살, 낙태, 인간복제, 대리모, 체외수정, 안락사, 호스피스, 존엄사 등을 포함하고 있다. 백암은 이러한 문제들과 의료과학의 발달로 생명을 다루는 영역에 의료윤리 패러다임이 필요함을 인식하고 의료윤리 법제화의 필요성을 제안했다.

백암은 생명과학보건 영역에서 안전과 윤리법 제정의 필요성을 인식하고 2000년 12월 6일에 개최된 '한국보건사회연구원 국립보건원'이 주관하는 공청회에서 논문을 발표했다. 백암은 이 논문의 발제에서 빠른 속도로 발전하는 과학이 인간 삶을 급격하게 변화시키고 사회를 바꾸어놓고 있다고 역설하면서 과학기술의 문제와 함께 인간의 권리와 안전과 윤리의 문제를 진지하게 공론화해야 한다는 점을 강하게 주장했다. 백암은 강의에서 이렇게 말했다.

> 생명과학의 급격한 발전과 그에 따른 인간생활 및 사회인식의 환란에 가까운 변화의 양상은 오히려 과학적 진보보다는 과학이 가지고 올 수 있는 위험을 더 논의하게 만들었고, 과학이 주는 편리함, 유용성보다는 이에 수반되는 부작용을 감소시킬 수 있는 과학연구윤리와 안정성 확보를 더 강조하는 경향을 가지게 되었다. 생명과학이 더 이상 실험실 내지 연구실이라는 밀실에서 벗어나 새로운 인권논의 즉 인간의 가치와 존엄과 그에 따른 윤리와 의무의 논리가 시급한 과제로(가) 되어야 하는 시점에 달한 것이다.[1]

따라서 백암은 이러한 문제의 해결을 위한 노력 중의 하나로 인간 생명의 안전과 위험성을 최소화하는 윤리법 제정이 필요하다는 것을 강조했다. 생명과학을 다루는 과학의 인권화, 법제화를 위한 경향을 적대시하지 말고 받아들이는 전향적인 자세를 가져야 하며, 사회구성원의 합의하에 과학기술의 연구자 및 실험자들에게 합리적인 제재를 가함으로써 생명윤리와 안전의 문제를 사전에 해결한 사회에서 살아가도록 하는 일에 과학자들도 앞장서야 함을 강조했다.

백암의 이러한 노력의 결과로 보건복지부는 의료윤리의 법제화를 위한 논의를 시작하게 되었고, 사회적 요구에 따라 의료계의 교육을 위해 '한국의료윤리학회'가 창립되었고(1997년), 1998년에는 학회지의 창간호가 발간되었다. 2001년에 와서는 백암이 학회장으로 활동하고 있을 당시 의과대학의 의료윤리 교육을 위한 교과서 『의료윤리학』(2001.3.5.)을 출간하게 되었다. 이처럼 백암이 한국의 의과대학과 의료계를 위해 헌신한 공로는 높이 평가되어

1 전재규, 『동산에서의 30년』 (대구: TIMEbook, 2003), 233-234.

야 할 것이다. 인간의 생명을 하나의 물건처럼 다루고 존엄성과 가치를 모르고 의학을 단순히 상업적인 돈벌이의 수단으로 활용할 수 있는 위험성을 지적하며, 생명윤리의 기초를 세우는 일에 공헌한 백암의 노력에 아낌없는 박수를 보내야 한다.

4. 변화에 민감한 선견자적(先見者的) 예견

전재규 박사는 기도와 말씀으로 단련하는 성숙한 신앙으로써 사회적인 변화를 예견하면서 신앙으로 이 변화에 대비해야 함을 늘 강조한다. 엘빈 토플러(Alvin Toffler, 1928.10.3.~2016.6.27)가 저술한 『제3의 물결』(The Third Wave)이라는 책이 있다.[2] 그는 미래학자, 저술가, 저널리스트, 〈포춘지〉(Fortune) 논술위원, 미국 코넬대학교 초빙교수로 활동했다. 그는 이 책에서 과정의 변화가 인간과 조직체에 어떤 영향을 미치는가를 살펴보고, '제3의 물결'을 통해 변화의 '방향', 즉 변화가 어디로 가는지에 초점을 맞추고 있다. 더 나아가 『권력이동』은 변화의 통제, 즉 다가올 변화를 누가, 어떻게 통제할 것인가 하는 핵심적인 문제를 다루고 있다. 엘빈 토플러는 새로운 '부'의 창출 체제가 오늘날의 격변을 야기시키는 요소라고 말한다. 더불어 그 막강한 힘의 정체는 바른 '지식'이라고 강조했다. 엘빈 토플러는 경험과 역사를 통해 세계 경제에 대한 화두 변화와 미래상을 예견하는 학자다. 그는 "사회는 노인을 공경하고 정직하고 인정이 많은 사람을 필요로 한다."고 말하며 경험과 역사를 강조하고 있다.

한편으로 인류 사회는 병원에서 일할 사람을 필요로 한다. 사회는 인식적인 면에서뿐 아니라 감성적이며 애정을 가진 사람들이 가진 재능을 필요로 한다. 데이터와 컴퓨터와 같은 기계만으로는 이 사회를 유지할 수 없다. 그의 저서 『제3의 물결』에서는 세 가지 유형과 각 사례를 설명하고 이를 물결에 비유했다. 각 물결은 구시대의 사회와 문화를 제치고 새롭게 등장하여 상위에 있는 사회와 문화를 가리킨다.

첫 번째 물결은 농업혁명에 의해 수렵, 채집의 문명이 농경사회로 대체되

---

2 엘빈 토플러(Alvin Toffler)의 주요 저서들은 아래와 같다. 1. 미래의 충격(Future shock), 2. 에코스파즘(The Eco-spasm), 3, 제3의 물결(The Third Wave), 4. 권력이동(Power Shift Knowledge Wealth and Violence at the Edge of the 21st Century), 5. 전쟁과 반전쟁(War and Anti War)

는 사회변화를 말한다. 두 번째 물결은 핵가족, 공장 같은 교육시스템과 기업의 주요 요소들을 통한 변화를 이야기한다. '제2의 물결'의 사회는 고도로 산업화되며, 대량생산, 대량분배, 대량소비, 대량교육, 대량휴양, 대중문화, 대량살상무기 등을 기반으로 형성된다. 이러한 것들은 표준화, 중앙화, 집중화 그리고 동기화를 통해 엮어지게 되며, 관료주의라 부르는 조직에 의하여 운영된다.

마지막으로 세 번째인 '제3의 물결'은 후기 산업화사회를 말한다. 이미 1950년대 후반부터 제2 물결의 사회에서 제3 물결의 사회로 변혁이 일어나기 시작했다. 제3의 물결은 정보화사회에 기반을 두고 빠르게 변화하는 사회이다. 앨빈 토플러는, 이 사회에서는 대량화, 다양화를 위한 지식기반 위에서 생산과 변화가 가속될 것이라고 예측했다. 또 그는 변화는 탈선형 변화를 몰고 와서 거꾸로도, 앞으로도, 옆으로도 발전이 가능하다고 주장한다. 그러므로 후기 산업사회에서는 다양한 라이프 스타일이 존재하며, 유동적 조직들이 이런 변화에 빠르게 적응할 수 있을 것이라고 했다.

이러한 정보는 대부분의 물질 자원을 대신할 수 있으며, 더욱 유연한 관계에서 노동자들을 위한 주요한 자원이 될 전망이다. 이는 대량으로 생산과 달리, 개인화된 소규모 시장을 대상으로 하는 생산을 가능하게 만들 수도 있다. 이러한 조합시스템은 생산자와 소비자의 간격을 좁힐 수 있다. 생산자와 소비자가 합쳐진 프로슈머(Prosumer)는 스스로 자신의 필요를 충족시키려고 한다. 이것은 새로운 기술의 발달로 인해 생기는 급진적인 융합의 과정에서 일어난 현상이다. 미래학자들, 즉 사회과학자들이 사회변화를 보는 관점과 인문학자들이 사회변화를 보는 관점을 비교 분석하여 어떻게 할 것인가를 생각해 본다.

백암 전재규 박사는 미래를 대비하기 위한 교육을 중요하게 생각하고 있다. 요약하자면 현재와 같은 자리에 머무르는 것에 그치지 않고, 미래라는 변화에 적극적으로 대응하자는 것이다. 경제사회의 기반을 이룬 '제4차 산업혁명' 시대에는 현재의 기준으로 미래의 목회자를 배출해 낼 수 없다. 미래의 목회는 변화한 세상을 이해하며 발전해야 한다. 도래하는 미래는 빠른 속도로 우리를 향해 다가오고 있다. 미래의 목회를 맡을 젊은이들의 세상은 지금과 사뭇 다를 것이다. 그러므로 부지런히 개혁신학의 정체성 위에 기반을 두고 목회학을 연구하고 시대의 영적 정신을 접목하는 목회 정신으로 무장해야 한다. 전재규 박사는 이러한 교육 관점을 중심으로 대신대학교에서 학생들에게 강의를 펼치고 있다. 엘빈 토플러의 제3의 물결과 같이 신학도 중의 누군가에 의해 제3의 물결이 일어나야 한다. 목회의 변화를 통해서 많은 사람을 변화된 사회문화에 매몰되지 않도록 하고, 기술사회와 변화된 사회를 지도할 수 있도록 영적인 변화를 주도해야 한다.

빠르게 변화해가는 제4차 산업 AI시대를 맞이하여 기술 일변도로 변화되어 가는 냉철한 사회에 대처하여 백암 전재규 박사는 이 상황을 간과치 아니하고 대구근대 역사문화를 사려깊게 연구하여 대구 3·1독립만세운동 정신을 고취하였으며 대구기독교 역사문화유산으로 잔존하고있는 애락원 설립자 아치볼트 플레처 선교사 기념관 건립추진위원장으로 열정을 쏟아붓고 있다.

미래를 예견하는 민감한 선견자로 그가 이 사업을 주도해 나가는 역할을 감당하고 있음을 감사한다.

내가 가는 길을 그가 아시나니 그가 나를 단련하신 후에는 내가 순금같이 되어 나오리라(욥 23:10) 나의 모든 길과 내가 눕는 것을 살펴보셨으므로 나의 모든 행위를 익히 아시오니(시 139:3) 그는 사람의 길을 주목하시며 사람의 모든 걸음을 감찰하시나니(욥 34:21)

5. 보석(寶石)처럼 빛나는 백암의 믿음

어느새 전재규 박사는 구순에 가까운 나이가 되었다. 그럼에도 젊은이 이상의 역량을 발휘하는 모습을 볼 수 있다. 그는 여전하게 의욕적으로 인생 여정길에 쉬지 않고 뜀박질하고 있다. 그는 여전히 꿈을 꾸고, 그 꿈을 실현하기 위해 건재한 노익장을 과시하고 있다. 전재규 박사가 삶에서 추구하는 이상과 성취하고자 하는 목표를 탐색하는 데 필요한 기준은 인간성의 회복과 영적인 실용 가치의 설정에 있다. 보석은 그 자체만으로는 아무런 실효성이 없다. 보석이 진흙 속에 묻혀 알아보는 사람이 없다면 그것은 보석이 아니라 돌멩이에 불과하다. 그것이 돌멩이가 되지 않으려면 보석이 가진 가치를 알아보는 사람과의 만남이 필요하다. 그때가 되어서야 비로소 보석은 큰 가치 있는 존재로 빛날 수 있다.

사람도 마찬가지이다. 아무리 보석처럼 반짝이는 사람도 진흙 속에 잠겨있다면 그는 진정으로 빛날 수 없다. 안목 있는 누군가가 흙을 털어내고 표면을 정성들여 닦아내야 비로소 내면에 지닌 아름다운 예술적 혼(魂)이 세상으로 드러난다. 사람들은 바쁘게 살아간다. 하루하루를 자신이 누구인지조차 잊은 채 정신없이 소란스럽게 살아갈 때도 있다. 시시콜콜한 농담이나 시답잖은 잡담을 나누면서 하루를 나태하게 보내면서 겨우 연명하듯 살아가는 이들도 많다. 그러나 강한 믿음을 소유한 자들은 어리석은 삶을 살지 않는다.

특히 백암은 그만의 아름다운 정신을 담은 시와 글, 내면적 영적 가치를 드러내면서 살아간다. 이 점은 복음 전도자 사도 바울(Paul)의 고린도교회와 에베소교회에 보낸 서신서의 권면하는 말씀의 기준을 살펴볼 수 있다. 어둠을 벗어나 보석같이 빛나는 존재로 삶을 살아 그리스도와 하나님 나라에 기업을 얻기 위하여 예수님의 제자 사도 바울은 에베소교회 성도들에게 다음과 같이 말씀하고 있다.

너희가 전에는 어둠이더니 이제는 주 안에서 빛이라 빛의 자녀들처럼 행하라 빛의 열매는 모든 착함과 의(義)로움과 진실(眞實)함에 있느니라 주를 기쁘시게 할 것이 무엇인가 시험하여 보라 너희는 열매 없는 어둠의 일에 참여하지 말고 도리어 책망하라 그들이 은밀히 행하는 것들은 말하기도 부끄러운 것들이라 그러나 책망을 받는 모든 것은 빛으로 말미암아 드러나나니 드러나는 것마다 빛이니라 그러므로 이르시기를 잠자는 자여 깨어서 죽은 자들 가운데서 일어나라 그리스도께서 너희에게 비추이시리라 하셨느니라 그런즉 너희가 어떻게 행할지를 자세히 주의하여 지혜 없는 자 같이 하지 말고 오직 지혜 있는 자 같이 하여 세월을 아끼라 때가 악(惡)하니라 그러므로 어리석은 자가 되지 말고 오직 주의 뜻이 무엇인가 이해하라 술 취하지 말라 이는 방탕한 것이니 오직 성령으로 충만함을 받으라 시와 찬송과 신령한 노래들로 서로 화답하며 너희의 마음으로 주께 노래하며 찬송하며 범사에 우리 주 예수 그리스도의 이름으로 항상 아버지 하나님께 감사하며 그리스도를 경외함으로 피차 복종하라(엡 5:8-21)

그리스도인은 이 말씀이 가르치는 교훈을 자신의 믿음에 잘 적용하고 있는지를 항상 살펴야 할 것이다.

너희는 믿음 안에 있는가 너희 자신을 시험하고 너희 자신을 확증하라 예수 그리스도께서 너희 안에 계신 줄을 너희가 스스로 알지 못하느냐 그렇지 않으면 너희는 버림받은 자니라 우리가 버림받은 자 되지 아니한 것은 너희가 알기를 내가 바라고 우리가 하나님께서 너희로 악을 조금도 행하지 않게 하시기를 구하노니 이는 우리가 옳은 자임을 나타내고자 함이 아니라 오직 우리는 버림받은 자 같을지라도 너희는 선을 행하게 하고자 함이라 우리는 진리를 거슬러 아무것도 할 수 없고 오직 진리를 위할 뿐이니 우리가 약할 때에 너희가 강한 것을 기뻐하고 또 이것을 위하여 구하니 곧 너희가 온전하게 되는 것이라(고후 13:5-9)

전재규 박사는 여전히 활력이 넘치는 노익장을 과시하고 있다. 그의 활발한 인생 여정의 뜀박질을 다시 강조하여 이야기한다. 보석을 찾아낼 안목이 있는 자가 필요하다. 보석에 묻은 진흙을 말끔히 닦아내어 그 보석이 진정으로 빛날 수 있도록 도와주는 것, 그리하여 그 가치를 인정받고 높은 자리에 안착할 수 있는 것이 백암에게 필요하다. 제아무리 값진 보석이라 할지라도 흙 속에 마냥 숨겨져 아무도 발견하지 못한다면 그 자체로 무용지물이 되고 만다. 이는 앞서 언급한 고린도교회와 에베소교회에 보낸 서신서에 말씀을 전한 사도 바울과 같다고 할 수 있다. 백암은 동산의료원 30년의 생명치유사역과 선지동산의 사역으로 헌신 봉사하는 삶을 살아왔다. 필자는 그 빛나는 보석을 정성스럽게 닦아서 세상으로 내보이는 일에 집중하고 있다. 이 일이 그의 남은 생애에 계속되기를 기원한다.

주 예수 그리스도의 은혜와 하나님의 사랑과 성령의 교통하심이 너희 무리와 함께 있을지어다(고후 13:13)
흩어 구제하여도 더욱 부하게 되는 일이 있나니 과도히 아껴도 가난하게 될 뿐이니라 구제를좋아하는 자는 풍족하여질 것이요 남을 윤택하게 하는 자는 자기도 윤택하여지리라(잠 11:24~25)

제6장

백암과 대구선교 이야기

1. 윌리엄 베어드(William. M. Baird)와 대구선교

윌리엄 베어드(William. M. Baird, 배위량, 裵偉良) 선교사는 1862년 6월 16일 미국 인디애나주 찰스턴(Charleston, Indiana)에서 출생하여 1888년 미국 하노버대학과 맥코믹신학교를 졸업하고 1891년 3월 25일 미국북장로회 선교사로 조선땅 부산에 왔다.

1893년 경북내륙지방 선교여행을 위해 4월 17일(화) 황해도 솔내교회 설립자인 전도사 서경조와 마부 박재룡과 함께 4월 17일 부산 선교문화센터를 출발하여 동래 물금에서 1박 후(그곳에 물금교회가 세워졌다) 4월 19일 밀양과 4월 20일 유천을 거쳐 그곳에 머무는 동안 복음의 씨가 떨어져 유천교회가 세워졌다. 4월 21일 청도 화양읍을 출발하여 베어드 선교사의 100주년 기념비가 건립되어 있는 팔조령고개를 넘어 4월 22일(토) 정오경 대구의 약전골목에 도착했다. 도착한 그날, 약령시가 열리고 있어 전도지를 나누어 주니 그는 대구에 온 최초의 서양인 전도자로 기록되었다.

베어드 목사는 1894년 의사인 얼빈과 전도자 고윤하와 함께 2차로 대구에 왔고, 1896년 1월, 3차로 대구에 왔다. 이때 그는 남문 안에 있는 정완식 소유의 저택 420평을 매입(약전골목 구 제일교회 자리), 수리하여 그해 4월에 부인(Annie L. Adams), 아들(John, 두 살)과 함께 대구로 이사했다. 그러나 같은 해 11월에 베어드 목사가 서울 선교부의 교육담당 고문으로 발령이 나서 대구선교는 손아래 처남인, 아담스 목사(Rev. James E. Adams, 안의와, 安義窩)에게 인계되었다.

이후 베어드 목사는 1897년 평양으로 옮겼고, 1897년에 숭실학당(현 숭실대학교)을 세웠다. 그 외 기독교서회 편찬위원, 서울성서공회 출판위원을 역임하는 등, 기독교 초기에 큰 업적을 남겼다. 그의 부인(Annie L. Adams)과 두 아들 또한, 이 땅에서 교육과 선교사로 봉사했다.

우리의 연수가 칠십이요 강건하면 팔십이라도 그 연수의 자랑은 수고와 슬픔뿐이요 신속히 가니 우리가 날아가나이다
누가 주의 노여움의 능력을 알며 누가 주의 진노의 두려움을 알리이까
우리에게 우리 날 계수(計數)함을 가르치사 지혜의 마음을 얻게 하소서(시 90:10~12)

2. 제임스 아담스(James S. Adams)와 대구선교

내한(來韓)한 미북장로교회 선교사

제임스 아담스(James S. Adams, 안의와, 安義窩)

1. 생존년도: 1867. 5. 2 ~ 1929. 6. 25
2. 출신소속: 미국북장로교
3. 한국선교기간: 1895. 5. 29~1923
4. 연표

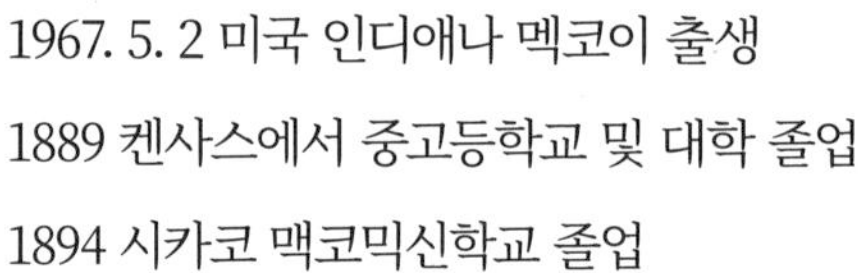

1967. 5. 2 미국 인디애나 멕코이 출생

1889 켄사스에서 중고등학교 및 대학 졸업

1894 시카코 맥코믹신학교 졸업

목사안수 받은 그는 YWCA에서 일하던 넬리 딕(Nellie Dick, 1866~1909)과 결혼했다. 안의와 선교사는 애니 아담스 베어드(Anie Adams Baird)의 동생으로 선교에 대한 비전을 가진 가문이었고 안의와의 부인도 그러했다.

아담스는 1923년 7월 13일까지 28년간 부산과 대구에서 선교활동을 했다. 그는 대구지방 기독교의 초석을 놓게 된다. 그는 대구에서 서면욱(徐勉煜)이라고 불리던 서자명(徐子明)에게 1899년 세례를 주어 그가 대구에서 첫 수세자가 되었고 대구제일교회 신자가 되었다. 또한 대구지방 첫 근대병원을 세운 장인차(Dr. Woodbridge O. Johnson)가 세운 제중원의 보조원으로 일하게 되었다.

1895. 북장로교회 파송선교사로 내한 부산선교부 2년간 한국어 및 지방풍속 공부하다

1898. 남문안교회 설립(구 제일교회)

1898. 10. 브루언(J. Bruen)과 협력 제중원 설립
1900. 남문안교회 당회 조직
1906. 계성중학교 설립, 여러 지역 교회 설립
1917. 세브란스병원 이사
1922. 전 재산으로 '아담스복음전도재단'(Adams Evangelistic Fund) 설립, 대구 66개 교회 설립, 안동 7개 교회 개척회 설립

이처럼 그는 대구경북 복음전도에 헌신적 노력을 아끼지 않았다. 1923년 병으로 인해 미국으로 돌아갈 때까지 아담스는 대구를 중심으로 26년 동안 선교사업을 감당하였다. 그의 헌신적인 사역으로 대구는 평양과 서울에 이어 미북장로교 선교부의 한국 내 3대 선교부 거점으로 위치를 굳혔다.

1929년 6월 25일 미국에서 소천한 아담스의 뒤를 이어 그의 장남 에드워드(Edward, 안두화)도 1921년부터 1963년까지 대구와 한국에서 선교사역을 하였으며 대구계명대학교 설립에 큰 역할을 감당하였다.

5. 가족사항

부인: 아담스 넬리 딕(Adams Nellie Dick, 1866~1909)
아들: 에드워드 아담스(Edward Adams, 1895~1965)
벤자민 도로시(Banjamin Dorothy D)
딸: 아담스 도로시(Adams Dorothy D)

6. 대구선교사역

아담스는 1897년 11월 1일에 부인(Nellie Dick), 아들(Edward), 임시 보모 췌이스(Miss marie Chase) 그리고 그의 어학 선생이었던 김재수와 함께 대구에 도착했다. 1898년 아담스 가족(4명)은 존슨 선교사 가족(2명)과 김재수와 함께 7명이 모여 예배를 드렸다. 이 예배 모임이 대구·경북의 첫 교회인 남문안교회(구 제일교회)의 시작이다. 대구선교부는 1899년 5월 1일을 공

식적인 개설일로 본다. 아담스는 먼저 대구에서 선교사역을 시작한 브루언(Henry M. Bruen) 선교사와 함께 제중원(현 동산의료원)을 개원하여 의료선교에 협력했다. 그는 27년(1897~1923)간 대구·경북 각지에 32개의 지교회를 설립했으며, 대남남자소학교, 계성남자중학교, 신명여자소학교를 설립하기도 했다.

3. 대구선교 125년이 남겨준 기독교 역사문화

백암 전재규 박사의 삶은 저자의 객관적 관점에서 바라보면 단순 명료하다. 그리스도 예수님의 보혜사 성령을 받은 예루살렘교회 제자들처럼 하나님의 영광의 빛을 밝게 비추도록 하고, 대구 교회의 지도자(목사, 장로)들 역시 강력한 성령체험을 받아 초대 예루살렘교회처럼 '다이나믹'한 제자들이 되게 하는 것이 백암의 희망과 목표이다. 이는 그리스도 정신과 사상 위에 펼쳐지는 '대구성시화운동'과도 맥을 같이한다. 그가 푯대로 삼은 성경은 베드로전서 2장 9절이다.

> 그러나 너희는 택하신 족속이요 왕 같은 제사장들이요 거룩한 나라요 그의 소유가 된 백성이니 이는 너희를 어두운 데서 불러내어 그의 기이한 빛에 들어가게 하신 이의 아름다운 덕을 선포하게 하려 하심이라

백암이 추구하는 이상과 달성하고자 하는 목표를 요약하면 오직 대구에 기독교 선교 순례길을 만들어 선교역사의 흔적을 남기며, 복음이 대구 경북 최초로 전래된 귀중한 역사를 보존하게 하려는 것이라고 할 수 있다. 이 목표가 그의 꿈이요, 그의 이상이다. 대구에서 폭발적으로 교회가 부흥하여 개척 설립되던 때는 1950~1960년대이다. 이때는 북한의 남침 전쟁인 6·25로 인해 이북 피난민들이 대구에 정착하게 된 시기였다. 이때 교회들이 부흥 성장하는 계기가 된 것은 크게 세 가지로 나눌 수 있다. 이는 각각 피난민 교인들이 중심이 되어 대구에 개척 설립된 교회, 기성 교회에서 분립하여 나와 설립된 교회 그리고 특정인 목사, 장로(교회 지도자들)들이 중심이 되어 세운 교회로 구분할 수 있다.

대구는 1950~1960년대 많은 교회가 세워져 70년 희수(喜壽)가 넘는 역사

적인 교회가 많다. 당시에는 대다수 사람이 가난하고 힘들게 살았다. 특히 봄의 춘궁기와 여름에 횡행하는 입도선매(立稻先賣)를 거치고 나면 남는 것은 질병과 궁핍과 무지뿐이었다. 이로 인해 힘들고 어렵던 시대에 백성이 의지할 곳은 오직 예수 그리스도 하나님 한 분밖에 없었다. 그렇기에 많은 사람이 의지할 장소인 교회로 모여들기 시작했다. 이 시기 대구 교회는 성령의 불도가니로 뜨겁게 변화되어 갔다. 우후죽순처럼 교회와 기도원이 대구 인근에 세워진 것도 이 시기이다.

1950년 6·25 전쟁 전후로 이북 피난민들을 중심으로 하여 세워진 대구 교회로는 다음과 같다. 성광교회(합), 서부교회(합), 평리교회(합), 북부교회(합), 동막교회(합), 영락교회(통), 문화교회(합), 남성교회(통), 해방교회(현 대성교회(합)), 대광교회(현 일광교회(합)), 대남교회와 대흥교회(현 성지교회(합)), 동산교회(합) 등이다. 1950~1953년 전쟁 중 분립 및 설립된 교회는 다음과 같다. 가창교회(합), 신광교회(통), 남부교회(합), 반야월중부교회(합), 동신교회(합), 달서교회(합) 등이다.

당시 세워진 대구 경북 지역 기도원은 다음과 같다. 주암산기도원(설립 계성학교 선교사, 후임 임복수 장로), 청천 다락원기도원(김순명 장로, 강정난 권사), 산격동 수도산기도원(박실례 권사), 우륵 밀알기도원(최상렬 장로), 칠곡 호렙산기도원(허경필 목사), 청도매전동산기도원(하태호 장로), 팔공산 백암기도원(임성룡 장로), 조야기도원(이성근 장로), 앞산 대덕산기도원, 파동 애양기도원(현 미숙아보호사회복지원 박현철 장로), 범물동 철장기도원, 황금동 변화산기도원, 동촌 동산다락방기도원(전은희 권사, 현 이상강 목사), 팔공산 변화산기도원(현 대구기도원, 용문산 나운몽 장로 직계), 팔공산 대한기도원(정신질환자기도, 현재 대한수목원), 하양 무학산기도원(김순도 장로), 대구신유은사기도원(현신애 권사), 상인동 밀알기도원(정보화 권사) 등이다.

이들은 대구 시내와 그 인근에 소재하였고, 당시 성도들은 성령의 역사가 불의 혀같이 활활 타올라 오순절 마가다락방 같이 성령의 불이 강하게 타오를 때 비로소 대구는 '제2예루살렘' 또는 '남한의 예루살렘'이라고 성도들이 자연스럽게 부르게 되었다. 그러나 지금에 이르러서는 성도들에게 대구는 '제2예루살렘'이라는 용어가 마음속에서 잊혀져 가고 있기에 이를 매우 안타깝게 생각한다. 대구 경북에 우뚝 솟아있는 양대산맥으로 대신대학교(최대해 총장)와 영남신학대학교(권용근 총장)가 성화대 위의 성화 불꽃처럼 타오르게 하는 일에 최선을 다하고 있다. 이 두 산맥은 선지동산의 희망봉이라고 할 수 있다. 양 대학교의 희망의 빛은 망망한 바다 위에서 노(櫓)를 젓는 사공들이 안전하게 항구에 닿도록 도와주는 등대의 불빛과 같다. 많은 목회자와 선교사를 배출하여 어두운 세상을 밝혀주는 선지동산의 사명을 감당하고 대구 경북지역 복음화에 전력하여 주시기를 기원한다.

한편, 백암은 대구 교회를 성령으로 깨우고, 선교 125년의 대구 기독교 역사문화를 재조명하는 데 주력하고 있다. 이 노력의 일환으로 대구 선교역사에 최초의 대구선교부(Mission Station)를 세운 베어드(Baird) 선교사가 대구에 첫발을 내딛기 전 거쳐온 청도 팔조령고개 주변을 성역화하려고 추진하고 있다. 또 경산시 백천동 산 8번지에 있는 대신대학교 선교문화센터 건축에 심혈을 기울이고 있다. 이 목표가 완성되면 잠잠이 묻혀있던 대구의 선교문화가 활짝 꽃피게 되고 하나님께 영광이 될 것이다. 백암의 신앙 사상과 그가 바라는 이상과 지향하는 목표가 주님 은혜 안에서 아름답게 완성되기를 바라고, 하나님 은혜가 충만하기를 기원한다.

할렐루야
그 성소에서 하나님을 찬양하며 그의 권능의 궁창에서 그를 찬양할지어다
그의 능하신 행동을 찬양하며 그의 지극히 위대하심을 따라 찬양할지어다
나팔 소리로 찬양하며 비파와 수금으로 찬양할지어다
소고 치며 춤추어 찬양하며 현악과 퉁소로 찬양할지어다
큰 소리 나는 제금으로 찬양하며 높은 소리 나는 제금으로 찬양할지어다
호흡이 있는 자마다 여호와를 찬양할지어다
할렐루야(시 150:1~6)

4. 100년의 역사, 100년의 생명을 담은 동산의료원 30년

지나온 동산의료원 1세기의 역사를 되돌아보는 과업은 가슴 벅찬 일이요, 태산을 오르는 길보다 어려운 일로 느껴졌다. 아라비아 상인들이 낙타를 타고 몽골 고비사막(Gobi Desert)을 오고간 '로드맵'(Roadmap)의 흔적을 찾는 벅찬 과업보다 어려운 무게감을 느끼면서 한 발 두 발, 한 해 두 해를 더듬어보고자 한다. 전재규 박사는 동산의료원 100년 동안 쌓아온 발자취를 드러내기 위해 기초가 되는 필요한 사료를 모으기 시작했다. 종합적인 계획을 세워 각 분야별로 연구한 과제를 총합(總合)하는 방식으로 지나온 100년의 역사를 확인했다.

가장 먼저 일제강점기를 확인할 수 있다. 이 시기, 대부분 국민은 무지몽매하고 가난으로 인해 영양을 섭취하지 못하고 굶주렸다. 불결한 위생환경 탓에 질병이 창궐해도 병원이 없었기에 근대적인 의학 치료를 받지 못하고 고통받거나 사망하기도 했다. 이때 미국의 우드브리지 존슨(Woodbridge O. Johnson) 의료선교사가 입국하여 대구에서 복음선교와 병행하여 제중원(濟衆院)을 설립했다(1899.12.25.). 이곳에서 병자들을 치유한 것이 서양병원의 시초가 되었다. 지경을 넓혀 미국북장로교 선교부 대구지부가 대구시 중구 동산 서씨 문중산을 매입하여 제중원을 옮겨오면서부터 본격적으로 의료선교 차원의 병원이 확장되었다. 따라서 대구 경북 주민들의 각종 질병을 치유하는 전문의료기관으로 발전해 나갈 수 있었다.

여기에는 많은 의료선교사의 헌신과 노고가 있었으며, 미국북장로교 선교부의 후원과 미국 크리스천들의 애정 어린 사랑의 손길이 있었기에 가능했다. 지구상 극동에 위치한 미개발국인 조선 땅까지 의료선교사를 파송하고, 그 가운데서도 대구 땅에 의료사업을 펼치게 된 것이 바로 제중원의 시작이다. 이는 곧 동산의료원으로 지경이 확장되었다. 여기서 한 단계 더 도약 발전하여 달서구 소재의 성서 계명대학교 의학전문대학원과 병설 동산병원을 비롯하여 많은 병상을 갖춘 계명대학교 동산병원이 탄생하게 된 것이다. 이렇게 개원한 동산병원은 오늘날까지 대구시민과 경북도민들의 건강을 돌보는 치료와 복음 전도를 동반한 생명사역을 감당하면서 성장 발전하고 있다.

동산에서 걸어온 백암의 30년

전재규 박사는 매일 고요한 새벽을 깨우는 사람이다. 그는 생명을 다루는 의사이다. 따라서 그의 일상은 건강한 사람을 대하는 시간보다 환자를 대하는 시간이 더 많았다. 그는 '어떻게 그들을 대할까?'를 생각하는 것으로 하루를 시작하고 설계한다. 그는 새벽 성전에 올라가 무릎 꿇고 머리 조아려 말씀을 묵상하고 맑은 정신과 순결한 마음, 본심의 평정심을 찾기 위해 생각을 진정하고 정리 정돈하는 데 집중한다. 주님께서 세상에서 병자들을 어떻게 대하였는가를 곰곰이 생각하며 하늘을 향하여 도고의 기도를 드린다. 그는 하나님의 사랑을 체득하여 그 사랑으로 치료사역을 감당하기 위하여 첫째도 기도, 둘째도 기도, 셋째도 기도로 동산병원에 30년의 인생 황금기의 청춘을 바쳤다. 그는 찬 이슬을 맞으며 새벽을 깨운 동산지기로, 동산의 장자로 살아왔다. 주님이 손을 얹으면 기적이 일어나듯, 백암 또한 그의 손으로 소생의 기적을 일으켰다.

지난 30년간 그가 체득한 생명사역과 측량할 수 없을 만큼 가치 있는 치료사역, 때에 따라 도움을 주신 주님께 감사로 일관한다. 그는 창세 전에 선택되어 어린 유년 시기부터 청년에 이르기까지 교회와 밀접한 관계를 맺어 일찍 신앙 안에서 말씀을 배우며 성장했다. 청년기인 대학생 시절에는 중·고생들의 교사로, 작은 목사란 별명을 받으면서 교회를 섬기고 교회학교 학생들을 가르치는 일에 열중했다. 그는 마음과 체질이 기도의 사람으로 변화되어 생명사역을 감당하는 의사의 길을 목표하고 6년 동안 푸른빛 찬란히 빛나는 청라(靑蘿)언덕 길을 오르내리며 수학했다. 마침내 경북대학교 의과대학에 진학하여 생명을 살리는 의사로서의 꿈을 가지고 출발했다.

이때부터 그의 결단은 보통 사람들보다 유별나게 달랐다. 그는 외적으로 보면 얼핏 유약해 보인다. 그러나 속마음의 심지가 매우 굳세고 의지가 강한 사람이다. 그는 하고자 하는 선한 일을 앞두고 기도로 응답받으면 즉시 결단하고 실천에 옮기는 믿음의 실천가이다. 하나님의 섭리에 이끌려온 인생길 위에서 순간순간 문제에 직면하면 벽을 향해 기도하고 눈물을 병에 담아 위를 향해 바친다. 그는 헌신과 봉사 정신이 몸에 흠뻑 젖어있어 이것저것 견주지도 않고 단순, 간결하게 생각하고 공의로운 일에 솔선수범하는 모습을 보여준다.

따라서 그는 병원의 의사로, 교회의 장로로, 대학교의 총장으로, 대구기독교 선교 역사문화의 사학자로, 대구 3·1운동 재연행사의 주도자로, 특히 대구 예루살렘 명성 회복의 선구자로, 근대 선교 역사순례길 조성자로 많은 업적을 쌓았기에 많은 이들에게 귀감이 되는 인생길을 걸어왔다. 더구나 신앙과 철학, 인생관까지 특별하여 그를 아는 많은 사람에게 잔잔한 감동을 주는 사람으로 알려져 있다. 한평생 함께 살아온 그의 반려자 고(故) 강일혜 권사는 그와 60년을 함께한 동반자였다. 전재규 박사의 마음과 생각을 움직이는 강일혜 권사는 전재규 박사만의 마음의 호수였다고 생각한다. 이렇듯 전재규 박사의 동산병원에서의 30년은 '환우들을 어떻게 대할까!' 고심하면서 걸어온 길이었다.

그런즉 너희가 어떻게 행할지를 자세히 주의하여 지혜없는 자 같이 하지 말고
오직 지혜 있는 자 같이 하여 세월을 아끼라 때가 악하니라
그러므로 어리석은 자가 되지 말고 오직 주의 뜻이 무엇인가 이해하라
술 취하지 말라 이는 방탕한 것이니 오직 성령으로 충만함을 받으라
시와 찬송과 신령한 노래들로 서로 화답하며 너희의 마음으로 주께 노래하며 찬송하며
범사에 우리 주 예수 그리스도의 이름으로 항상 아버지 하나님께 감사하며
그리스도를 경외함으로 피차 복종하라(엡 5:15~21)

5. 청라(靑蘿) 정신과 근대 역사문화

전재규 박사는 2022년 5월 12일 영남신학대학교 채플관에서 '청라 정신과 근대 역사문화'를 주제로 강론을 했다. 이때 그 강론의 내용은 미국 동북지역의 사립 명문대학교인 '아이비 리그'(Ivy League) 8개 명문대학, 즉 하버드(Harvard), 예일(Yale), 펜실바니아(Pennsylvania), 프린스턴(Princeton), 컬럼비아(Columbia), 브라운(Brown), 다트머스(Dartmouth), 코넬(Conell) 대학에 청교도 정신이 깃들어 있는 세계 교육계의 산실이었다는 점을 강조했다. '아이비 리그' 명문대학교 출신들이 복음 선교의 사명을 감당하기 위하여 대륙의 극동(極東)에 위치한 미지의 나라 조선 땅에 행한 선교의 역사를 간략하게 설명했다. 선교사들의 교육이념과 선교정신은 자유민주주의 국가에 기초를 놓았으며, 청교도 정신이 청라 정신으로 발전하여 대한민국 건립의 기초가 되었다. 이 정신을 이어주는 '아이비 리그' 8개의 명문대학 출신의 인물들은 복음과 함께 자유민주주의 정신 위에 세계관과 국가관을 세우도록 사상적 기초를 제공했다.

1885년 4월 5일 부활절, 언더우드(Horace Grant UnderWood, 한국명 元杜尤, 1859~1916)는 미국북장로교 선교사로 아펜젤러(H. G. Appenzeller) 감리교 선교사와 함께 1885년 4월 5일 동시에 제물포항에 첫발을 내디뎠다. 이들은 조선 민족에게 예수 그리스도의 복음을 전해준 조선 땅 최초의 선교사들이다. 한편으로 대구 경북지역 최초의 선교사는 베어드 (William Martyn Baird, 한국명 裵偉良, 1862~1931)선교사이다. 베어드 선교사는 1897년 대구지역을 선교지로 대구 남문 안(구 제일교회)에서 선교를 시작했다. 이듬해 그의 후임으로 아담스(J. E. Adams, 한국명 安義窩, 1867~1929) 선교사가 부임했다. 존슨은 베어드 선교사와 매제지간으로 대구 선교를 이어받아 대구 최초의 교회인 대구읍성 남문 안에서 '남성정교회'(현

대구제일교회)를 설립했다.

수백 년 외부와 단절되어 있던 조선 땅 대구에 서구의 근대적 사상과 문물이 전혀 뜻하지 않게 바다 건너 조선 땅에 들어왔다. 아담스 선교사가 개척 설립한 교회로는 범어교회(1901년), 경산사월교회(1902년), 경산송림교회(1904년), 경산봉회교회(1904년), 경산금곡교회(1905년), 경산전지교회(1905년), 경산신기교회(1905년), 경산서상교회(1906년), 경산당곡교회(1909년), 경산삼북교회(1909년), 경산박사교회(1912년), 경산사동교회(1914년) 등이다.

당시 한 교회 한 학교 세우기 운동으로 교회마다 학교를 세워 문맹 퇴치와 계몽, 교육을 위해서 한국교회 목사님과 선교사들이 함께 세운 학교는 다음과 같다. 신기교회 개동학교(1905년), 송서교회 보정학교(1909년), 송림교회(1903년) 당리학교(1919년), 봉림교회 기독도명학교(1908년), 동호교회학교(1919년), 전지교회 계남학교(1908년), 당곡교회 진신학교(1908년), 북사교회 숭덕학교(1909년)가 있다. 1913년 배은희 목사는 경산자인교회 예배당에서 숭덕학교를 세웠다. 경산지역의 교회는 일찍이 학교를 설립하여 계몽과 교육을 담당했다. 1921년 경북노회 소속 교회학교는 모두 12개 학교로 많은 학생이 기독교 교육을 받게 되었다.

일제강점기 대부분 학교는 경제적 사정이 어려웠다. 특히 교회학교의 재정 상태는 더 어려웠다. 교회가 설립한 학교의 학생 수는 250명에 달했다. 교회가 설립한 학교지만 신앙을 떠나서 가르치는 11개의 학교에 학생은 450명이었다. 이들 학교는 모두 재정이 어려운 상황에서도 복음과 신학문(新學問) 교육을 위해 학교운영을 포기하지 않았다. 지역 교육 발전에 공헌한 목사로 배은희 목사를 언급할 수 있다. 배은희 목사는 숭덕학교의 설립자이다.

그는 17세에 예수를 믿게 되어 자신의 집을 교회로 사용했다. 또 자신의 집에 학교를 세워 농촌계몽 운동에 앞장서 복음전파와 계몽운동을 함께 전개했다. 그는 1888년 경북 달성군에서 출생했으며, 어린 시절 서당에서 한문을 공부했다. 배은희 목사는 부친이 돌아가시고 난 후 17세에 예수를 믿게 되었다. 이후 그는 복음과 교육을 위해 헌신하는 삶을 살았다. 그는 1913년에 북사교회 영수를 지냈고, 1914년 금곡교회, 1917년 전지교회, 송림교회, 당곡교회, 북사교회 조사로도 활동했다. 이후 배은희 목사는 1915년 평양신학교에 입학하였고, 1920년에 13회로 졸업하여 목사안수를 받았다. 배은희 목사는 평양신학교에 재학 중 3·1운동에 참여한 바 있다. 이 일로 투옥당해 태형 39대를 맞고 출옥했다. 일제시대 신사참배와 창씨개명도 완강히 거부했다.

해방 후에는 전북 치안대책위원장을 지냈고, 1946년 제32대 대한예수교장로회 총회장을 역임했다. 1947년 신탁통치가 결정되었을 때, 배은희 목사는 민족주의자들을 결성하여 민족자대회 의장으로 피선되었다. 1951년 경북 달성군 국회의원 보궐선거에 당선되어 이갑성, 박영출 목사와 함께 자유당 3당파를 구성하기도 했다. 이승만 대통령 취임식에서 배은희 목사는 기도를 맡았다. 이승만 정권하에 부정이 계속 일어나자 배은희 목사는 1954년 정계를 떠났다. 이후 1966년 2월 5일 소천했으며, 유해는 경산 자인 용천에 안장되었다. 전재규 박사는 역사학자로서 경산지역에서 계몽운동을 일으킨 학교들이 있었다는 것을 연구하여 밝힌 바 있다.

한편, 아담스(J. E. Adams) 선교사는 대구 북쪽 안동지방 전 지역을 교구로 확장하여 1923년 미국북장로교 선교사협회의 선교기금을 후원받아 경북지역 일대에서 선교활동을 이어갔다. 서성오 조사는 미국북장로교 아담스 선교사의 조사로 경산, 울산 등지에서 활동하던 중, 1901년경부터 경북지역의 전도인으로 활동했다. 1904년에는 서성오 조사는 아담스 선교사와 동역하여 경산송림교회, 경주장산교회, 영안군 흥하교회를 설립하였고, 1906년에는 맹의화 선교사의 조사로 영일군 일대를 전도하여 영일군 대도교회와 괴동교회, 대곡교회(1907년)를 설립했다. 이후 서성오 조사는 평양신학교에 진학하여 1915년 8회 졸업생으로 목사안수를 받았다.

1921년 4월 25일 염봉남(1875~1936) 목사는 대구 출생으로 1912년 전도사로 임명받은 이후 장로가 되었다. 이후 1920년에 평양신학교를 졸업하고 목사안수를 받았다. 그는 대구서문교회 시무 1929년 총회장, 교남기독청년회장, 경북노회 유지재단, 대구성경학교, 평양신학교, 숭실전문학교, 계성학교, 신명여학교, 희도보통학교, 명도여학교에서 사역하기도 했으며, 동산병원 이사를 겸직하기도 했다.

전재규 박사는 선교 초창기 미국북장로교 선교사들이 대구 경북지역에서 교회를 개척 설립하여 복음을 전도한 역사의 발자취를 찾아내는 일에 몰두했다. 그는 당시 세워진 대구 경북지역의 교회를 기점으로 하여 선교사들이 걸어서 전도한 아름다운 자취를 새롭게 조명했다. 이렇게 연구한 자료를 통해 신앙의 순례길을 도면으로 작성했다. 대구 경북의 많은 교회가 선교사들의 헌신과 수고로 세워졌다. 특히 이들은 교회의 역사와 기독교 문화를 계승하여 아름다운 복음 전도 순례길로 재구성하고, 근대 역사문화의 토대를 놓은 기독교 선교사들의 공헌을 알리게 되었다. 하나님께서 기독교 복음을 통하여 자유민주주의 정신의 토대를 놓은 대구 경북을 사랑하여 해방과 6·25 전쟁 당시 최후의 보루였던 낙동강 방어선 전투에서 승리를 쟁취하고, 대한민국을 지켜내어 호국의 성지가 되게 하셨다. 이 또한 하나님의 은혜이며, 선교사들이 세운 교회 성도들의 기도의 응답이다. 이처럼 대구 경북의 근대 역사문화에는 청교도 정신과 선교사들의 헌신과 희생의 정신이 깃들어 있다.

대구의 근대 역사문화는 곧 기독교 문화의 유산이다. 동산기독병원, 계성학교, 신명학교, 계명대학교, 애락원, YMCA, 대구제일교회, 대구서문교회, 범어교회, 남산교회, 사월교회, 반야월교회, 침산교회와 경북지역 안동, 포항, 영주, 경주, 영천, 영덕, 김천, 구미, 왜관, 의성, 경산 등 많은 교회가 100년이 넘는 역사를 갖고 있다. 이곳은 모두 초대 선교사에 의해 설립된 곳으로 해당 지역의 인재교육과 문화발전에 큰 역할을 했다. 이처럼 역사를 보존하는 것은 온고지신(溫故知新)이 되어 새로운 역사를 창설하게 한다. 복음 안에 담긴 청교도들의 자유와 민주주의 사상이 한민족(韓民族)을 무지와 우매에서 자유와 진리를 깨달아 지혜로운 민족으로 성장 발전하게 했다.

백암 전재규 박사의 많은 저서 중 『대구는 제2의 예루살렘』, 『구원을 이루시는 약속의 도피성』, 『대신대학교사』, 『3·1운동의 정체성』, 『지게꾼』, 『의사의 눈으로 본 십계명, 주기도, 팔복』, 『통전적 치유와 건강』, 『호스피스총론』,

『동산에서의 30년』, 『수액요법의 실제』, 『임상의를 위한 척추마취』, 『내 집이 평안할지어다』 등 신앙과 연계된 책의 서문을 읽어보면 그의 중심사상과 신앙의 본질을 확인할 수 있다.

백암은 『대구는 제2의 예루살렘』에 이어서 한국 기독교인의 성경과 이스라엘에 대한 이해를 돕고자 『구원을 이루시는 약속의 도피성』을 출간하게 되었다. 의학자(醫學者)이자 역사를 사랑하는 자로서 이스라엘과 한국 역사의 공통점에 대한 고찰과 연구로 지역 그리스도인들의 신앙 회복을 위한 다양한 활동을 전개하고 있다. 이 책은 언약궤의 성전을 중심으로 한 이스라엘 역사의 구속사적 관점을 주목하게 한다. 더불어 대구를 선교사적 세계관으로 보는 관광지로 개발할 수 있는지 그 가능성을 제시하며, 완성될 하나님의 나라에 대한 기대와 소망을 갖도록 독자들에게 신앙 회복을 독려하고 있다.

감사함으로 그의 문에 들어가며 찬송함으로 그의 궁정에 들어가서
그에게 감사하며 그 이름을 송축할지어다
여호와는 선하시니 그의 인자하심이 영원하고
그의 성실하심이 대대에 이르리로다(시 100:4~5)

6. 두 의사(醫師)의 닮은 꼴(Similar Figures)

의학자 백암 전재규 박사는 대구서현교회의 선교위원장을 맡아 헌신 봉사할 당시 아프리카 나이지리아 선교에 앞장서서 교육과 의료에 열정을 쏟았다. 이는 의사 '호레이스 알렌'(Horace N. Allen, 1858-1932)이 조선에 선교사로 들어와 '제중원'을 세운 일을 떠오르게 한다. 백암과 알렌 선교사 사이에는 의사라는 직업을 이용한 선교방법과 선교에 대한 열정에서 유사한 점을 발견한다. 이런 점에서 살펴보면 두 분이 닮은 꼴(Similar Figures)이라고 말할 수 있다. 미개발국인 가난한 나라, 병원도 없는 이국땅에서 병원을 세우고, 예수 그리스도의 복음을 전한 선교사역에서 닮은 점이 있기 때문이다. 이 땅의 첫 의사 선교사인 호레이스 알렌의 개인적인 선교역사를 정의하여 총신대학교 명예교수 정정숙 박사는 〈크리스찬타임〉 신문에 기고한 바 있다. 이 시대 크리스천들은 이 땅의 첫 의사 선교사인 호레이스 알렌의 교육과 의료선교 덕택으로 오늘날에 이르러 한국의 교육 수준이 높아지고 의료혜택을 받고 있음을 알아야만 한다.

의사로서 전재규 박사 역시 미국 유학 당시 의학을 연구하면서 청교도 정신에 관심을 둔 학자로 이 땅의 첫 의사 선교사인 호레이스 알렌의 헌신과 견줄 수 있는 부분이 있다. 백암 전재규 박사는 대구서현교회에서 선교위원장으로 봉사할 때 아프리카에 처음 선교사를 보내는 일에 앞장섰다. 그곳에 신학교를 세워 목회자와 교회 지도자들을 양성하는 일을 위해 재정적으로 후원하고 직접 강일혜 권사님과 함께 아프리카를 방문하기도 했다. 이처럼 선교의 닮은 꼴을 살펴봄으로써 의료와 교육이 중요하다는 점과 그것이 이 세상을 변화하게 하는 대하(大河)와 같다는 점을 깨닫게 된다.

최근에 전재규 박사는 청라 정신과 기독교 입국론, 자유민주주의, 시장경제의 국책과 문화와 예체능교육과 스포츠의 페어플레이(fair play) 정신으로 규칙과 법률 엄수를 강조하며, 진실과 성실의 정신(Spirit of truth and honesty)을 바탕으로 역사문화 운동에 관한 강의를 진행하고 있다. 주로 영남신학대학교와 대신대학교에서 강의하며, 특히 신학대학원생들에게 바른 역사의식과 사회적 정의와 목회자의 신학적 정체성에 대하여 교육하고 있다. 또 대구 기독교 지도자들에게도 특강을 준비하고 있다. 대한민국 역사문화 운동본부의 귀중한 사명을 잘 감당하여 국가 정체성 의식과 대한민국 건국 정신인 3·1독립운동 정신 계승과 청라 정신의 건국이념 계승에 대하여 강하게 주장한다.

우리가 알고 있듯이 이 땅에 하나님의 복음이 선포되고 곳곳마다 교회가 설립된 배후에는 하나님의 놀라우신 은혜와 선교사들의 눈물 어린 헌신이 있었다. '은둔의 나라'라고 불리었던 이 땅에 복음을 들고 와서 헌신한 선교사의 수는 우리가 헤아릴 수 없을 정도로 많다. 이런 놀라운 사랑을 받은 한국교회는 선교하는 교회로 세계 200여 국가에 3만여 명의 선교사를 파송하며, 복음의 빚을 갚는 일에 앞장서고 있다. 한국 땅에서 헌신한 선교사들 몇 분을 소개한다. 여기서 다루는 분들은 한국에 와서 사역한 선교사들 가운데 극히 일부이다. 필자가 자료를 구할 수 있는 범위 안에서 임의로 선정한 것이고, 게재 순서도 '무순'임을 이해해 주시기 바란다.

한국의 첫 선교사는 호레이스 알렌(Horace N. Allen, 1858~1932)이다. 알렌이 입국하기 전부터 한국 선교의 문이 서서히 열리고 있었다. 1866년 토마스(Robert J. Thomas) 선교사가 대동강변에서 순교하여 전해준 성경이 평양 지방의 기독교 공동체 형성에 출발점이 되었다. 1882년에는 만주에서 존 로스(John Ross) 선교사가 한국 청년들의 도움을 받아서 성경을 우리말로 번역하여 국내에 몰래 들여오게 되었다. 이것이 유명한 '로스역 쪽복음' 성경이다. 그 열매로 1884년에 황해도 장연에 솔래교회(松川敎會)라는 자생(自生) 교회가 세워졌다. 1884년 7월에는 일본에 주재하고 있던 매클래이(Robert S. Maclay) 선교사의 요청으로 고종은 한국에서의 선교사역을 윤허했다. 이 윤허는 '교육과 의료'로 제한되어 있기는 하였지만, 당시 국가적 상황으로 보아 획기적인 사건이 아닐 수 없었다.

이 배경을 보면 매우 흥미롭다. 이런 상황에서 한반도를 가운데 두고 서쪽에서는 토마스, 북쪽에서는 존 로스, 동쪽에서는 매클래이가 복음의 소식을 가지고 한국에 들어왔다. 호레이스 알렌은 1858년에 미국 오하이오주에서 출생하였고, 오하이오 웨슬리안대학교(Wesleyan University)에서 공부한 후 마이애미대학교(Miami University, 플로리다주의 마이애미가 아니라 오하이오주)에서 의학을 공부했다. 그는 의사선교사로 지망하여 아내 프란시스(Francis A. Messenger)와 함께 1883년에 미국북장로교 선교부를 통해 중국에 파송되었다. 당시 미국교회는 중국 선교에 관심을 가지고 선교사역을 집중하고 있던 때였다.

중국에 도착한 알렌은 1년이 지나도 선교지에 제대로 정착하지 못하던 차에 동료들의 권면으로 한국 선교로 눈을 돌리게 되었다. 그는 선교사의 신분을 감추고 주한미국공사관 소속 의사로 1884년 9월에 한국에 입국했다. 이것이 한국 땅의 첫 선교사의 입국이다. 한국에서 알렌은 먼저 의료선교의 기반을 마련했다. 1884년 12월 김옥균 등의 개화파가 갑신정변을 일으켰다. 이때 명성황후의 조카이며 정부의 고관인 민영익이 자객의 칼을 맞고 중상을 입게 되었는데 그는 알렌의 치료를 받고 기적적으로 살아났다. 한국 정부에서는 갑신정변에 가담하여 처형을 당한 재동에 있는 홍영식의 집을 알렌에게 하사했다. 알렌은 그곳에 '광혜원'(廣惠院, House of Extended Grace)이라는 한국 최초의 서양식 병원을 세웠다. 광혜원은 2주 후에 '많은 사람을 구제하라'는 뜻을 가진 '제중원'(濟衆院, House of Universal Helpfulness)으로 이름을 바꾸었다. 이것이 오늘의 '세브란스병원'의 모체가 되었다.

알렌은 제중원 안에 의학교를 세워 서양식 의사를 양성했다. 더 중요한 것은 새로 오는 선교사들의 베이스캠프 역할을 했다는 것이다. 1885년 4월에 입국한 언더우드(H. Underwood)가 교사로 있었고, 감리교의 스크랜톤과 헤론 의사, 여의사 엘러스도 제중원에 머물렀다. 제중원에서의 예배는 서울에서의 초기 교회설립의 모판이 되었다. 이 신앙공동체를 바탕으로 새문안교회, 정동교회, 남대문교회가 설립되었다. 알렌은 1887년부터 1889년까지 미국 워싱턴에서 주미한국영사관 서기관으로 활동했다. 또 1890년부터는 한국에 와서 주한미국공사관 서기관으로 일했다. 그는 선교사로 4년, 외교관으로 16년을 한국에서 일했는데 이 때문에 그를 선교사로 보아야 하는가, 외교관으로 보아야 하는가에 대한 정체성 논란이 일기도 했다.

1894년 명성황후가 시해를 당하자 그는 일본의 만행을 조사하여 미국에 알렸다. 그는 또한 일본의 압박으로 공포를 느끼고 잠을 이루지 못하는 고종의 침소 곁에서 7주 동안 에비슨 등 선교사들과 함께 불침번을 섰고, 고종의 음식에 독이 있는지를 검사하면서 고종을 지켰다. 알렌은 고종을 통하여 평안도의 운산 금광 개발권을 미국이 가지게 했고, 경인철도 부설권 등에도 개입하여 미국과 협력했다. 그는 미국이 일본의 한국 지배를 암묵적으로 인정하려고 하자, 미국의 정치적 입장에 배신감을 느끼고 미국 정부를 설득했다. 그러나 1905년 6월 미국 루즈벨트 대통령의 해임통보를 받고 한국 땅을 떠나게 되었다. 그는 이 땅에서 다양한 일을 했다. 그에 대한 여러 가지 평가가 있을 수 있지만 '이 땅의 첫 선교사'였음은 분명하다.

여호와여 시온이 주의 심판을 듣고 기뻐하며 유다의 딸들이 즐거워하였나이다
여호와여 주는 온 땅 위에 지존하시고 모든 신들보다 위에 계시니이다
여호와를 사랑하는 너희여 악을 미워하라 그가 그의 성도의 영혼을 보전하사
악인의 손에서 건지시느니라
의인을 위하여 빛을 뿌리고 마음이 정직한 자를 위하여 기쁨을 뿌리시는도다
의인이여 너희는 여호와로 말미암아 기뻐하며
그의 거룩한 이름에 감사할지어다(시 97:8~12)

제7장

백암의 헌신과 봉사 이야기

1. 기독교 역사문화 유산 보존을 위한 백암의 꿈과 비전

푸르고 푸른 선교역사가 청라언덕에 숨 쉬고 있기에 그 숭고하고 거룩한 선교역사를 재정립하여 기독교 정신을 후대에 전수하려는 백암의 기독교 선교 정신은 그 빛을 잃어가는 이 땅의 그리스도인에게 구원과 진리와 생명의 토대가 되었음을 회상케 한다. 백암은 125년 전 근대역사를 꽃피운 복음, 교육, 의료선교의 발자취가 고스란히 남아있는 역사의 현장들을 순례길로 조성하려는 일에 물심양면으로 협조하고 있다. 그는 미션중·고등학교, 미션대학, 기독교 정신의 병원, 교회를 중심으로 한 대구의 근대 역사문화를 유네스코 세계문화유산으로 등재를 추진하는 일과 대구 애락원 설립자인 플레처 선교기념관 건립추진 운동에 참여하고 있다. 이런 순례길 조성 사업이 성사될 때 대구 관광이 활성화되는 효과도 기대할 수 있다.

백암은 2022년 10월 25일 대구인터불고호텔 컨벤션홀에서 '청라 정신과 근대 역사문화'라는 주제로 '대한민국역사문화운동본부' 10주년 기념대회를 가졌다. 이 기념대회에서 종교개혁운동의 진원지가 되고, 개신교 신학과 교회정치의 토대를 세운 영국 청교도 정신과 그들의 신앙, 교육, 역사, 선교 정신이 살아 숨쉬고 있는 청라정신을 재조명하고, 역사문화 유산을 후대에 길이 보존하려는 목적으로 교계, 정치계, 역사계, 문화계의 많은 지도자를 초청했다. 그의 꿈과 비전이 숭고하고 아름답기에 하나님을 기쁘시게 하는 대과업이므로 꼭 성취되리라 믿는다.

옛날을 기억하라 역대의 연대를 생각하라 네 아버지에게 물으라
그가 네게 설명할 것이요
네 어른들에게 물으라 그들이 네게 이르리로다(신 32:7)

2. 백암이 부른 광야교회의 노래

백암 전재규 박사는 이 시대의 광야교회를 향하여 외치는 자이다. 그는 대신대학교의 발전을 위하여 대구지역과 경북지방의 교회를 향해 목청 높여 외쳤고, 고고하고 청아한 소리로 노래한다. 그는 순방예배 설교를 하다 감정이 북받쳐 오르면 목청을 가다듬어 숙연한 마음을 담아 찬송을 부른다. 그만이 가진 특유한 음색이 있어 그가 부르는 찬송은 유난히 집중력이 있다. 그는 평소에도 애창곡 한 소절을 불러야 직성이 풀리는 성정으로, 성악가 못지않은 실력을 갖추고 있다. 그가 감상에 깊이 빠지는 설교를 할 때면 찬송가 246장을 노래한다. 1772년 존 뉴톤(John Newton)의 '주 은혜 놀라와'(Amazing Grace)이다. 그는 특유의 음색으로 이 찬송가를 부르곤 한다. 이 찬송가는 노예무역을 했을 당시 흑인들을 학대한 일에 대한 참회의 감정을 담은 것이다. 전재규 박사는 이 찬송가의 한 소절을 영어로 부르면서 예배의 분위기를 바꾸기도 한다.

Amazing Grace! How Sweet the Sound!

A-maz-ing grace! how sweet the sound that saved a wretch like me!
I once was lost but now I am found was blind but now I see.
나 같은 죄인 살리신 주 은혜 놀라와 잃었던 생명 찾았고 광명을 얻었네

I've cast my heavy burdens down

나 가나안 땅 귀한 성에 들어가려고 내 무거운 짐 벗어 버렸네
죄 중에 다시 방황할 일 없으니 저 생명 시냇가에 살겠네

길이 살겠네 나 길이 살겠네 저 생명 시냇가에 살겠네
길이 살겠네 나 길이 살겠네 저 생명 시냇가에 살겠네

전재규 박사는 경북대학교 의과대학 마취학과를 전공 졸업한 의사로서 동 대학교에서 박사학위를 수여받고 미국 대학교 병원에 인턴과 마취과 레지던트로 수련을 받았다. 이후 그는 미국의 병원에서 계속 근무하다가 동산의료원 하워드 마펫(Howard. F. Moffett) 원장의 초빙으로 동산기독병원 마취통증의학과 의사로 재직하며 30년 8개월의 황금기 청춘을 보내고, 65세의 나이로 은퇴했다. 은퇴 후 백암은 하나님의 사역자들을 양성하고 교육하는 선지동산 대신대학교에 감사, 이사를 역임하고 대학발전위원장을 거쳐 학교운영의 최고 책임자인 총장으로 취임했다(2009년 7월 7일~2013년 6월 30일까지 제5대, 제6대 대신대학교 총장). 그는 총장으로 재임 중에 대구지역의 교회에 초청을 받아 해당 교회에 가면 대신대학교 방문의 날로 정하고 그가 설교하고, 필자가 기도를 인도하곤 했다.

그의 설교 제목은 '대구는 한국의 제2 예루살렘이다.'였다. 예루살렘을 사랑하는 자는 평안의 복이 있다. 그가 방문하여 설교한 교회들은 달서교회(박창식 목사 시무), 서일교회(담임 유인상 목사) 반야월중부교회(담임 서정모 목사), 구미강동교회(담임 김재국 목사), 경산송림교회(담임 권희찬 목사), 진량제일교회(담임 김종언 목사) 등이다. 백암은 마치 광야교회를 향해 외쳤던 세례 요한처럼, 선지자적 사명을 감당한 대학 총장이었다. 이러한 그의 노력은 영남지역뿐만 아니라 총회 차원에서도 대신대학교 발전을 위한 좋은 소식을 전한 계기가 되었다. 이러한 그의 노력은 대한예수교장로회 증경총회장 서기행 목사와 당시 총회 총무 황규철 목사의 협력을 얻었고, 장로 총장으로서 소신껏 일하라는 격려를 받을 수 있었다. 이때 종합관 건축비 후원으로 2억 원을 총회로부터 지원받을 수 있었다.

이처럼 그는 대신대학교의 위상을 높이는 데 최선을 다했다. 그는 기간제 연구교수를 채용하여 필요한 재정 전액을 담당하기도 했으며, 대신대학교가 발전하는 데 크게 쓰임 받고 빛나는 업적을 세운 능력 있는 총장으로서 재직했다. 그는 대신대학교 역사의 큰 획을 긋는 역할로 오늘에 우뚝 선 영남 유일한 총회 인준 신학대학교로서 새로운 시대의 문을 활짝 여는 일에 크게 공헌했다. 필자는 그가 지향하는 철학과 신앙의 본질과 그 순수함을 그의 표정과 눈빛만 보고도 헤아릴 수 있었다. 사정이 어려운 이웃을 보고 그냥 지나가는 레위인과 제사장 같지 아니하고 사마리아인같이 돌봐주고 부비까지 책임지는 의사이고, 선지학교 학생을 가르치는 이 시대의 귀감이 되는 대학 총장이었음을 부인할 수 없다.

유대 광야에서 회개의 복음을 외치고, 메뚜기와 석청을 식음으로 한 세례 요한같이 그도 복음을 외친 대학교 총장으로 낡은 양복을 입고 다니며, 오래된 승용차를 이용하면서 외모에 신경 쓰지 않고 오직 복음을 위해 외치는 이 시대의 세례 요한과 같은 자이다. 그는 순방교회를 설교하고 주는 사례비를 전부 모아 대신대학교의 학생들을 위해 장학금으로 내어놓는 헌신된 학자의 표상이다. 이제 그는 바깥 사회에 그 모습을 드러내어 아름다운 흔적과 함께 보석같이 반짝인다. 그가 밝혀온 아름다운 빛이 변화와 혁신의 길이 되어 많은 사람에게 도전과 용기를 줄 것이다. 그 모두가 함께 밝은 사회로 전진하기를 기대하며 그의 숨겨진 이야기를 함께 나눈다.

할렐루야 여호와를 경외하며 그의 계명을 크게 즐거워하는 자는 복이 있도다
그의 후손이 땅에서 강성함이여 정직한 자들의 후손에게 복이 있으리로다
부와 재물이 그의 집에 있음이여 그의 공의가 영구히 서 있으리로다
정직한 자들에게는 흑암 중에 빛이 일어나나니
그는 자비롭고 긍휼이 많으며 의로운 이로다
은혜를 베풀며 꾸어주는 자는 잘 되나니 그 일을 정의로 행하리로다
그는 영원히 흔들리지 아니함이여 의인은 영원히 기억되리로다(시 112:1~6)

3. 백암과 서현교회

백암 전재규 박사는 1967년 1월 첫 주부터 미국 시립세인트루이스 병원(Saint Louis Hospital) 인턴, 클리브렌드 반스병원(Bans Hospital)에서 수련의 과정, 오하이오주 휴론로드병원(Huron Lord Hospital) 레지던트 기간을 마무리하고, 임상의학 마취과의 전문의 과정에 해당하는 미국대학 마취과의사 필기시험과 구두시험에 합격했다. 그 후 에크론 아동병원 마취과 임상전문의로 근무 중 1972년 2월 대구동산기독병원 원장 하워드 마펫(Howard F. Moffett)의 편지를 받은 후 1972년 12월 31일 만 6년 만에 한국에 귀국했다. 귀국 후 그는 동산기독병원 사택에 거주하게 되었다. 귀국한 후 첫 주일을 대구서현교회에 출석하여 담임 윤철주 목사의 설교를 듣고 예배를 드렸다. 1973년 1월 1일 동산기독병원 첫날, 설레는 마음으로 출근을 시작했다. 당시에는 매일 아침 병원 업무를 시작하기 30분 전에 채플(chapel) 예배 설교를 했는데 이때 전재규 박사가 주 설교자로 설교했다.

전재규 박사는 서현교회에서 집사직(1974년 10월 25일)에 임명되었고, 다음해 1975년 10월 25일 장로 장립을 받게 되었다. 그 후 1980년, 대구서현교회 선교위원장으로 봉사하게 되었고, 그의 선교에 대한 열정은 뜨겁고 강렬했다. 대구서현교회 선교위원회는 해외선교를 결의하고 아프리카 나이지리아 해외 선교지에 강승삼 선교사를 파송했다. 이 과업은 초대교회 시대의 '바나바와 바울'을 안디옥으로 파송한 것과 같은 첫 선교사 파송이었다. 이처럼 대구서현교회 선교위원회는 아프리카 나이지리아에 첫 선교사를 파송하여 신학교를 설립해 교역자와 교회 지도자를 세우게 되었다. 이때 백암은 아내 강일혜 권사와 함께 현지 나이지리아 선교지를 방문했다. 그는 선교사를 위해 선교비를 후원하며, 열정적으로 선교사들을 돕고 격려했다.

한편, 당시 대구서현교회 성도들의 생활은 어렵고 힘들었다. 그럼에도 성도들은 예배당 건축을 결의했다. 성도들은 전라도에서 생산되는 황동석을 사용하여 대구서현교회 본당을 건축하기로 했다. 동양 최대의 건축 면적과 규모의 석조 예배당 건축을 시작했다. 시간이 지나 교회당 건축과 관련된 경위와 선배들의 헌신 봉사에 대한 에피소드, 눈물의 기도와 치열한 노고를 잊어가고 있을 때쯤 전재규 박사는 헌신의 사람 고(故) 정규만 장로 전기를 출판하자는 의견을 제시하게 되었다. 이로써 곧바로 출판위원회가 조직되어 『믿음과 헌신의 사람 정규만』이라는 제목의 책이 출판되었다. 이렇듯 전재규 박사는 믿음의 귀감이 되는 헌신 사례들을 책으로 펴내 가식 없는 믿음과 헌신의 감동을 전하고자 했다. 이렇게 그는 흘러간 시간에 덮여 있던 아름다운 이야기를 묻어둘 수 없어 책의 출간을 돕고 주관했다.

끝없는 연구 노력과 집중력을 소유한 백암은 교회 지도자는 미래를 밝히는 꿈과 비전을 소유해야 하고, 역사를 기억해야 한다고 자주 언급하곤 했다. 그는 교회의 역사를 귀중하게 생각한다. 그러기에 교회를 사랑하는 선배들의 헌신 된 믿음을 되새기는 것을 더욱 중요하게 생각한다. 그의 헌신 된 삶과 믿음의 행보가 오늘날 젊은 성도들과 자라나는 학생들에게 불굴의 신앙 정신에 본이 된 것이다. 더불어 이들에게 정성 어린 헌신 봉사를 통해 교회 발전에 영향을 준 지난날의 흔적을 되찾도록 한다. 오늘날에 이르기까지 하나님의 섭리 가운데서 행한 그의 헌신은 대구서현교회가 앞으로 가져야 할 미래지향성과 방향성에도 도움을 줄 것이다.

교회 지도자는 그가 섬기는 교회의 역사를 이해하고, 역사보존을 존중하여 현재를 이끌어가야 한다. 아름답게 교회를 가꾸고, 잠재력을 일깨워 전도와 선교와 교육에 힘쓰도록 하는 것이 교회 본연의 사명이다. 성령 충만한 교회는 믿음의 역사와 사랑의 수고와 우리 주 예수 그리스도에 대한 소망의 인내를 우리 하나님 아버지 앞에서 끊임없이 기억하는 교회이다. 그러므로 구제와 치유와 말씀 교육과 전도와 선교뿐 아니라 범죄를 예방하고 선한 일을 행하게 되는 교회가 있는 해당 도시를 성시화하려는 노력은 주 예수님을 기쁘시게 하는 존귀한 일이 될 것이 분명하다. 이처럼 그에게는 대구서현교회를 사랑하는 뜨거운 마음이 가득하다. 하나님의 마음과 눈이 항상 주의 몸인 교회 위에 집중하여 있듯이, 그는 새벽마다 와룡동산에 올라가서 대구서현교회를 바라보고 정기칠 담임 목사님과 교역자들과 성도들과 특별히 고령에 있는 원로장로님들과 선교사님을 위하여 기도한다. 그의 마음과 생각은 항상 대구서현교회에 머물러 있다.

그리스도의 평강이 너희 마음을 주장하게 하라
너희는 평강을 위하여 한 몸으로 부르심을 받았나니 너희는 또한 감사하는 자가 되라
그리스도의 말씀이 너희 속에 풍성히 거하여 모든 지혜로 피차 가르치며 권면하고
시와 찬송과 신령한 노래를 부르며 감사하는 마음으로 하나님을 찬양하고
또 무엇을 하든지 말에나 일에나 다 주 예수의 이름으로 하고
그를 힘입어 하나님 아버지께 감사하라(골 3:15~17)

4. 대구 토요성경연구클럽 이야기

전재규 박사가 열망하고 절규하고 애타게 부르짖는 '표어'(slogan)는 '대구는 제2예루살렘'이다는 것이다. 그는 이 슬로건의 실체적 사실을 고증하기 위하여 동일 제목의 책 2권 『대구는 제2의 예루살렘』을 저술했다. 약령시장에 위치한 대구제일교회 헌당식 예배 시 라셀 목사의 설교 제목이 '예루살렘의 건축'이었으며, 조국은 역사의 암흑기인 일제강점기에 교회가 박해를 받아 대구 성도들에게 '예루살렘'이라는 말이 확산되지 못하였을 때이다. 이때 설교자인 라셀 선교사는 대구제일교회 헌당식에 참석한 성도들을 향하여 주제어(Keyword)로 '대구 도성은 예루살렘성과 같다.'라고 자기 뜻을 힘주어 말했다. 또 라셀 목사가 토설한 다른 원고에도 그 근거를 찾아볼 수 있다. 그러나 곧이어 찾아온 일제강점기의 기독교 신앙인들에 대한 박해로 인해 그 말에 공감하는 자는 많지 않았다.

'대구는 예루살렘'이라는 말이 대구에서 대대적으로 유행하였던 때는 1950년 6월 25일 한국전쟁 발발로 인하여 북한에서 예수를 믿던 동포들이 대구로 피난 와서 정착하면서부터였다. 이들은 대구시 포정동과 교동시장의 상권을 장악했다. 전쟁의 상처에도 불구하고 피난민들의 뜨거운 믿음의 열정과 부르짖는 기도로 많은 교회가 대구에 개척 설립되었다. 이때 교회마다 새벽기도가 열리고, 부흥회를 통한 회개운동이 일어났다. 당시 대구 인근에는 기도원 또한 우후죽순처럼 많이 세워졌다. 대구 교회 성도들의 기도운동이 불붙은 때였다.

기도원으로는 주암산기도원, 철장기도원, 숙천 청천다락방기도원, 갈멜산기도원, 가창우륵산기도원, 조야기도원, 팔공산대구기도원, 칠곡호렙산기도원, 팔공산백암기도원, 팔공산정신병환자기도원, 산격동수도산기도원, 하양무학산기도원, 범물동기도원, 청도 매전면 동산기도원, 신유은사기도원, 현신애 권사가 사역한 기도원이 있다. 이처럼 대구지역의 교회가 성화의 불도가니 같을 때가 있었다. 1950~1970년대에 개척 설립된 교회들을 살펴보면 '대구는 제2예루살렘'이라는 수식어가 과하지 않게 느껴진다.

당시 6·25 전쟁 이후에 개척 설립된 많은 교회가 대구 교회를 기반으로 시작되었으며, 선한 영향력을 행사했다. 복음 전도사역과 기도운동, 부흥회를 활발하게 전개하였을 때 대구는 명실상부 '제2예루살렘'이었다. 다르게는 '대구는 남한의 예루살렘이다.'라는 호칭도 생겨났다. 이 명성을 회복하는 일에 대구기독교 총연합회와 대구성시화운동본부, 홀리클럽과 토요성경연구클럽 단체에 그 사명이 주어졌다고 믿는다. 대구 토요성경연구클럽에서 성령의 불을 지펴서 다시 대구 교회에서 활활 타오르게 되기를 간절히 기도한다. 전재규 박사는 아직도 옛 명성 '대구는 남한의 예루살렘'(제2예루살렘) 회복 운동을 멈추지 아니하고 열화와 같은 뜨거운 가슴으로 외치고 있다.

대구 토요성경연구클럽의 공부 주제는 개혁주의 교회의 5대 슬로건이다. 그 내용은 오직 성경(Sola Scriptura) 오직 은혜(Sola Gratia) 오직 믿음(Sola Fide) 오직 그리스도(Solus Christus) 오직 하나님께 영광(Soli Deo Gloria)이다. 대구 토요성경연구클럽은 개혁주의 정체성을 중심으로 매주 토요일 대구서현교회 교육관에서 신구약 성경을 연구하고 공부하는 단체이다. 운영해 온 지 벌써 17년이 지나 청년기에 접어든 모임으로, 수준 높은 이들이 모여 성경을 공부하고 친목하고 교제하는 특별한 단체이다. 대구 토요성경연구클럽의 회장 이창호 장로님은 다음과 같이 대구 토요성경연구클럽이 태동된 배경과 지나온 경위 및 교과과정을 상세하게 서술하여 주셨다.

2000년 6월 29일, 대구 '홀리클럽'(Holy Club)이 태동되었다. 대구성시화본부는 1999년 9월 21일에 창립되어 수레의 두 바퀴처럼, 혹은 독수리의 두 날개와 같이 '대구를 거룩한 도시와 그리스도의 공의와 사랑이 충만한 도시로 만들자.'는 슬로건 아래 성시화운동본부와 홀리클럽을 조직했다. 홀리클럽은 대구 전 시민의 30%가 예수를 믿을 수 있도록 복음전파와 사회적 책임이란 두 성시화 방향을 제시했다. 홀리클럽은 모든 직능단체가 평소에는 본연의 업무에 충실하다가 대구를 성시화할 때는 연합해 성시화본부와 양대 축으로 움직였다. 이때 목회자들은 '성시화본부'로 평신도들은 '홀리클럽'으로 형성되었다.

처음에는 17개 직능단체의 연합으로 출발했지만, 지금은 36개의 홀리클럽 단체가 활동하고 있다. 여기에 발맞추어 처음에는 기관장을 중심으로 한 성경공부를 시도하였으나, 포항처럼 평신도들을 중심으로 대구성시화에 한 축을 감당하기 위해 노력했다. 이때 김신길 장로님이 홀리클럽 회원들과 기관장직을 맡아 이끌어갔다. 이후 공부 장소를 옮겨 다녔으며, 2004년 매주 토요일 아침 7시에 삼덕교회 카페 '광야'에서 허명 변호사님이 쓴 『평신도를 위한 로마서』를 교재로 삼아 공부하기 시작했다. 처음에는 로마서를 약 1년간 공부했다. 그다음 해는 요한복음으로 1년 반을, 이후에는 마태복음을 2년간, 창세기를 2년간, 출애굽기를 1년간, 김세윤 교수(미국 풀러신학교 신약학)께서 쓴 고린도전서를 약 7개월, 황봉환 교수(대신대 신대원장)의 저서 『엘리야와 엘리사』를 6개월, 『아모스서』를 약 8개월, 『사도행전』을 1년 반, 이렇게 차례로 공부했다.

이후에 성지순례 차 '사도 바울의 발자취를 따라서'(Following the Footstep of St. Paul)라는 이름으로 2020년 3월 25일에서 4월 5일까지 13박 14일 동안 회원 20명이 터키와 그리스를 다녀왔다. 사도행전을 공부한 뒤라서 현장에서 이해가 빨랐으며, 의미 있는 선교여행이었다. 3주 뒤 다녀온 화보를 만들어 회원들께 나누어주었으며, 그 뒤 마가복음으로 약 1년간을 황봉환 지도 목사님을 모시고 공부했다. 이제, 11년간 토요성경공부를 지도해 주신 황봉환 목사님께서 대신대학교를 은퇴하시게 되었다. 황봉환 목사님은 열정적이며 성실하게 '신학이란 무엇인가?'라는 근원적 질문에 눈을 뜨게 해 주셨다. 말씀을 전하실 때는 교수답지 않고, 오히려 목회자처럼 뜨겁게 기도의 종으로 성경 진리를 전해주셨다.

황봉환 목사님의 후임으로 2020년 3월부터 영남신학대학교 권용근 총장님이 지도를 맡게 되었다. 권용근 총장님께서는 통시적, 종합적으로 성경 전체를 아우르는 조병호 박사의 『통 성경 길라잡이』를 교재로 삼아 약 1년 8개월을 공부하여 전체적인 역사의 흐름을 익혔다. 작년에는 요한계시록 두 권을 공부했다. ① 요한계시록(제임스 칼라 저) 총론으로 ② 요한계시록을 어떻게 읽을 것인가?(이필찬 교수 저)를 각론으로 삼아 1년간 공부하였으며, 올해부터는 『의사의 눈으로 본 십계명, 주기도, 팔복』(전재규 박사 저)을 공부하고 있다. 작년에 계시록을 공부한다고 회원들이 무척 고생을 하였으나 올해는 일상생활의 현장감과 생동감이 있는 주제를 다루니 회원들 모두 좋아하며 열심히 질의응답을 하는 분위기로 진행되었다. 권용근 총장님의 넓은 시야와 종합적으로 꿰뚫어 보시는 성경적 접근성을 배우며, 특히 역사적인 시야가 많이 넓혀지게 되었다. 또 20년 전에 쓴 책의 저자인 전재규 박사와 함께 공부하고 토론하면서 큰 흥미를 갖게 되었다.

전재규 박사는 마취과 의사로서 계명대학교 의과대학 학장도 역임하셨고, 우리나라 '호스피스간호사협회'를 창립하셨다. 또 대신대학교 총장을 역임하셨고 유대신학도 1년간 공부하여 이스라엘의 예루살렘 회복 운동에 특별한 관심사를 갖고 있다. 열정이 얼마나 뜨거운지 토요일 타지역에 강의가 없는 날은 꼭 참석하고 있다. 그는 이스라엘을 10번 정도 다녀오셨기에, 공부 중에 이스라엘의 문제가 나오면 다녀오신 경험을 현장감 있게 설명하시곤 하는데 지도하시는 영남신학대학 권용근 총장님도 놀라워하는 기색을 보일 때가 있다. 현재 회원의 정원은 30명이나 실제 참석은 20~24명 정도이다. 향후 젊은 신앙인들이 올 것을 기대하고 있다. 17년 전부터 지금까지 함께 공부했던 네 명의 회원이 유명을 달리하셨다. 천국에서 잘 계실 줄 믿는다. 유명을 달리하신 분은 서학수 장로(영남대 농과대학 학장), 김승동 집사(경찰관 은퇴), 이창식 장로(교장), 김광근 장로(대구대 경영학 교수)이다.[1]

---

1 현재 토요성경공부클럽의 회원들은 아래와 같다.
* 2005~2019년 지도: 황봉환 목사(대신대 신대원장 겸 부총장)
* 2019~2022년 현재 지도: 권용근 목사(영남신학대학교 총장)
회장(인도): 이창호 장로, 총무: 박기태 장로
토요성경공부 회원은 (곽형식 집사, 권순홍 장로, 권용근 총장, 김경환 안수집사, 김병기 장로, 김신자 목사, 김영태 장로, 김인호 안수집사, 김정남 장로, 김주익 집사, 남효덕 장로, 박기태 장로, 배창원 장로, 서희돈 장로, 성명진 목사, 송미옥 권사, 양재희 장로, 이낙정 장로, 이성웅 장로, 이병찬 장로, 이창호 장로, 정용하 집사, 전대련 장로, 전재규 장로, 조무제 장로, 최효근 목사) 이상 26명이다.

현재 서울에 있는 성경 학술 연구모임은 목사님들이 주축으로 되어 학술원 체제로 성경을 연구하고 있다. 예수 그리스도 바르게 전하기 운동본부의 대한예수교 영광교회 양희종 박사(학술원장)는 매주 월요일 오후 1시부터 서울시 종로구에 위치한 한국기독교연합회관 1308호에서 강의를 진행한다. '예수 그리스도 바르게 전하기 운동' 학술원 원장 양희종 박사는 2022년 6월 7일 한국기독교연합회관에서 '삼위일체 관점에서 본 예수 그리스도는 참 하나님이시요 영생이시요 영존하시는 아버지시라.'란 주제로 제9회 교회개혁 세미나를 개최했다. 그 세미나의 강사인 정일웅 박사(전 총신대학교 총장)는 '예수 그리스도의 양성론(선재론 포함)과 전 인류의 희망인 메시아 예수 그리스도'에 관한 주제로 발표했다. 정일웅 박사는 예수 그리스도의 양성론 논쟁이 있던 4세기 초 알렉산드리아의 한 사제였던 아리우스(Arius)를 시작으로 325년 니케아 공의회와 381년 콘스탄티노플 종교회의를 거쳐 451년 켈케톤 종교회의를 다뤘다.

정일웅 박사는 "오늘 학술원이 내건 '예수 그리스도는 참 하나님이시요 영생이시요 영존하시는 아버지시라'는 말씀은 그리스도 선재를 전재한 표현이다"(요일 5:20; 사 9:6; 요 5:17~18; 요 10:30; 14:9~11)라고 말하며 "실제로 이 말씀은 구약에 예언된 시편 9장 6~7절 말씀의 성취 관계에서 이해되어야 할 것이고, 하나님의 성삼위의 관계에서 이해되어야 할 것이다."라고 주제 발표를 했다. 예수 그리스도 바르게 전하기 운동 학술원은 21세기 조용한 종교개혁을 위해 노력하고 있다. 특히 성장주의 목적만 세우고 신앙고백이 상실된 현재 교회의 안타까운 현실을 성경적으로 조망하여 교회의 바른 목적을 세우고 또한 정통적인 기독교 신학 신앙고백서를 연구, 발전하여 전승해야 할 필요성과 중요성을 알리고 있다.

내가 너희에게 전한 것은 주께 받은 것이니 곧 주 예수께서 잡히시던 밤에 떡을 가지사 축사하시고 떼어 이르시되 이것은 너희를 위하는 내 몸이니 이것을 행하여 나를 기념하라 하시고

식후에 또한 그와 같이 잔을 가지시고 이르시되 이 잔은 내 피로 세운 새 언약
이니
이것을 행하여 마실 때마다 나를 기념하라 하셨으니
너희가 이 떡을 먹으며 이 잔을 마실 때마다 주의 죽으심을 그가 오실 때까지
전하는 것이니라(고전 11:23~26)

〈대구토요성경연구클럽의 모습〉

2016년 송년행사

2018년

2019년

2020년

2021년

5. 백암과 향기 짙은 인생

백암 전재규 박사가 걸어온 일생의 여정길을 추적해 보면 특히 눈에 띄는 행보가 있다. 그중 하나는 대구 경북 근대 역사문화 연구를 중심으로 한 실적들이라 할 수 있다. 아무도 중요하게 생각하지 못하고 있을 때 백암은 독보적으로 해당 분야를 집중적으로 연구하여 많은 결실을 맺고 있다. 최근에는 대구광역시에 기독교 선교사 플레처 기념관 건립과 기독교 역사문화 순례길 조성을 숙원사업으로 알고 추진중에 있다. 대구 경북 순례길 4코스 중 제1 순례길은 선교를 위해 최초로 대구 경북 땅을 밟은 미국북장로교 소속 선교사인 베어드 목사가 들어온 길이다. 그는 부산 선교문화센터에서 출발하여 밀양을 거처 청도 팔조령과 가창을 거쳐 대구 읍성 안 약령시장에 들어왔다. 현재 팔조령에는 정상 부근 도로 옆에 '청도기독교100주년기념비'가 세워져 있다. 이곳에 추가적으로 베어드 선교사 일행의 조형물과 휴식 공간을 마련하여 이곳을 방문하는 사람들에게 대구 경북의 근대사가 기독교 선교사들을 통해 개화되기 시작했다는 것을 알리려는 것이다. 이것이 현재 추진중에 있는 제1 순례길 코스이다.

또 경산시 백천동 산 8번지에 위치한 대신대학교 내에 선교문화센터를 건립하여 영상 제작을 통해 순례길을 만나고, 역사적인 사료들을 전시하여 이곳을 방문하는 이들로 하여금 대구 경북에서 선교사들의 사역과 활동을 알게 하려 한다. 이곳을 방문하면 선교사들에 의해 설립된 100년이 넘는 경산과 청도지역에 있는 교회들의 역사 이야기를 듣게 될 것이다. 선교사들에 의해 설립된 교회들은 풍각제일교회, 사월교회, 경산교회, 진량제일교회, 자인교회, 송림교회가 있다.

그동안 백암 전재규 박사가 땀 흘리며 힘껏 뛈박질한 인생 여정에는 다양한 향기가 짙게 남아있다. 백암은 근대 역사문화 유산들이 문화재로 인정받도록 하려는 일에도 앞장서서 추진하고 있다. 근대 교육기관인 계성학교, 신명학교, 설립 100년 이상의 교회인 제일교회, 서문교회, 남산교회 그리고 역사가 깊은 대구 약령시장과 서문시장 등이 문화유산으로 지정되어야 할 곳들이다. 전재규 박사의 애국심도 그의 인생 여정길의 짙은 향기로 남아있다. 그는 향토 50사단 장병 정훈교육 강사, 6·25 격전지인 다부동 전승비와 호국의 다리를 호국의 성지로 만들려는 애국 운동, '나라바로세우기운동'에서 연설 등을 통해 깊은 애국심도 보여주고 있다.

또 서울 용산에 있는 '전쟁기념관'에서 백선엽 장군과 단독 대담을 통해 6·25 전쟁사와 동상 건립에 대한 의견을 나누기도 했다. 더 나아가 개신교의 청교도 정신이 싹튼 청라언덕의 정신에 대한 역사적 관련성을 밝히기 위해 10주년 기념대회를 개최했다(2022년 10월 24일). 이러한 그의 인생 여정은 깊고 짙은 향기로 배어있다. 그가 걸어온 길은 의사의 길, 교육자의 길, 개혁주의 신학자의 길, 나라를 사랑하는 애국자의 길, 청빈하고 겸손한 철학자의 길, 보수신앙 장로의 길이라 할 수 있다. 백암은 지금 팔순을 넘겨 구순을 바라보며 남은 생애를 하나님의 역사와 영광을 드러내는 일을 위해 청년처럼 뛰고 있다. 허송세월하지 않고 대구 극동방송국에서 지금도 매주 방송 설교를 진행하고 있다. 또 대구서현교회 원로장로님이신 강문명 장로님과 함께 교회의 주차장 확장공사 및 환경정비 공사에 각별한 관심을 기울이며, 원활한 공사가 될 수 있도록 물심양면으로 돕고 있다.

백암은 대신대학교 선교문화센터 건축공사비 및 교수연구비와 장학금으로 33억 원의 거금을 대신대학교에 기부했다. 이때 백암 전재규 박사와 딸 전은주 교수의 공유 부동산인 대구시 북구 복현동 소재 상가와 대지 206평을 매각하여 33억 원 전액을 대신대학교에 기증한 것이다. 지금까지 백암은 총액 65억 원에 달하는 거대한 기금을 대신대학교에 기증했다. 개인 사재로 기증한 금액으로는 타의 추종을 불허하는 많은 액수로 대신대학교 발전에 큰 공적으로 남게 될 것이다.

부전여전이라고 할까! 선진국 문화의 교육을 받아서인지 그의 자녀들도 부모의 유산을 상속받으려 하지 않고 오히려 부모가 모은 재산을 부모의 뜻에 따라 사용하는 일에 동의했다. 자녀들은 부동산의 매각절차를 이행하기 위해 미국의 직장을 휴가까지 내어 한국에 왔다. 자녀들은 한국에서 매각절차를 원활하게 처리한 후 다시 미국으로 돌아가면서 부친의 결정을 아주 기쁘게 생각하고 그 뜻을 존중해 주었다. 부동산 매도금 전액을 대신대학교에 헌금하며, 가슴에 품은 그 고귀한 마음을 어찌 부전여전이라고 하지 않을 수 있을까! 신실한 믿음의 가정에서 훌륭한 후손으로 성장한 존귀한 믿음의 딸이 아닐 수 없다. 미국에서 살고 있는 딸 전은주 교수의 가정과 일터 위에 하나님 은혜와 평강 그리고 하늘의 신령한 복과 땅의 기름진 복이 충만하기를 기원한다.

모세가 백성에게 이르되 너희는 애굽 곧 종 되었던 집에서 나온 그 날을 기념하여 유교병을 먹지 말라 여호와께서 그 손의 권능으로 너희를 그곳에서 인도해 내셨음이니라(출 13:3)

6. 백암과 만호 두 사람의 상이(相異)한 걸음

백암과 필자, 역사를 더듬어보면 두 사람의 시대적 궤적은 같다고 할 수 있다. 두 사람이 걸어온 길은 각기 다르지만(相異), 마음에 품은 꿈과 삶의 목적지는 지향하는 바가 같다고 생각되어 백암에 대한 평전의 글을 써보기로 했다. 굴곡진 파고를 넘어온 한 사람에 대해 글을 엮어나가기가 어렵다는 것을 알면서도 펜을 놓지 않고 옛일들을 더듬어 가는 것은 그만한 이유가 있다. 그 이유는 연륜 속에 쌓인 사연들을 들추어내지 않으면 흙무덤이 되어버리고 만다는 점을 알고 있기 때문이다.

그 흔적을 묻어두기에는 너무나도 아쉬움이 커서 지나간 발자취를 더듬어 보니 필자와는 40여 년간 대구의 밤나무고개 길을 함께 넘어와 이제 산수(傘壽)에 가깝다는 점을 새삼 깨닫게 되었다. 그동안 그가 적나라하게 그린 아름다운 벽화들에는 성결한 결혼생활, 평안한 가정 세움, 동산병원의 치료사역 30년, 선지동산 대신대학교의 옥합을 깨뜨린 향기, 대구의 근대 역사문화를 조명한 불빛, 대구 3·1운동 재연행사 첫 시도, 나병환자의 아버지 애락원 설립자 플레처 선교사 기념관 건립 추진, 청라언덕과 동무생각 시비 건립, 3·1독립운동길 지정, 대구 근대 문화유산 유네스코(UNESCO) 등재 추진, 예술문화 애국운동, 6·25 전쟁사, 칠곡 다부동 전적비, 낙동강 방어선과 호국의 성지, 백선엽 장군의 다부동 전투 이야기, 맥아더 장군 인천상륙작전 성공 및 서울 탈환 이야기 등이 그려져 있고, 두 사람의 뇌리에 녹아있다.

그중에서도 특히 서울 용산 '6·25전쟁기념관'을 방문하여 백선엽 장군을 만나 직접 들은 비하인드 스토리(bihind story)가 인상적이었다. 그는 뒤안길의 야사(野史)를 마음에 많이 간직하고 있었다. 마음속에 담긴 보석 같은 이야기가 많이 존재하나 모두 옮길 수 없으니 의사의 길, 교육자 교수의 길, 신학자의 길, 장로의 길, 구속사적 역사학자의 길, 신앙적 철학자의 길로 나누어 그가 걸어온 여정을 살펴보고자 했던 것이다. 백암이 남긴 개인사의 흔적 중 활동과 업적의 일부분만 간략하게 서술하였지만, 읽는 이로 하여금 짙은 향기와 귀한 보감은 충분히 누릴 수 있을 것이라고 생각한다. 이것은 독자의 인생 여정길을 미리 볼 수 있는 교본이자 시그널(signal)이다. 충분히 고심하고 사색하여 엮었으므로 제목과 목차를 참고하여 일독하기 바란다.

저자 만호 류재양과 백암 전재규 박사 두 사람의 상이(相異)한 걸음 길에는 특이한 공통점이 몇 가지 있다. 우선, 한계효용 체감의 법칙을 꼽을 수 있다. 시간은 유한(有限)하나 돈은 무한(無限)하다는 사고와 화학반응 전 질량과 후 생성물질의 전 질량이 같다는 질량 불변의 법칙도 공통점으로 말하고 싶다. 또한 인체에 흐르는 전류 법칙으로 전압·전류, 저항(옴)의 법칙도 인술 처방법과 공통점이 있다.

저자는 전기모터 생산유통에 30년을 종사한 경력자이다. 생산공장의 모든 기계장치는 발전기(generator)에 출력되는 전기원동기(Motor)의 힘의 작용 없이는 가동, 즉 움직이지 못한다. 생산공장 기계를 작동시키는 모터 생산유통업 30년 경영의 유경험자로서 백암의 삶의 길이 상이하면서도 유사점과 공통점도 많이 발견할 수 있다는 점은 매우 눈길이 가는 지점이다. 전기공학이 인류 사회에 끼치는 영향력이 큰 만큼, 마취통증의학 역시 인류 사회에 큰 영향력을 가지고 있다.

저자 만호 류재양과 백암 전재규 박사는 복음 안에서 신학이라는 학문을 공부하는 동행길에서 만나 지금까지 연(緣)을 맺고 있다. 또한 이 연을 이어 함께 대신대학교 발전에 협동하는 여정길에 동행하고 있다. 앞으로의 여정길도 아름다운 동행길이 되기를 기원한다.

의인은 종려나무같이 번성하며 레바논의 백향목같이 성장하리로다
이는 여호와의 집에 심겼음이여 우리 하나님의 뜰 안에서 번성하리로다
늙어도 여전히 결실하며 진액이 풍족하고 빛이 청청하니
여호와의 정직하심과 나의 바위 되심과 그에게는 불의가 없음이 선포되리로다(시 92:12~14)

제8장

백암과 그리스도인의 애국심

The Garden of Jehovah-Jireh
At this location, a gentle hill outside the old walls of Daegu, Protestant Christianity was established and grew to become a major part of religious life in Korea. In 1899, three inspired American Presbyterian missionaries, Dr. James E. Adams, Dr. Woodbridge O. Johnson and Rev. Henry M. Bruen met at this site and blessed the site proclaiming 'the land we are standing on was provided by the Lord', and further, gazing below at the walled city of Daegu, proclaimed it as the 'Jerusalem where the Tower of David stands.'
A church and mission office as well as a medical clinic, where western medicine was first practiced in this region, were established at this location. The clinic was the predecessor to the present Dong San Medical Center. As foretold by the missionaries, this site became central to expanding the Christian church and ministries in Daegu and beyond.

1. 50사단 장병 정훈교육

백암 전재규 박사는 국군 50사단장 초청으로 장병 정훈교육에서 강의한 적이 있다. 백암은 최전방 사단에서 3년간 군의관으로 복무하면서 장병들을 치료하고 건강을 돌보았다. 또한 군부대 내에 군목의 부재로 인하여 군목을 대신하여 군인교회 강단에서 장병들에게 주일예배 때 설교하는 군종장교의 역할을 담당하면서 나라사랑 정신과 애국심에 관하여 강론한 적이 있었다. 백암은 평소 대한민국 역사문화운동본부 이사장의 풍부한 식견으로 향토 50사단 장병들에게 정훈교육 강사로서 애국심과 군인정신을 일깨워주었다. 국방력 강화를 위하여 군인정신과 그 존재감이 투철해야 국가방위 능력도 향상되고 국방이 견고해진다는 것이 그의 애국정신이다. 투철한 군인정신을 함양하기 위하여 정훈교육은 필수적이다.

우리 민족의 역사상 가장 많은 아픔과 희생과 인적, 물적 손상과 상처를 입게 한 동족상잔의 6·25 전쟁 이후, 전쟁의 실전을 경험해 보지 못한 지금의 세대는 전쟁에 대한 아픔과 참혹한 비극적 상황을 이해하지 못한다. 그래서 국방을 튼튼히 하고 나라를 지키는 일을 위해 생명을 버릴 수 있어야 한다는 것을 교육을 통해 깨달아야 한다. 이런 인식에서 벗어나 안일한 생각으로 국방의 의무를 감당하려 한다면 이는 국방력 향상에 상당한 손실이 될 수 있다. 국방을 책임지고 있는 군인들의 전술적인 면에서도 심리적으로 강인한 정신력으로 기선을 잡도록 군인의 사기를 높여야 하기에 반드시 정훈교육이 필요하다.

백암 전재규 박사는 전후 세대 군인들에게 사기진작과 자신감과 용기를 불어넣기 위하여 꼭 필요한 정훈교육에 시간과 물질을 바치며 헌신했다. 그의 이러한 애국정신은 국가 존립 이념의 정체성이 흔들리는 오늘날 애국을 행동으로 표시하기 위해 노구를 무릅쓰고 광화문광장, 8·15 집회에도 참석하여 나라바로세우기운동에 참여하기도 했다. 더 나아가 그는 조국 대한민국 건국이념의 자유민주주의 정체성 확립에 앞장서서 행동하는 애국자이며, 특히 대구 기독교 지도자들에게 청라정신 운동으로 시민의 애국정신을 일깨우려고 한다. 전재규 박사는 그가 연구한 논문과 저서를 보급하여 시민사회의 정신을 일깨우는 정신문화 계몽운동가로 평가될 수 있는 인물이다.

50사단 근현대 역사교육 강의 시 사단장과 참모

50사단 장병 교육 현장

2. 전재규 박사와 백선엽 장군 이야기

백선엽 장군(당시 국군 제1사단장)은 6·25 전쟁 당시 낙동강 전선까지 밀린 절체절명의 위기 상황에서 낙동강을 방어선으로 삼아 치열했던 전투를 지휘하여 북한 공산당 적들을 궤멸시키고, 북진하여 나라를 구하는 일에 진두지휘한 한국사에서 잊혀질 수 없는 명장이다. 전재규 박사는 백선엽 장군을 만나기 위해 서울 용산의 '6·25전쟁기념관'을 방문했다. 6·25 전쟁 당시 전재규 박사는 중학생이었다. 이때 그는 나이가 어린 탓에 직접 전투에 참여하지는 못했지만, 전쟁으로 인하여 고통스럽고 서러운 피난생활을 경험했다. 동족상잔의 처참한 비극을 그의 눈으로 직접 본 것이다. 그는 피난민들과 함께 고달픈 피난생활의 고통을 체험했기에 다시는 이 땅에 동족 간의 전쟁이 발발하지 못하게 철저하게 준비하는 것이 중요하다고 생각한다. 그래서 6·25 전쟁의 영웅인 백선엽 장군을 만나서 위로하고 후대 학생들의 학습을 위한 대화를 가졌던 것이다.

백선엽 장군과 나눈 대화의 주제는 다양했다. 그중에서도 특히 최후의 보루였던 낙동강 방어선과 왜관 철교 단절 그리고 치열하게 백병전을 펼쳤던 칠곡 다부동 전투가 대화의 중심이었다. 백선엽 장군은 다부동 전투 당시 최전방에서 전투를 지휘했다. 이때 국군 병사들의 사기진작을 위해 그는 권총을 빼들고 크게 외쳤다. "나를 따르라. 내가 후퇴하면 나를 쏴라!" 이러한 그의 애국과 희생정신이 칠곡 다부동 전투를 승리로 이끌었다. 나아가 낙동강 방어선을 사수하고 맥아더 장군의 인천상륙작전을 성공적으로 수행하는 데 큰 역할을 했다.

전재규 박사는 대구와 경북지역의 선교역사를 연구하는 역사학자로, 아래와 같은 연구를 진행하고 있다. 그는 대구 경북 근대 역사문화를 연구하면서 대한민국의 건국이념과 애국정신을 시민들에게 심으려고 노력하고 있다. 그는 묻혀있는 역사의 현장들을 찾고, 기록으로 남기며, 건국이념처럼 국민에게 기독교 정신을 심으려고 노력하고 있다. 그리스도인은 나라를 사랑하는 이들이다. 기독교의 역사의 심층에는 천국 백성들에 관한 하나님의 계획과 언약의 말씀이 흐르고 있으며, 이 언약의 말씀이 성경이다.

신구약 성경은 기록으로 남겨진 구속의 역사이다. 이 역사는 주님 오시는 그날까지 계속 이어져 갈 것이다. 복음의 역사는 예루살렘에서 출발하여 세계를 한 바퀴 돌아 한국에 이르러서는 대구를 제2의 예루살렘이 되게 하고 신앙의 꽃을 피우게 했다. 역사적 과정에서 그러한 하나님의 은혜를 체험한 대구 경북의 교회들이 그리스도인의 역사의 중요성을 깨닫지 못하고 지교회의 사역에만 몰두하고 있어 안타까울 뿐이다. 그러기에 해방과 6·25 전쟁을 전후하여 왕성하게 부흥했던 대구선교 초창기 역사를 연구하고 재조명하여 제2의 예루살렘 운동이 일어나기를 기대한다.

대신대학교 설립 당시의 여명기를 들여다본다는 것은 영남의 기독교 역사의 흐름을 이해하는 데 중요한 한 요인이 될 것이다. 의사인 누가는 사도행전과 누가복음을 기록할 때 각 상황의 단서부터 세밀하게 조사하였다. 역시 의사인 전재규 박사 또한 대구와 영남의 기독교 역사의 분명한 사실을 기록으로 남겨야 한다고 생각하고 있다. 2007년 6월 대신대학교 재단이사회는 대신대학교 역사의 편찬을 제안하였고 전재규 박사가 편찬위원장의 직무를 맡게 되었다. 편찬 업무를 착수한 지 이미 5년의 세월이 흘렀다. 전재규 박사가 역사편찬위원장을 맡아 이 일을 시작할 수 있었던 동기는 바로 대신대학교의 역사를 바로 세우기 위한 것이었다. 나아가 그는 우리 지역의 기독교 역사를 명확하게 정리하여 근대 기독교 역사의 중요성과 가치를 사실대로 인정받고 싶어했다.

1968년 3월 당시 비인가 신학교였던 대신대학교가 '동산성서학원'을 인수한 과정도 역사적 사실대로 규명하여 싶어했다. 따라서 역사편찬위원회는 먼저 대신대학교의 역사를 바르게 집필하여 대구 기독교의 역사를 바로 세우는 데에 일조하는 뜻을 모으게 된 것이다. 그동안 역사편찬위원회는 동창회를 위시해서 대신대학교 졸업생들을 비롯한 많은 사람과 논의하면서 더 많은 자료와 정보를 수집할 수 있었다. 구약 역사가가 열왕들의 행적을 논하다가 그 끝에 가서는 "나머지는 이스라엘 역대 지략에 기록되었다."라고 했던 것처럼 역사를 바르게 규명하여 대학의 정체성을 바로 세우는 일에 크게 공헌했다. 따라서 대신대학교 60년사는 대구 영남의 기독교 역사를 알리는 역대 약사(the book of chronicles)라 할 수 있다.

대구 기독교 역사를 강조하는 백암의 마음도 이처럼 특별히 유별하다. 그는 한 치의 오차도 용납하지 못하는 의사 본연의 정확한 진단으로 대구 기독교 역사를 고찰한다. 그는 특유의 꿰뚫는 눈빛으로 과녁을 명중하고 현미경으로 살펴보고 정확하게 기록하려는 무결한 성격의 소유자이다. 그는 곁길로 한 번도 가본 적 없고 외나무다리를 타고 걷듯 천로역정 길을 걷는 진실한 기독도이다. 또 한편 그는 이 시대의 현명한 철학자로 살아간다. 그가 가는 길 영광의 길 되어 세속의 풍조에 떠내려가는 이들, 갈 길 못 찾는 이들에게 사표가 되기에. 백암은 오늘도 여전히 선한 열매 맺어 향기를 발하므로 많은 이에게 귀감이 된다. 대한민국을 사랑하는 마음이 특별하여 낙동강 방어선 전투의 처참했던 6·25 전쟁 전적지, 왜관 낙동강의 허리가 잘린 채 단절된 철교와 다부동 전적지와 기념관과 강 상류에 낙동보 수문, 낙동대교, 상주 경천대, 자전거박물관 등 낙동강 관광벨트 조성에도 큰 관심을 두고 있다.

여호와께서 그의 보좌를 하늘에 세우시고 그의 왕권으로 만유를 다스리시도다
능력이 있어 여호와의 말씀을 행하며 그의 말씀의 소리를 듣는 여호와의 천사들이여
여호와를 송축하라 그에게 수종들며 그의 뜻을 행하는 모든 천군이여
여호와를 송축하라(시 103:19~21)

3. 6·25 전쟁과 소년학도병 이야기

1950년 6월 25일 한국전쟁 발발과 낙동강 방어선 수호와 칠곡 다부동 전투 및 영천 안강 전투에 소년학도병 참전 이야기는 잊혀질 수 없는 전쟁사의 드라마다. 영국, 미국, 프랑스가 참여한 제2차 세계대전에서 연합군이 승리함으로써 한반도는 1945년 8월 15일 일제강점에서 해방되었으나 남북이 분리되는 아픔이 발생했다. 남북은 북위 38도선을 경계로 북쪽은 공산당이 점령하여 통치를 시작했고, 남쪽은 1948년 5월 10일 유엔(UN) 감시하에 총선을 실시하여 1948년 8월 15일에 자유민주주의 이념에 근거하여 대한민국을 수립하였고, 초대 대통령 이승만 박사가 취임했다.

정부 수립 2년 차 소련 스탈린의 획책으로 북한 김일성 공산당 괴수가 적화통일 야욕을 가지고 1950년 6월 25일 주일 새벽 4시에 38선 경계선을 침범하여 철조망을 뚫고 전쟁을 일으켰다. 서울을 점령하고 그 여세로 파죽지세로 밀고 내려온 북한 인민군에 맞서 우리 국군은 최후의 저지선이 되는 낙동강 방어선과 다부동 전투와 영천, 안강 지역에서 형상강 방어선을 치고 치열하게 전투했다. 우리 국군이 대구를 방어하여 대한민국을 지켜낸 것은 낙동강 이남의 교회와 신자들이 열렬히 기도한 하늘의 응답이라고 할 수 있다.

그러나 핏빛으로 물든 역사의 강(江) 영천의 남천, 안강지구 전투, 포항 죽장에서 발원한 자호천이 영천 시가지로 흘러들어 남천이고 이 강이 금호강을 이룬다. 죽장에서부터 기계를 거쳐 안강으로 흘러가는 강이 형상강이고 포항 앞바다로 흘러간다. 영천으로 흘러내려 청푸른 여울을 남기고 서쪽을 틀면 북천과 북안천을 만나 강폭을 넓혀 금호강을 이루고 있다. 조양각의 그림자를 안고 흐르는 남천은 영천의 전쟁사를 오롯이 기억하는 역사의 강이다. 10세기에는 후백제 견훤이 강력한 군마를 앞세우고 신라 경주를 위협했지만, 남천을 두른 금강 산성은 영천을 지켜냈다. 임진왜란 때도 다르지 않았다.

1592년 7월 영천 고을의 백성들이 뭉친 의용군은 영천성을 점령하고 있던 일천여 명의 왜군들을 무릎 꿇게 했다. 남천에 몸을 의지한 공성 전투의 승리였다. 또 핏빛 물색을 안으로 재우고 유유히 흐르는 남천에서 을사늑약에 항거한 산남의진의 정환직 의병장의 처참한 주검을 되새겨야 보아야 한다.

40여 년 뒤 북한군이 영천을 밀고 들어와 낙엽처럼 쓰러져간 국군 전사자 앞에서 남천은 의분을 참지 못했다. 1950년 9월 5일부터 13일까지 9일 동안 영천을 지키던 국군 8사단은 북한군 15사단과 죽음으로 맞서 싸웠다. 전쟁이 일어난 지 겨우 한 달 사이에 국토의 90%와 7만여 명의 병력을 잃고 전쟁지도부는 낙동강까지 밀려났다. 마산, 왜관, 칠곡, 다부동에 이르는 낙동강 방어선과 영천, 영덕, 안강에 이르는 형상강 방어선을 구축하고 대구와 부산을 사수하려 했다. 이즈음 북한군은 국군과 유엔군이 낙동강 방어선을 구축하기 전에 신속하게 대구를 포위 섬멸하고 최종 목표인 부산을 점령하겠다는 총공세 계획을 하고 있었다. 북한군은 동원 가능한 모든 병력과 화력을 낙동강 방어선을 뚫는 데 집중했다. 그러나 부산을 조기에 점령한다는 목표가 뜻대로 진행되지 않자 북한군은 15사단을 다부동 전선에서 영천 방면으로 전환하고 대구를 우회 공격하기로 작전을 세웠다.

1950년 9월 2일 의성을 거쳐 죽장, 입암 남천 상류 영천으로 진군한 북한군은 영천을 점령한 다음 대구로 진격하려 했다. 그러나 영덕에서는 훈련도 없이 조국을 지키기 위해 총을 잡고 전투에 뛰어든 학도병들이 영덕으로 진입하는 작전을 전개했다. 이것은 북한 공산군을 유인하는 작전이었다. 안강벌에서 군번 없는 소년학도병들의 참가로 강력한 전투는 저항을 받아 공산군이 대구에 진입하지 못하도록 하였고 결국, 낙동강 방어선을 무력화시키겠다는 공산당의 작전이 무산되게 했다. 국군 8사단은 영천 동북방 보현산과 남천 상류 일대에 방어진을 구축하고 북의 보급로와 퇴로를 힘겹게 차단하고 있었다. 전투는 피차간 필사적이었다. 국군 8사단은 혼신을 다해 분전하였으나 결국 방어선이 무너졌고, 결국 북한군은 남천을 건너 영천 시가지로 들어서게 되었다.

늦은 여름비가 억수같이 쏟아지는 9월 초, 새벽부터 9일 동안 북한군 15사단과 접전한 국군 8사단은 영천 탈환에 사력을 다했다. 밤낮을 가리지 않았다. 낮에는 화력으로 밤에는 백병전으로 맞섰다. 총성이 울릴 때마다 온 산천에 곡소리가 따라 울렸다. 북한군과 국군과 밤낮을 번갈아 가면서 전세가 뒤바뀌기를 수차례 거듭하는 동안 온 거리 위에는 시체가 널부러져 있었고, 상가는 물론 공공기관도 무너져 폐허가 되었다. 주인을 잃은 남천강은 핏빛으로 흘렀고, 초가을의 강바람마저 총성에 부딪혀 흩어지며 비참함을 더했다. 치열한 공방 끝에 국군장병은 북한국 15사단을 밀어내기 시작했다.

그리하여 9월 10일 새벽 자호천이 굽어 내리는 영천의 동쪽 대의동과 조교동 일원 능금밭에 국군의 포탄이 집중적으로 쏟아졌다. 자욱한 안개 속으로 북한군 지휘관들의 신음소리가 들렸다. 그 속에서 숨가쁘게 병마를 달려 도망치는 장수의 그림자, 실루엣이 어슴푸레 윤곽 안을 검게 칠한 사람의 얼굴이 눈에 들어왔다. 국군 병사는 그를 향해 총을 겨누다 몹시 가냘프고 연약해 보여 애잔함에 총을 거두었다. 그런데 그가 도망가는 북한군 15사단장 박성철이었음을 훗날에 알게 되었다.

아아! 청사에 길이 빛날 장한 일이여! 영천을 탈환한 8사단 장병들은 서로 얼싸안으며 감격했다. 순간 죽지 않고 살아서 존재함을 실감하는 순간이었다. 국군은 여세를 몰아 남천의 동서남북 전투지역에서 적진을 쳐부수고 승전보를 전해왔다. 영천 전투의 승리는 전략적으로 낙동강 방어선을 지켜내는 것과 동시에 북한의 9월 공세를 무력화시킨 전과를 올린 전투였다. 그뿐만 아니라 낙동강 전선의 마지막이 된 영천 전투는 곧 전쟁 발발 이후 줄곧 수세에 몰리던 국군이 공세전으로 전환하는 계기가 된 것이다. 아름다운 강을 끼고 있는 도시가 적지 않다. 그 강은 도시 혹은 나라를 지키는 천혜의 방어선이 되어주기도 한다.

그래서 전쟁 지도자는 저마다 공방에 유리한 강을 차지하려 한다. 제1차 세계대전 때 마른강을 지켜낸 프랑스가 있는가 하면, 히틀러 또한 폴란드의 아름다운 휴양지 마수리안호를 활용하여 러시아를 좌초시키지 않았던가! 전쟁사는 강을 지키지 못한 도시는 적진에 빼앗긴다는 사실을 자명하게 알려준다. 강은 도시를 지키는 생태 그 이상의 보루이기 때문이다. 연둣빛 봄날을 안은 남천이 조용히 흐르고 있다. 조양각 앞을 돌아 서쪽으로, 서쪽으로 흐르면서 또 다른 미래를 꿈꾸며 흘러간다. 긴 세월 여러 무늬의 얼룩을 간직한 채 변함없이 흘러간다. 영천 시민들의 생기와 평화를 지키는 기적 같은 여울 무늬를 그리면서 지금도 흐르고 있다. 이 전쟁사에 관한 글은 육군 3사관학교 명예교수 김정식 『에피소드로 읽는 전쟁 톡톡』 중 일부에서 발췌하여 옮긴 것이다.

영천 전투에 참전한 국군장병들이 승리 후 휴식하는 장면

정직한 자에게는 흑암 중에 빛이 일어나나니
그는 자비롭고 긍휼이 많으며 의로운 이로다
은혜를 베풀며 꾸어 주는 자는 잘 되나니 그 일을 정의로 행하리로다
그는 영원히 흔들리지 아니함이여 의인은 영원히 기억되리로다(시편 112:4~6)

제9장

백암의 인생 여정 3막 3장

1. 인생 3막 1장

의사의 길 30년, 신학자의 길 30년, 교회 섬김의 길 30년, 백암 전재규 박사의 삶은 이처럼 3막의 큰 궤적을 그리고 있다. 그는 1937년 일제강점기로 불리는 수난의 시대에 태어났다. 당시엔 백성 대부분은 가난하고 힘겨웁게 살아가고 있었다. 얼마나 가난하냐면 기본적인 의식주조차도 해결하기 어려울 정도였다. 초근목피(草根木皮)로 생명을 부지하며 생존했다. 이러한 시대 한가운데 어느 시골 장터의 조그마한 골방에서 그가 큰 울음을 터뜨리며 태어났다. 그가 태어난 동네는 칠곡군 동명면 금암리이다. 이 지명을 순우리말로 각각 풀어보자면 '칠곡군'은 '옻골' 즉 '검은 골짝', '동명면'은 '밝아오는 동쪽', '금암리'는 '비단 바위 마을'이란 뜻을 가진다. 이렇게 풀이해 놓고 보니 그가 태어난 장소가 그저 그런 시골 장터의 어느 골방이 아니라 훨씬 더 비범한 탄생의 장소처럼 느껴진다. 그곳이 문화유산이 많은 동네라는 특징까지 떠올리니 훨씬 더 특별한 곳인 것 같다.

백암 전재규 박사는 유년기 때부터 명석하고 총명해 학교에서도 좋은 성적을 유지했다. 그는 고요하고 얌전한 특별한 성품으로 인해 중·고등학교 때부터 공부에 집중했다. 이후 그는 경북대학교 의과대학교에 진학하고 졸업하게 되었다. 졸업 후 자연스럽게 그는 선진 의료기술을 배우고자 하는 꿈을 품고 미국 유학길에 올랐다. 미국의 세인트루이스 시립병원의 인턴으로 미국 유학 생활을 시작했다. 그다음에 전임한 병원은 세인트루이스 의과대학 병원과 연결된 곳으로 '반즈병원'이라는 명성 있는 곳에서 인턴십 과정을 마쳤다. 이후 레지던트 과정을 위하여 클리블렌드 휴론로드병원 마취과에서 2년간 수련을 시작했다. 수련 기간이 끝날 무렵 그는 미국의 마취과 의사 필기시험에 합격했다.

이후 그는 클리블렌드 클리닉에서 6개월간의 소아 마취과정을 마친 후, 다시 휴론로드병원으로 돌아가 의사로서 일을 했다. 이 모든 과정을 거치고 나서야 마침내 그는 미국의 전문의사 구두시험 합격통지서를 받을 수 있었다. 그런 후에 그동안 헤어져 있던 가족과 합류하는 기쁨을 맛볼 수 있게 되었다. 드디어 온 가족이 함께 생활할 수 있게 되었다. 1968년 6월 한국에 있던 아내 강일혜가 두 딸을 데리고 미국으로 들어왔다. 당시에는 생활이 녹록지 않을 때였다. 특히 그의 생활 터전인 사택과 근무처인 애크론 아동병원까지의 거리는 상당히 멀었다. 그 거리를 매일 출퇴근하는 일은 쉽지 않았다. 더구나 추운 겨울이 되면 눈 쌓인 빙판길을 운전하다가 위험한 처지에 놓이는 일도 많았다. 그는 먼 길을 출퇴근하면서 몇 번이나 위험한 고비를 만나기도 했다. 눈 쌓인 빙판길을 운전하다 미끄러지는 일이 자주 있었다. 이런 사고는 특히 안전과 관련된 사고이기 때문에 그는 예민하게 긴장할 수밖에 없었다. 다행히도 몸이 상하거나 크게 다치는 일은 일어나지 않았다. 그는 그럴 때마다 위기를 모면하게 해주신 주님께 여러 번 감사기도를 드렸다.

1971년 6월 24일, 미국에서 귀한 선물 같은 아들(신석)이 태어났다. 아들이 태어나니 가정의 분위기는 더욱 화기애애하고 활력이 넘쳤다. 아들 신석의 탄생은 대로를 향해 활짝 열린 가문의 기운처럼 밝고 건강한 기세로 이어졌다. 이것이 가문이 씨를 이어가며, 신앙의 유산을 이어가는 가정의 축복이기도 하다. 애교 넘치고 가정을 온화하게 하여 웃음꽃을 피우는 딸들이 있기에 그는 더 행복했다. 딸들인 첫째와 둘째는 그가 군대 의무장교로 근무하던 시절 동산병원에서 태어났다. 한국에 계신 어머니는 내심 손자를 바라고 기대하는 마음이 컸다. 그러던 중 손자가 태어난 것이다. 그는 서둘러 국제전화로 어머니께 소식을 알렸다. 그는 '하나님께서 주신 믿음의 아들'이라는 뜻을 담아 '전신석'이라는 이름을 지어주었다. 이렇듯 미국에서의 생활은 자녀들을 양육하는 행복한 일상의 시간이었다. 비록 수입은 많지 않았지만 미래의 꿈과 신앙심, 그리고 딸과 아들이 큰 재산이었기 때문에 넉넉한 마음을 가지고 기쁜 가정생활을 보낼 수 있었다.

마른 떡 한 조각만 있고도 화목하는 것이 제육이 집에 가득하고도 다투는 것보다 나으니라(잠 17:1)

하나님의 부르심도 자연과 사람을 통하여 섭리하신다. 1972년 2월, 병원 근무를 마치고 집에 돌아오니 한국에서 한 통의 편지가 와 있었다. 전재규 박사 앞으로 온 편지였다. 바쁜 탓에 그는 그 편지를 바로 뜯어보지 못하고 한동안 그대로 책상 위에 두었다. 시간이 지나 문득 생각이 난 그는 책상 위의 편지를 찾아 읽었다. 봉투 겉면을 확인해 보니 한국에서 온 편지로, 발신자 난에는 하워드 마펫(Howard F. Moffett. M.D)이라는 이름이 적혀있었다. 그는 고개를 갸우뚱했다. 아무리 기억을 되짚어보아도 떠오르지 않는 낯선 이름이었기 때문이다. 그는 서둘러 편지봉투를 뜯어보았다. 편지는 서두에서부터 간곡한 목소리가 들리는 듯했다. 내용은 이러했다. 그처럼 신실한 그리스도인 의사가 미국에서 공부를 마치고 한국에 돌아와 반드시 조국을 위해 헌신해야 한다. 그러니 대구에 있는 동산기독병원에서 꼭 함께 일하고 싶다는 내용이었다.

편지의 내용을 확인한 순간 전재규 박사는 무척 기뻤다. 그리스도의 이름으로 세워진 동산기독병원에서 하나님의 나라를 확장하는 데에 기여하겠다는 삶의 목표가 그의 마음속에 뚜렷하게 일어나고 있었기 때문이다.

하지만 그는 전문의 구술시험을 앞둔 상태였다. 10월에 있을 그 시험을 마무리 지어야 비로소 모든 과정이 끝나게 되므로 그 전에 한국으로 귀국하는 것은 불가능한 상황이었다. 할 수 없이 그는 마펫 원장에게 편지를 써 전후 사정을 설명했다. 그 후 한 달 반이 지나 마펫 원장으로부터 답신이 왔다. 그렇다면 내년 1월부터는 어떻겠냐는 제안이었다. 마침 동산기독병원 마취과장인 김인현 선생이 서울에 있는 병원으로 전근 가게 되어 시기적으로도 딱 맞아떨어진다는 설명이 따라붙었다. 동산기독병원 근무를 확정하게 된 전재규 박사는 무사히 전문의 구술시험을 끝냈다. 한국으로 귀국하기 전 그는 펜실바니아 의과대학의 드립스(Dripps) 교수를 만나 인사를 나누었다. 드립스

교수는 필라델피아 장로교회가 계속해서 동산기독병원에 마취기를 기증할 수 있도록 주선해 준 사람이었다. 미국에서 만났던 귀한 동역자들에게 감사를 전한 그는 우체국으로 가서 한국으로 짐을 부쳤다. 이로써 한국으로 되돌아갈 채비를 모두 마쳤다.

1972년 12월 31일 전재규 박사는 만 6년 만에 한국으로 돌아왔다. 그는 서울에서 대구로 향하는 버스를 타고 긴 시간을 달렸다. 최순도 장로님을 위시한 많은 서현교회 교인들이 전재규 박사 가족의 마중을 위해 일찍부터 나와 있었다. 대구에 도착한 순간 그들은 오랫동안 보지 못하고 떨어져 지낸 시간을 회복할 듯 따뜻한 포옹을 나누었다. 전재규 박사는 동산기독병원 사택에서 첫날을 보내고, 한국에 와서 첫 주일을 서현교회에서 예배를 드렸다. 그 후로 백암은 지금까지 서현교회를 섬기고 있다. 그는 동산기독병원의 마취통증의학과 전문의사로 시작해 미국에서 배운 의술로 30년간 환자들에게 치유 사역과 그리스도의 사랑을 실천한 의사이다.

다른 한편으로 그는 아름다운 길을 걸어온 철학자이기도 하다. 그가 걸어온 발자취는 분명하게 많은 이들에게 귀감이 되고 있다. 그는 계명대학교 동산의료원의 마취통증의학과 과장으로, 의과대학생을 가르치는 교수로, 마취통증 임상학 연구학자로 많은 논문 및 전문 의학서와 소설, 단행본 등을 저술한 저술가이기도 하다. 백암의 전반부 인생인 3막 중 1막은 이렇듯 동산병원의 환자들을 하루 종일 만나고 치유하는 일과로 이어졌다. 환자들의 통증을 제어한다는 것은 매우 어려운 최첨단 의술이다. 만약 마취통증 의술이 없었다면 수많은 환자가 큰 고통에 빠졌을 것이다. 특히 장시간 수술하는 환자의 경우 그 통증은 상상하기도 어려울 것이다. 이제 우리 사회도 고령화 사회로 접어들면서 노령인구가 부쩍 늘어났다. 자연스레 통증 환자들도 함께 증가하면서 마취통증의학과를 둔 의과대학이 더욱 많아졌다. 이런 사회적 분위기 안에서 백암은 현존하는 마취통증의학과 의사 중의 대선배로서 후배들에게 큰 존경을 받고 있다. 이렇듯 그는 의사로서 환우들을 위해 봉사하며, 보람된 30년의 세월을 보냈다. 이것이 그의 인생 3막 중 1막이다.

우리의 연수가 칠십이요 강건하면 팔십이라도 그 연수의 자랑은 수고와 슬픔뿐이요
신속히 가니 우리가 날아가나이다
누가 주의 노여움의 능력을 알며 누가 주의 진노의 두려움을 알리이까
우리에게 우리 날 계수(計數)함을 가르치사 지혜로운 마음을 얻게 하소서(시 90:10~12)

2. 인생 3막 2장

3막 2장 여정의 길은 1장과 달리 스스로 선택한 길이 아니었다. 그것은 마치 피할 수 없는 숙명과도 같았다. 대신대학교의 이의근 총장이 서울 새마을 중앙회장으로 임명되면서 백암의 인생 3막 2장이 시작되었다. 대신대학교의 총장이 공석이 되자 학교법인 재단이사회는 총장 추천위원회를 구성하게 되었다. 당시 재단 이사회 서기였던 필자는 추천위원회의 서기 직무를 겸직하게 되어 총장 적임자 물색에 심혈을 기울였다. 필자는 6개월간 백방으로 추천자를 알아보았으나 적임자는 쉽게 나타나지 않았다. 초조해질 수밖에 없었다. 필자의 노력과 기도 끝에 마침내 만나게 된 분이 계명대학교 의과대학장을 역임한 백암 전재규 박사였다. 그는 필자의 노력으로 삼고초려 끝에 제5대 총장 청빙을 허락했다.

이렇게 총장 영입을 추진하던 중 위기가 찾아왔다. 전재규 박사의 계획과 비전을 제대로 알지 못한 노회파송 운영이사들 중 일부 부정적인 이사들의 반대가 있었기 때문이다. 이에 필자는 전재규 박사의 학교 발전계획과 비전을 이사들에게 소상히 설명하여 마침내 전재규 박사 총장추천서에 동의를 받아냈다. 백암은 총장 재임시 재정적 후원은 물론, 탁월한 경영 능력을 보여주었다. 특히 총장 재임 4년 동안 그가 기증한 재정은 우수한 인재를 배출하는 등 학교 발전에 큰 영향을 주었다. 그는 인재 양성 교육을 위해 교육환경 개선을 위한 하드웨어(Hardware)와 소프트웨어(Sorftware)를 갖추어 수준 높게 학교 발전에 기여했다.

이렇듯 백암의 인생 3막 2장에 해당하는 30년의 역사는 대신대학교 발전에 전력을 쏟았던 시기이다. 그는 미래를 내다보는 안목으로 특별히 인재 양성에 주력하여 수준 높은 교육사업에 전적으로 헌신하였다. 이러한 그의 헌신적 노력이 오늘의 대신대학교가 힘겨운 경쟁 속에서도 비상하게 했으며, 그는 대신대학교 명예의 전당의 제1호 공로자로 선정되었다. 게다가 그는 대신대 선교문화센터 건축비 일체를 헌납하여 지역 선교 자료 보존과 교육을 위한 선교문화센터를 짓고 있다. 이는 대구 경북 땅에 미국북장로교 선교사로 첫발을 내디딘 베어드 선교사를 비롯하여 이 지역의 선교와 교육과 사회발전에 기여한 선교사들의 발자취를 더듬어보고, 백 년이 넘는 교회들을 소개하여 그 고귀한 신앙 정신을 후세에 알리려는 노력의 일환이다. 사람이 한평생을 살아가는 과정을 조용히 생각해 보면 자신의 선택보다 초인간적 힘에 의한 필연이 삶을 영위해 가는 과정에 더 많은 영향을 끼치는 듯하다. 백암 역시 후자의 길을 걸어가고 있다. 백암의 인생 여정 3막 2장의 궤적을 남긴 기록들을 간추려본다.

○ 1981년 3월 대구신학교 수료, 대신대학교 석좌교수, 대신대학교 재단이사 역임

○ 2009년 7월 1일 대신대학교 제5대, 제6대 총장 및 대학원장 취임

○ 2009년 대학발전위원회를 조직하여 대학교의 미래발전을 위한 교지확보 (경산시 백천동 산8번지 임야 17,055㎡(5,160평 조성계획 승인됨)

○ 2010년 4월 12일 개교기념일에 포럼 개최

○ 2010년 7월 20일 일반대학원 신학박사(Ph. D) 과정 신설

○ 2010년 11월 9일 '기독교역사문화연구소' 개소

○ 2010년 12월 10일 경산시 백천동 산8번지 임야 17,055㎡(5,160평)을 매입함
(전재규 총장 사재 13억 원 헌금함)

○ 2011년 7월 1일 제6대 대신대학교 총장 연임

○ 2011년 8월 1일 대학부 입학정원을 125명으로 조정함(신학과 45명. 사회복지과 20명. 상담문화영어학부 20명. 음악학부 40명)

○ 2011년 9월 26일 음악치료연구소 개소

○ 2011년 12월 27일 경산시로부터 대학종합관 건축허가 승인

○ 2012년 2월 6일 '성지언어연구소' 개소

○ 2012년 10월 10일 대신대학교 60년사 출판감사예배

○ 2012년 11월 9일 대신대학교부설 '기독교역사문화연구소' 개소

○ 2012년 5월 30일 대신대학교 종합관 건축기공

○ 2013년 5월 30일 대신대학교 종합관 준공식

○ 2015년 5월 21일 대신대학교 종합관 사용 승인

○ 2015년 9월 8일 행정기관. 도서관, 신대원 강의실 모두 이전

백암은 이처럼 대신대학교 발전을 위해 노력했다. 특히 획기적인 종합 프로젝트를 개선하여 실제적인 일의 계획과 수행능력을 기르는 교육방법과 학습자가 스스로 계획하고 구상하여 문제를 해결하는 실천적 활동을 중요시함으로써 지식과 경험을 종합적으로 체득하도록 하는 목적을 대학발전의 핵심으로 생각했다. 백암은 신학을 공부한 신학자이자, 인성교육을 우선하는 교육자, 덕성과 철학을 겸비한 자로서 목회자 선교사를 양성하는 대신대학교에서 총장직무를 명예롭게 수행했으며, 지금도 명예총장으로서 학교 발전에 크게 공헌하고 있다. 이처럼 백암의 인생 여정 3막 2장은 대신대학교와 함께한 여정이다. 그는 개인 재산 65억 원을 헌금하여 대학 총장으로서 학교 발전에 이바지한 헌신과 과업들로 인생 3막 2장에 업적을 남겼다.

여호와는 나의 요새이시요 나의 하나님은 내가 피할 반석이시라(시 94:22)

3. 인생 3막 3장

백암 전재규 박사는 미국에서 6년의 세월을 보내고 한국으로 돌아와 동산기독병원에서 일하기 시작했다. 백암은 1973년 1월 첫 주일 대구서현교회에 출석한 후부터 지금까지 서현교회를 섬기고 있다. 이러한 과정에서 그는 장립집사, 시무장로, 원로장로라는 직분을 받아 60년간 교회를 섬겨왔다. 서현교회는 훌륭한 선배들이 많이 있다. 그중에서도 대구서현교회에는 동양 최대의 대리석 예배당을 건축하는 일에 재정적인 지원을 아끼지 않으셨던 정규만 장로님이 계셨다. 정규만 장로님은 '활신당한의원'을 경영하시면서 서현교회를 섬기신 아주 특별한 장로님이시다. 정규만 장로님은 교회뿐만 아니라 많은 사람에게 선한 영향력을 끼치신 분이시다. 그중에서도 특별한 일화로, 남루한 옷을 입고 구걸하는 거지들에게 밥상을 차려 극진하게 대접해 준 일은 유명하다. 가난한 신학생들에게 익명으로 장학금을 지급하여 졸업시켜 그들을 훌륭한 교역자로 양성하는 일에도 힘을 쏟았다. 또 시골의 미자립교회에 헌금을 보조하고 도움을 준 드러나지 않은 일도 상당히 많다.

사람은 현장에서 듣고, 보고, 배운 것을 반사적 행동으로 실천하면서 상대방을 닮아간다. 백암도 고(故) 정규만 장로님께 많은 것을 배워 실천함으로 장로님을 닮아가고 있는 듯하다. 백암과 강일혜 권사님은 특별한 자녀교육을 비롯하여 부부예절을 강조하는 건강한 가정이다. 백암의 가정은 그야말로 가화만사성(家和萬事成)의 모범적 가정이었다. 가정이 화평하고 건전해야 대외활동을 원활하게 할 수 있다는 철학도 있다. 이렇듯 백암은 교회와 사회를 섬기면서 선배들로부터 배운 바를 실천에 옮기고 있다. 특별히 백암은 한국교회와 세계 선교를 위한 교역자와 선교사를 양성하는 선지학교 대신대학교 총장 재임 시 많은 업적을 남겼다.

현재 진행형으로는 대구 교계 지도자들이 미처 생각하지 못하고 있던 한센병자들을 위해 '대구애락원'을 설립하고, 그들을 치료했던 아치볼트 플레처 선교사의 업적을 기리는 선교기념관 건축을 위해 정치계, 문화계, 기독교계의 지원을 요청하면서 홍보하고 있다. 또 대구에서 기독교가 남긴 근대 역사문화 유산들을 유네스코(UNESCO)에 등재하기 위해 국가적 차원의 지원을 위해 동분서주하고 있다. 대구를 중심으로 경북지방 곳곳에 남아있는 역사적인 교회들과 기독교 유적지들을 발굴하여 국내외 관심 있는 분들이 찾아와 돌아보도록 순례길을 조성하려는 일에도 힘을 쏟고 있다. 그 운동의 하나로 2022년 10월에는 『청라정신과 대구·경북 근대문화』라는 책을 발간하여 대구 기독교계와 정치계 그리고 문화계가 함께 참여하는 대회를 성대하게 개최했다. 이 대회에서 신대륙 미국을 건국한 청교도들의 정신과 대구의 청라정신 사이에 어떤 역사적 관련성이 있는가에 관한 연구를 발표하였다. 이 기념대회에서 전재규 박사와 황봉환 박사께서 공저로 출판한 책이 소개되었다.

이처럼 백암의 인생 3막 3장은 대구 교회의 지도자들과 대구의 기독교계와 문화계가 힘을 모아 이루어야 할 과제를 위해 진력하고 있는 내용을 담고 있다. 대구서현교회의 부흥과 발전을 위한 섬김 헌신의 정신은 대구 교회의 선교역사를 재발견하는 일에도 투영되고 있다. 백암의 이러한 노력은 대구가 '제2예루살렘'이라는 옛 영광을 회복하려는 주님을 향한 열정에서 비롯된 것이다. 그의 열정이 녹아내린 그곳에 묻혀진 보석들이 드러나 빛을 발하고, 보는 이로 하여금 주님의 위대한 역사에 찬양과 영광을 돌리는 그날이 속히 오길 기대한다. 이 위대한 과업이 이 시대에 이루어져 긴 세월에 묻혔던 복음 선교의 빛이 광명한 새벽 별처럼 빛나길 소망한다.

새 노래로 여호와께 노래하라 온 땅이여 여호와께 노래할지어다
여호와께 노래하여 그의 이름을 송축하며 그의 구원을 날마다 전파할지어다
그의 영광을 백성들 가운데에
그의 기이한 행적을 만민 가운데에 선포할지어다(시 96:1~3)

제10장

백암의 향기로운 인생 시론(詩論)

산
로서 19세기 말 미국
여 선교의 중심지가
사가 남문 안에 있던
은 천지를 창조하신
당시 대구의 읍성을
다고 하였다 그들의
설립되었고 대구가
루게 되었다.
The Garden of Jehovah-Jireh
At this location, a gentle hill outside the old walls of Daegu, Protestant Christianity was established and grew to become a major part of religious life in Korea. In 1899, three inspired American Presbyterian missionaries, Dr. James E. Adams, Dr. Woodbridge O. Johnson and Rev. Henry M. Bruen met at this site and blessed the site proclaiming 'the land we are standing on was provided by the Lord', and further, gazing below at the walled city of Daegu, proclaimed it as the 'Jerusalem where the Tower of David stands.'
A church and mission office as well as a medical clinic, where western medicine was first practiced in this region, were established at this location. The clinic was the predecessor to the present Dong San Medical Center. As foretold by the missionaries, this site became central to expanding the Christian church and ministries in Daegu and beyond.

1. 백암(白巖)의 뜻 – 전재규 대신대학교 총장 八旬 감사예배

作詩 晩湖 柳在陽

人生길, 나그네길, 그 가슴에 噴出되는 스승의 높은 뜻
식을 줄 모르는 活火山 마그마 같은 情熱을 품고 여미더니
구름에 가려 빠쭉이 웃으며 내미는 초승달을 보셨나요
새잎 피어나고 꽃 봉우리 터질 듯 쏟아지는 햇살을
정원에 소복이 담아두고
짙은 思索, 푸른 뜻을 정하여 숨고를 겨를도 없이 뛰고 오르더니
때마침 뭉게구름 피어나고 소낙비 내리던 그 날에도
청라언덕 오르내리며 生命使役 아끼더니
어느새 흐르는 溪谷물 反芻의 물결에 비치는 나그네
담봇짐 짊어진 老客을 응시하셨소
이제 멀찌감치 바라보는 날에 높디높은 黙示靈驗 받아
미완의 望臺 위에 오른 파수꾼의 이슬 젖은 오지랖을 보셨나요
전날에 가졌던 靑雲의 꿈, 깊은 샘물 길어 올려 築臺 쌓고
뜻 깊은 大神의 선지동산에 白巖의 얼 새겨놓고
이날에 오실 님 鶴首苦待 맞이하려 종종걸음 거닐면서
백자산 자락에 정녕 白巖의 魂, 一惠의 精神
아름다운 향기 아로새겨 놓았소

이 세상도 그 정욕도 지나가되 오직 하나님의 뜻을 행하는 자는
영원히 거하느니라(요일 2:17)

(2016. 7. 15.)

2. 백암(白巖)의 길 철학(哲學) – 백암 전재규 대신대학교 총장

作詩 晩湖 柳在陽

보리피리 꺾어 불던
青蘿언덕 누가 東山
仁術의 메스를 잡고 한 平生
귀밑머리 희어져 喜壽가 이루신 줄 진정 모르시오!
白巖先生!

그제는
民族精氣 일깨우고
대구 3·1 독립운동의 正體를 밝히시더니
이제는 청솔언덕 栢泉의 先知東山 옹달샘에
도끼날을 浮上시켜 白夜夢 이루었소.
黙示靈驗 盤石 위에 玉盒을 깨뜨리시어

白巖의 魂
아로새겨 놓았으니
감동의 心腸 뛰고 있음이여!
주님을 향한 선생의 단심을 아늑한 栢紫山 자락에
고이 담으소서

(2011. 5. 29.)

3. 백암(白巖)의 투혼(鬪魂)

作詩 晩湖 柳在陽

仝身甲冑 입고 이상을 높이어
재능과 총명 지혜 卓越하게 받아
규율과 준칙의 저울에 均衡잡고

대신대의 崇高한 名譽의 전당에
신비롭고 아름다움 일깨워주니
대대손손 길이 榮光길 이어지니

명예롭게 오늘도 높은 뜻 정하여
예사롭지 않게 玉盒을 깨뜨려
당신께 바치오니 총총히 밝히는

하늘의 별빛같이 保存되어
장구한 歷史에 길이 남기우리라

(2020. 12. 5.)

4. 청라(담쟁이)

作詩 晩湖 柳在陽

담벽에 말없이 잡고 오르는
너 늙은 노파 애처롭게 쳐다본다

가느다란 줄기 넓고 기름진 잎
너를 쳐다보면 가슴 철렁한다

나의 심신이 너처럼 가냘프다
말없이 훨훨 날개짓 하고 싶다

내 마음을 누가 알아주려는가
잡으면 놓지 않는 강한 너의 손
바람에 나풀거리는 너의 모습
푸른 별빛처럼 나를 반겨준다

은빛 담쟁이를 닮아보려 한다
너를 보고 마음 졸여 하는 소녀
오늘도 향수 젖은 청라언덕 길
너를 바라보며 끈기를 발한다

포기치 않고 정상을 점령하려
너에게 배운 저력에 감복한다
나 지금 너처럼 벽 오르려 한다

5. 대하(大河)

作詩 晩湖 柳在陽

대하(大河)는 말없이 넘실거리며 흐르고
어디서 어디로 무엇 하려 가는지를
도대체 뉘게 그 사연들을 알아보랴

봄 보슬비 여름 소낙비 알고 있을까
찾고 찾고 찾으면 그가 내게 말하리

강물은 유유히 쉬임없이 흘러가고
물고기 서식하고 어부 배 띄우라고
세상 모든 이치는 톱니바퀴 짝짓듯
모든 피조물은 짝을 짓고 살아간다

인생 삶도 신의 섭리로 짝지어 가리
흐르는 강물 많은 사람 배 태워가고

먹구름 떠올라 장대비 내리게 하여
사막에 강을 광야에 길을 내게 하니

흘러가는 세월에 의미를 새겨줘요
그대 이름 지워지지 않고 녹명 되소

대하는 오늘도 도도하게 흘러간다

(2022. 8. 8.)

6. 향기 짙은 인생 여정

作詩 晩湖 柳在陽

그대의 인생관 어느 곳에 초점을 맞추어 살아오셨소
청솔 향기 짙푸른 청산 이였소 기름진 들판옥토였소

짙푸른 산속에는 맑은 샘 솟아나고 산새들 목적신다
은빛 찬란히 빛나는 들판에는 야생화꽃이 피어있어
짙은향기 인생여정 걸어온 삶의 길 궤적도 뚜렷하다

걸어온 선지동산 사도의 길이었고 대하의 강이었소
천성을 향해 가는 기독도의 길에는 짙은 향기였다오

서산 해넘어 가기 전 가슴속에 뒀던 비밀을 풀어놓고
저장고 깊은 곳에 감추어두었던 아름다운 이야기도
가슴아리는 나그네 구수한 숭녕 한 그릇 대접해줘요

인생여정 주는이 행복하고 받는이 생기가 돋아난다
나그네 길목에 기쁘게 즐겁게 함께 행복을 누리소서

(2022. 8. 9.)

7. 사랑의 향기를 담은 기도시(祈禱詩)

作詩 晩湖 柳在陽

창문 너머로 가을 국화 향기가 짙게 들어 옵니다. 내 가슴에 좀 더 머물게 하고 싶어 심호흡을 합니다. 향기 바람을 타고 옵니다. 냄새를 맡으면 바람이 어디를 다녀 왔는지 알 수 있습니다. 누구와 있었는지도 알게 됩니다. 장미꽃밭을 지나온 바람에게는 장미 향기 배어있습니다.

바다를 다녀온 바람에게는 바다 내음이 묻어있고, 솔밭에서 놀다 온 바람에게는 싱그러운 솔 향기가 가득합니다. 사람에게도 살아온 삶의 여정에 짙게배인 향기 있습니다. 그 향기를 맡으면 그 사람이 어떤 인생을 살아왔는지 알 수 있습니다. 어디서 누구와 함께 하였는지 삶의 향기를 통해 느낄 수 있습니다.

말씀을 잘 몰라도 기도가 부족해도 주위에 있는 사람들을 사랑으로 섬긴다면 예수님은 그 사람과 더 오랫동안 머물 것입니다. 그래서 사랑으로 함께하는 사람에게는 예수님의 향기가 배어납니다. 세상에는 주님의 향기가 나는 사람을 기다리는 곳이 많습니다. 그곳을 향해서 주님의 말씀과 사랑을 가지고 사랑의 향기로 전해지기를 기도하며, 그 향기가 그곳 모든 사람에게 희망이 되기를 소망합니다.

오늘도 가야 하는 길이 있습니다. 지금까지 주님의 은혜 가운데 사랑과 섬김이 여기까지 왔습니다. 여기까지 오는 동안 몇몇 길은 거쳐 오지 않았으면 좋았을 것을 하면서도 힘들고 어려운 그 길을 지나 여기까지 왔습니다. 그 길을 지나오며 더욱 기도하게 하셨으며, 더욱 주님의 사랑과 은혜를 경험하게 되었고, 감사하는 삶으로 인도해 주셨습니다.

지금 어렵고 힘든 길을 걷고 계십니까? 어려운 그 길에서 주님을 만나실 수 있기를 기도합니다. 주님의 뜻에 나의 모든 것을 맡기실 수 있기를 바랍니다. 그러면 분명 우리를 축복의 길로 인도하실 것입니다. 하나님 섭리는 항상 가장 현명한 방법으로 이루어주실 것입니다.

주님!

어려운 시기에 인생 여정의 길을 인도하셔서 사랑의 향기로, 사랑의 빛으로, 여정의 길을 가게 하소서. 발길이 닿는 곳에 주님의 말씀과 사랑으로 물들게 하셔서 그곳 사람들이 주님 만나는 감격의 시간으로 인도해 주시옵소서.

아직도 부족한 부분을 사랑과 섬김들로 기도로 채워가려고 합니다. 주신 사명을 잘 감당하게 인도하옵소서. 부족한 종에게 주님의 일에 쓰임받도록 하심에 감사드리며, 여기까지 인도해 주신 예수님의 이름으로 기도드립니다.

사랑 향기 퍼뜨리는 기도시

나는 이름을 나타내기보다는 이름 없는 무명이 되고 싶습니다. 나는 이 세상에서 가장 낮은 자가 바로 나였으면 좋겠습니다. 그리고 이웃의 발을 제일 먼저 씻어주는 사람이 바로 나였으면 좋겠습니다.

사랑은 모든 사람을 행복하게 하는 것, 나는 정말 이 세상을 아름답게 하는 사랑의 향기가 되고 싶습니다. 오늘도 사랑의 향기를 전하는 사람이 되시기를 바랍니다.

인생 여정의 향기와 인생의 걸어온 발자취는 하얀 모래사장 위에 뚜벅뚜벅 만들어놓은 발자국이지만 밀물과 썰물이란 세월에 흘러 씻기고 씻기어 사라져갑니다. 행복은 목표를 가지고 그 꿈이 이루어져 나갈 때 찾아오는 것을 실감했던 때입니다.

〈시론 뜻 풀이〉

우리 인생 나그네길, 목표점을 어느 방향으로 정하고 지금까지 달려온 인생길에 어떤 삶의 애환이 녹아있는지를 회상한다. 믿음의 조상 아브라함처럼 산지를 택하였는지, 롯(Lot)처럼 비옥한 들판을 택하였는지, 영원한 영적 세계를 사모하며 살아왔는지, 눈에 보이는 물질을 바라보고 살아왔는지, 짙푸른 성산에서 말씀의 생수를 마시며, 천성을 향해 가는 기독도의 삶이었는지, 은빛 찬란하고 화려한 들판에 꽃길을 향해 세속의 길을 살았는지를 추적할 때 지나간 발자국 뚜렷한 궤적을 남긴 당신(백암)은 옳은 길 걸어온 사도의 삶이 확실하다.

선지동산에서는 큰 강이 되었고, 기독도의 길에는 짙은 향기를 풍기는 삶이었다. 인생 종착역에 도달하기 전 간직한 모든 체험은 간증으로 풀어놓고 받은 은혜의 선물들도 뜻있게 사용하였다. 나그네 인생에게 따뜻한 위로를 베풀어주었으니 행복감을 누리고, 받은 자에게 생명의 용기를 주었으니, 전도자의 삶은 나그네길에 천성을 향해 가는 기독도의 길을 의미하는 감동의 시들이다.

제11장

백암의 저서에 대한 만호(晩湖)의 서평

1.『너도 가서 그리하라』

晩湖 柳在陽

소설의 작가는 당시의 현장을 직접 눈으로 보지 못하면 세월에 넘실댄 썰물과 밀물 같은 파도에 당시의 모든 족적(足跡)이 모래사장에 파묻혀 버리고 말 것을 안다. 하지만 작가는 아무것도 보이지 않는 현재의 시점에서 100년 전의 현장 모습을 글로 되새기도록 만드는 재능의 소유자이다. 소설을 쓰는 작가는 약간의 구전만으로도 역사의 땅속 깊숙이 파묻혔던 사료 조각을 찾아내어 최대한 원형과 같이 복원시키는 재능이 있다. 이렇듯 흔적도 없는 옛날 일들을 생동감 있게 그려내고, 문학적 표현을 살려 이야기를 제작하는 것은 소설을 쓰는 작가만의 천재적 능력이라고도 할 수 있겠다.

청라언덕과 애락원에 해당하는 그곳에 작가가 직접 가보지 못했어도, 작가는 당시의 현장을 직접 본 것처럼, 현장감 있게 잘 표현해내는 것이 글솜씨 좋은 명작가이다. 소설 작가는 현장을 예사롭게 보지 않는다. 따라서 작가는 그런 역사의 조각을 이어붙여서 원래의 모양대로 회복시키는 조각가와 같다고 할까! 즉, 마치 부서진 집을 복원해 내는 도목수들처럼 옛날 일들을 생동감 있는 그림으로 다시 제작해 내는 천재적 기술의 소유자다. 이 책의 작가는 청라언덕 그곳에 가보지 않았어도 눈으로 직접 본 것처럼 현장감을 잘 표현해 내는 솜씨 좋은 글쟁이라 생각된다. 다른 측면으로 생각하면 재료만 주면 어려운 요리도 척척 만들어내는 일류 요리사 같기도 하고, 광산의 금맥을 찾아내는 광부 같기도 하다.

백암의 저서인 역사소설『너도 가서 그리하라』는 당시 한센병 환자를 치유하기 위하여 병원을 설립한 아치볼드 플레처 선교사의 이야기를 담고 있다. 그 당시 한센병 환자들은 가정과 부모형제들에게조차 외면당하였고, 이웃 사람들에게도 천대받아 뼈에 사무친 애환이 그들의 삶 속에 담겨있다. 플레처는 미국인임에도 많은 고통과 어려움을 받던 조선 땅의 한센병 환자들을 애처롭게 생각했다. 당시 조선 대구 땅 밤고개 언덕에 위치한 내당동은 도토리나무와 밤나무로 숲이 무성한 곳이었다. 플레처 선교사는 이곳에 한센병 환자들을 위한 치료병원을 설립하여 '대구애락원'이라 명명했다. 이곳에서 병자들을 치료해 주고, 그들에게 생명의 복음을 전하여 주었던 귀중한 일은 미국 선교사들만이 할 수 있는 귀중한 선물이었다.

해방 후, 비 오는 날 그곳 밤고개 애락원 근처를 혼자 지날 때면 머리끝이 쭈뼛해질 정도로 두려움을 가진 적도 있었다. 소설에는 소록도 강제수용소에서 탈출한 이들이 지옥 같은 곳에서 나와 천국 같은 대구 내당동 애락원에 입소하는 과정까지가 생생하게 담겨있다. 망망한 바다를 지나 거칠고 황량한 들판 길을 걷고, 천신만고 끝에 대구 칠성동의 신천교 밑에서 밤을 보냈던 그들의 삶이 생생하게 드러난다. 이들이 내당동 애락원에 도착했던 과정은 지옥을 탈출하여 에덴동산에 이르는 것처럼 역경과 사선을 넘어온 용사의 모습과 같다.

플레처 선교사의 높은 뜻은 하나님의 특별한 사랑을 받은 자만이 이행할 수 있는 위대한 과업이다. 이 소설에는 100년 전 애락원을 설립하여 당시 한센병 환자들을 그리스도의 사랑으로 치료해 주었던 의료선교사들의 헌신된 모습이 담겨있다. 이는 소록도 강제수용소에서 인격을 박탈당한 환자들과는 다른, 비유하자면 천국과 지옥에 견줄 정도로 큰 차이가 나는 생활 환경을 보여주고 있다.

애락원에서 치료받은 환자들은 대부분 음성에 해당하는 이들이었다. 이 소설을 쓸 당시 필자는 소설의 공저자인 백암과 김진환 작가와 동행하여 칠곡군 낙산동 한센병 환자들이 거주했던 낙산교회와 신촌교회를 답사한 적이 있다. 이때 현재 교인들의 이야기와 환자들의 당시 상황에 관한 이야기를 들을 수 있었다. 이는 소설을 쓰기 위한 작업으로 매우 진지하게 경청했던 기억이 새롭다. 시작은 미약하나 나중이 창대하게 되리라 하심과 같이 소설이 완성되어 필자는 출판기념행사에도 참석하여 진심을 담아 축하했다. 공저자 두 분의 노고에 깊이 감사한다. 더 뜻깊은 일은 소설 『너도 가서 그리하라』는 서울에 소재하고 있는 일본인교회 목사님이 일본어로 번역하여 일본 동경을 비롯하여 여러 도시의 서점에서 독자의 호평을 받고 있다고 한다. 이 책에는 일본인, 미국인 선교사, 한국인 한센병 환자 등 3개국의 국민이 소설 속 인물로 등장하고 있다. 이 소설은, 3개국의 상황과 해당 국민의 상관관계가 묘하게 표현되어 있다는 점이 특이하다. 플레처 선교사의 뜻을 기리고, 기독교 정신의 숭고한 뜻이 담겨있는 책이기에 많은 이가 읽고 소개하기 바란다.

의인을 위하여 빛을 뿌리고 마음이 정직한 자를 위하여 기쁨을 뿌리시는도다 의인이여 너희는 여호와로 말미암아 기뻐하며 그 거룩한 이름에 감사할지어다(시 97:11~12)

2. 『내 집이 평안할지어다』(Peace Be with this House)

晩湖 柳在陽

본서의 제목에 담겨진 의미는 복음 안에서 그리스도를 만난 한 가정에 관한 신앙 이야기로 독자의 마음을 사로잡을 뿐만 아니라 감동을 받게 한다. 책을 펼쳐보기 전에는 언뜻 평온한 가정을 기대하게 하는 제목이요, 신비로운 상상력을 통해 가정의 참 평안이 어떠한 것인가를 상상할 수 있는 제목이라 생각한다. 책을 저술할 때는 먼저, 제목에 큰 의미를 담아 독자로 하여금 관심을 끌도록 하여 책을 완독할 수 있도록 이끌어간다. 세계적 문호들이 저술한 책의 제목도 확연하게 눈에 띄는 점이 있다. 가령 톨스토이의 '부활', 펄벅의 '대지', 존 밀턴의 '실낙원', 윌리엄 셰익스피어의 '베니스의 상인', '햄릿', '오셀로' 그리고 '로미오와 줄리엣' 등을 들 수 있다.

이 저서의 제목은 성경 누가복음 10장 5~6절의 내용에서 얻은 백암의 성경적 아이디어이다.

어느 집에 들어가든지 먼저 말하되 이 집이 평안할지어다 하라 만일 평안을 받을 사람이 거기 있으면 너희의 평안이 그에게 머물 것이요 그렇지 않으면 너희에게로 돌아오리라

백암은 신학을 연구한 학자로서 성경 본문의 내용에서 이 책의 제목을 정한 것으로 생각한다. 이 책에서 의미하는 바는 가정 구성원들이 가질 수 있는 마음의 평안과 내적 질서와 안정된 가정과 사회의 중요성을 드러내려는 것이다. 백암은 이 저술이 신자뿐만 아니라 불신자 모두의 마음에 다가갈 수 있기를 바라는 마음에서 쓴 글이라고 서술하고 있다. 이처럼 이 책은 그가 살아온 신앙생활을 글로 정리하였으며, 교회와 병원에서 지도자로 활동하면서

성경 말씀을 연구하여 분석하고, 삶에 적용하도록 다듬어 설교로 엮어놓은 것이다. 특히 가정에서의 삶은 신앙의 철학이 되고, 교육상의 가훈이 되어 내 가족사가 되기를 바라는 마음으로 저술한 동기를 이야기하고 있다는 점을 확인할 수 있다. 자기 자신에게 외치는 설교의 형식을 취했다는 점이 이 책이 가진 큰 특징이다. 이 책의 내용은 그의 개인적 역사이고, 또한 개인 신앙의 철학이라고 저자는 고백하고 있다. 또 사랑하는 아내와 딸 은애, 은주 그리고 아들 신석에게 보내는 편지로 생각하고 쓴 적나라한 그의 신앙을 고백하는 마음으로 설파하는 신앙고백서이기도 하다.

이 책 1부는 '가정과 교회와 병원과 함께'라는 소주제로 시작한다. 예수님이 칠십인 제자들을 둘씩 짝지어 세우시고, 동리로 복음전파를 위해 보내시면서 그들에게 특별히 당부하신 말씀으로 "이 집이 평안할지어다."라고 하신 말씀으로 시작한다. 그러나 사도 바울의 고백처럼 인생은 "오호라 나는 곤고한 사람이로다. 이 사망의 몸에서 누가 나를 건져내랴"(롬 7:24)고 탄식한다. 이 탄식은 평안을 파괴하는 죄로 인한 불의, 추악, 탐욕, 시기 질투, 살인 분쟁, 사기 악독, 비방 능욕, 교만 자랑, 우매무지, 질투 갈등에서 벗어나고자 하는 마음을 설명하며, 참 평안을 갈구하는 인생의 대표적 절규를 담고 있다. 하나님의 말씀은 모든 인생에게 하나님의 평강과 평화를 맛보라고 외친다.

예수 그리스도는 살렘 왕이니 곧 평강의 왕이시다(히 7:2). 그는 "지극히 높은 곳에서는 하나님께 영광이요 땅에서는 하나님이 기뻐하신 사람들 중에 평화로다"(눅 2:14) "모든 지각에 뛰어난 하나님의 평강이 그리스도 예수 안에서 너희 마음과 생각을 지키시리라"(빌 4:7) 예수 그리스도의 평강, 평안, 평화가 신자들의 마음과 생각에 임한다. 바울은 "사랑과 평강의 하나님이 너희와 함께 계시리라"(고후 13:11)고 기록했다. 그는 "평강이 있기를 원하노라"(고후 1:2) 그리고 "주 예수 그리스도의 은혜와 하나님의 사랑과 성령의 교통하심이 너희 무리와 함께 있을지어다"(고후 13:13)라고 했다.

"**감추인 만나와 흰 돌**"이라는 주제는 요한계시록 2장 17절에 기록된 말씀에 기초하여 설교한 내용이다.

> 이기는 그에게는 내가 감추었던 만나를 주고 또 흰 돌을 줄 터인데 그 돌 위에 새 이름을 기록한 것이 있나니 받는 자밖에는 그 이름을 알 사람이 없느니라(계 2:17)

백암은 이 설교에서 예수 그리스도를 통한 적극적이고 긍정적인 생활 태도를 배우고 경건한 삶을 살아갈 것을 권면한다. 그러기 위해서는 고요한 명상 속에서 기도할 것과 하나님의 말씀을 읽으며 명상하고 기쁨으로 감사하는 생활을 습관화할 것을 전하고 있다. 고독을 창조하는 생활, 인간 내면의 마음을 정리정돈하게 하고 생활을 준수하게 실천하도록 요구하는 설교이다. 병원 업무와 교회 봉사 그리고 책을 집필하고 연구 논문을 발표해야 하는 쫓기는 시간 속에서도 그가 외치려고 하는 "주는 그리스도시요 살아계신 하나님의 아들이십니다.", "의인은 오직 믿음으로 살 것입니다.", "전에도 계셨고 이제도 계시며 영원히 살아계시는 그리스도의 증인으로 살 것입니다."라고 신앙을 고백하는 저자의 깊은 내면으로부터 전해지는 말씀은 독자에게 큰 감동을 줄 것이다.

이 책 제2부는 '말씀과 함께'라는 소주제로 담아냈다. '말씀과 함께' 속에는 9개의 제목을 따라 성경의 신학적 의미, 본문에 대한 해석, 삶에서의 적용에 이르기까지 저자의 학문적 재능을 유감없이 발휘하고 있다. 특별히 '큰 비밀'이란 주제로 다룬 설교에서 저자는 성경의 가르침을 토대로 "모든 사람은 결혼을 귀히 여기고 침소를 더럽히지 않게 하라. 음행하는 자들과 간음하는 자들을 하나님이 심판하시리라"(히 13:4)는 말씀에 강조점을 두고 풀어나간다.

혼인은 창조주께서 인간에서 주신 큰 비밀이요, 축복이다. 남녀의 이성(二性)을 통해 가정을 이루어 창조주가 허락하신 세상에서 그분의 이름을 빛내며 살도록 하려는 것이다. 따라서 성경은 "그러므로 사람이 부모를 떠나 그의 아내와 합하여 둘이 한 육체가 될지니 이 비밀이 크도다"(엡 5:31)라고 했다.

이렇게 시작된 가정생활은 서로 이해하려는 노력이 필요하며, 믿음 안에서만 아름다운 가정으로 발전해 갈 수 있다. 가정의 축복도 하나님 사랑 안에서 얻을 수 있다. 부부의 생활이란 침소를 더럽히지 않는 사랑의 보금자리여야 한다. 부부는 몸을 깨끗이 하여 침소에 들며, 사랑의 전인적인 관계는 육체적이고 영적 교제가 조화롭게 이루어질 때 완성된다. 삶의 과정에서 서로 이해하려는 자세를 가져야 하며, 피차 상대방의 요구를 거절하지 말아야 한다는 점을 강조한다.

저자가 마지막 장에서 다룬 '신앙하는 갈대'란 주제의 설교는 마태복음 11장 7~9절의 말씀을 토대로 풀어나가는 인생론이다.

예수께서 무리에게 요한에 대하여 말씀하시되 너희가 무엇을 보려고 광야에 나갔더냐 바람에 흔들리는 갈대냐 그러면 너희가 무엇을 보려고 나갔더냐 부드러운 옷 입은 사람이냐 부드러운 옷을 입은 사람들은 왕궁에 있느니라 그러면 너희가 어찌하여 나갔더냐 선지자를 보기 위함이었더냐 옳다 내가 너희에게 이르노니 선지자보다 더 나은 자니라(마 11:7~9)

저자는 이 설교에서 인생은 연약한 갈대와 같다고 비유했다. 그러면서 약한 존재만이 아니라 인생은 긍정적 갈대, 인생은 생각하는 갈대, 인생은 살아있는 갈대, 인생은 신앙하는 갈대로 변화를 만들어낼 수 있는 갈대란 것이다. 갈대와 같은 연약한 인생이나 예수 그리스도는 연약한 그에게 모든 가능성을 제공해 주고, 영생과 구원을 얻게 하는 능력이 된다는 것이다. 바로 십자가의 도가 구원 얻은 우리에게 하나님의 능력이 된다는 점을 상기시켜 주고 있다.

인생은 그 날이 풀과 같으며 그 영화가 들의 꽃과 같도다
그것은 바람이 지나면 없어지나니 그 있던 자리도 다시 알지 못하거니와
여호와의 인자하심은 자기를 경외하는 자에게 영원부터 영원까지 이르며

그의 공의는 자손의 자손에게 이르리니
곧 그의 언약을 지키고 그의 법도를 기억하여 행하는 자에게로다
여호와께서 그의 보좌를 하늘에 세우시고
그의 왕권으로 만유를 다스리시도다(시 103:15~19)

3. 백암과 마포화열(Howard F. Moffett)의 아름다운 인연

– 백암 전재규 박사와 마포화열 동산병원장과의 인연

백암이 대구 땅을 떠나 미국 유학길에 오른 지 6년이란 세월이 흘러갔다. 그는 미국에서 인턴십, 레지던트 과정을 마치고, 그가 전문분야로 선택한 마취통증의학의 전문의가 되기 위한 자격시험에 도전했다. 백암의 모든 가족이 미국 생활에 어느 정도 적응하고 안정된 생활을 하고 있을 무렵이었다. 어느 날(1972년 2월) 병원에서 퇴근하여 집에 돌아와 보니 한국에서 백암 전재규 앞으로 편지가 한 통 와 그를 기다리고 있었다. 봉투를 보니 발신지 난에 영어로 하워드 마펫(Howard F. Moffett. M.D)이라고 쓰여 있었다. 편지의 내용은 전재규 박사처럼 신실한 그리스도인 의사가 미국에서 공부를 마치고 한국으로 돌아와 조국을 위해서 헌신해야 한다는 간곡한 요청이 담겨있었다. 대구에 있는 동산기독병원에 적합한 인물인 전재규 박사와 함께 일하고 싶다는 내용도 포함되어 있었다.

백암은 미국에서 모든 과정을 마치고, 전문의 자격증도 받고 난 후 이런 제안을 받게 되어 좋은 기회라고 생각했다. 하나님의 뜻으로 미국 선교사들에 의해 세워진 동산기독병원에서 하나님의 나라를 확장하는 데 기여해야 하겠다는 삶의 목표가 그의 마음속에서 뚜렷하게 일어났다. 그는 가족과 1972년 12월 31일 귀국하여 동산기독병원 사택에서 첫날을 지내고, 다음 날인 1973년 1월 1일부터 설레는 마음으로 그의 첫 업무를 시작했다. 백암은 하워드 마펫과 한동안 함께 병원에서 일하게 되었다. 하워드 마펫은 1948년 대구 동산병원장으로 임명되었다.[1] 1949년에 동산병원의 직원 수가 132명에 달할 정도 발전했다(의사 14명, 수련의 7명, 재학 중인 간호원 17명, 간호학원을 나온 간호원 22명). 이때 미국북장로교 해외선교부에서 파견된 위원단은 대구 동

---

1 하워드 마펫, 김영호 엮음, 『동산기독병원의 초기 역사와 선교보고』 (서울 미션아카데미, 2016), 123.

산병원을 시찰 후 이렇게 평가했다.

> 당시의 대구병원은 괄목할 만한 기념물이 될 수 있었다. 특히 오랜 세월 동안 헌신한 플레처 박사 부부의 노고와 또 선구자적인 역할을 한 모든 선교사들과 한국인들, 그리고 또한 그분들과 함께 봉사했던 동시대 사람들에 대한 기념비적 문화유산이었다.[2]

하워드 마펫은 한국전쟁이 발발한 후 미국 공군에 입대하게 되어 그의 뒤를 이어 키네스 스콧 박사가 잠시 동산병원을 섬겼다. 동산병원은 그의 첫 선교지였다. 하워드 마펫이 1957년 여름에 동산병원 원장직에 복귀하자 스콧은 같은 해에 서울 세브란스병원으로 옮겨갔다.[3] 그 후 마펫은 1976년까지 28년간 동산병원을 섬겼고, 학교법인 계명기독대학 이사장과 계명대학교 동산의료원 협동의료원장으로 1993년 1월 15일까지 45년간 동산기독병원을 섬겼다.[4] 하워드 마펫이 동산병원에 근무할 당시 백암 전재규 박사도 동산기독병원 마취통증의학과 의사로 근무하고 있었다.

'한국 장로교회의 아버지 사무엘 마펫(Samuel A. Moffett)'에 관한 글을 크리스찬 타임지에 기고한 바 있는 정정숙 박사(총신대 명예교수)는 이렇게 이야기하고 있다. 한국교회는 장로교 중심의 교회라고 하여도 무리가 아닐 것이다. 한국교회의 70% 정도가 '장로교회'라는 간판을 걸고 있다. 미국 북장로교, 남장로교, 호주장로교, 캐나다장로교 등 한국에 파송된 장로교 선교사들은 '하나의 장로교회'를 만들었다. 1907년 대한예수교장로회(독노회)를 조직하고, 1912년에 조선예수교장로회 총회가 조직되어 이 땅에 하나님의 나라를 확장하는 사역을 감당했다. 2021년까지 '장로교회'란 간판을 붙인 교단의 수를 300개로 추정하고 있다. 300개로 추정하는 것은 〈교회주소록〉을 매년 발행하는 언론기관의 집계에 따른 것이다.

---

2 Ibid.

3 Ibid., 128.

4 Ibid., 16. 하워드 마펫은 2013년 6월 2일 미국에서 하나님의 부르심을 받았으며, 유언에 따라 2013년 9월 25일에 사랑하는 사모님과 함께 대구 동산기독병원 은혜의 정원에 안장되었다.

한국의 장로교회가 시작될 때 많은 선교사가 복음 전도에 헌신했다. 그중 핵심적인 인물이 하워드 마펫의 아버지인 사무엘 마펫(Samuel A. Moffett, 1864~1939, 마포삼열, 馬布三悅))이었다. 그에게는 '동방의 예루살렘 평양 선교의 아버지' 또는 '한국 장로교회의 아버지'라는 별명이 따라다녔다. 그는 1864년 1월 25일 미국 인디애나주 매디슨에서 출생하여 그곳에서 성장했다. 그는 하노버대학에서 화학을 전공한 후 맥코믹신학교(McComick Seminary)에 진학하여 1888년에 졸업했다.

그의 동기생 중에는 윌리엄 베어드(William M. Baird, 배위량), 다니엘 기포드(Daniel L. Gifford, 기보) 등이 한국 선교사로 파송 받아 사역했다. 맥코믹신학교 출신들이 한국에서 선교사로 많이 활동했다. 1892년 졸업생 그래함 리(Graham Lee, 이길함, 李吉咸), 사무엘 무어(Samuel F. Moore, 모삼열, 牟三悅), 스왈렌(William L. Swallen, 소안론, 蘇安論) 등이 한국에서 선교사로 사역했고, 1895년에 아담스(James E. Adams, 안의와, 安義窩), 1900년 번하이젤(Charles F. Bernheisel, 편하설, 片夏薛), 1901년 블레어(William N. Blair, 방위량, 邦緯良)과 바레트(William M. Barlett, 박위렴, 朴緯廉), 1902년 클락(Charles A. Clark, 곽안련, 郭安連) 등이 내한하여 한국 선교를 주도적으로 이끌어나가는 이른바 '맥코믹 사단'이 되었다.

마펫은 신학교를 졸업한 후 1년간 미주리주 애플톤(Appleton)에 있는 한 교회를 섬기다가 한국 선교의 꿈을 안고 26세의 나이로 한국에 도착했다(1948년 11월). 그는 한국에 도착하자마자 아펜젤러와 헐버트와 함께 서울을 떠나서 평양으로 갔다. 기차가 개통되기 전이어서 6일간 말을 타고 여행하였고, 우기여서 황주에서 강을 건너다가 죽을 고비를 넘기기도 했다. 마펫은 평양에 2주일을 머물면서 대동강변의 한 여관에 머물게 되었는데, 박영식(朴永植)이라는 사람이 토마스 선교사가 뿌린 한문 성경을 주워서 자기 집 벽을 도배하였는데 이 집을 최치량(崔致良)이 사서 여관으로 개업했다. 최치량은 예수를 믿은 후 마펫의 동역자가 되었다. 마펫은 1891년 2월부터 5월까지 약 3개월간 2차 전도 여행을 했다. 게일과 서상륜과 함께 서울을 떠나 평양과 의

주를 거쳐서 중국 봉천(奉天, 지금의 심양)에 도착했다.

중국 봉천에서 존 로스(John Ross, 나요한, 羅約翰) 선교사를 만나서 북방 지역의 사역에 대하여 들었고, 성경 번역을 통해서 선교공동체가 형성되어 있다는 것을 알게 되었다. 그 후 선교지부를 의주(義州)에 세우게 해달라고 선교본부에 건의하여 1893년에 평양에 가옥을 구입하고, 선교지부를 설치하는 데 성공했다. 그러나 초기의 평양 선교는 순조롭지 못했다. 선교사를 돕던 조사들이 체포되어 생명의 위험을 느끼기도 했다. 역설적인 사건이 일어났다. 1894년에 일어난 청·일(淸·日)전쟁이 평양 선교의 문을 여는 기회가 되었던 것이다. 폐허가 된 평양을 복구하고 환자를 치료하는 데 마펫과 제임스 홀(William James Hall, 가락, 賀樂)이 앞장서서 본격적인 선교사역을 할 수 있게 되었던 것이다. 마펫은 1893년 6월에 한석진(韓錫晋)과 최치량 등 교인 4~5명과 함께 널다리골에 집 한 채를 사서 예배를 드렸는데 이것이 평양 최초의 교회인 장대현교회(章臺峴敎會, 널다리교회라고도 불림)이다.

1899년에는 장대현에 새로운 예배당을 세우고 마펫이 제1대 담임목사가 되었다. 장대현교회는 후에 남대현교회, 사창골교회, 산정현교회를 개척하여 평양의 모(母)교회로서 선교사역에 헌신했다. 마펫의 사역 가운데 가장 돋보이는 것은 평양신학교의 설립이다. 교회가 늘어나자 교역자 양성의 필요성이 대두되었다. 마펫은 평양 서문 밖에 6천여 평의 부지를 마련하고 신학교를 설립했다. 1901년 5월 평양 장대현교회 장로 방기창(邦基昌)과 김종섭(金宗燮)을 학생으로 받아들이고 마펫의 집에서 시작한 이 학교는 1907년에 제1회 7명의 졸업생을 배출하고 목사로 장립하여 독노회를 조직하기에 이르렀다. 1909년에는 신학생이 130명이 될 정도로 발전했다.

마펫은 1904년 평양신학교 초대교장으로 취임하여 24년간 교장으로 재직하며 4백 명이 넘는 졸업생을 배출하여 한국 장로교회의 기틀을 마련했다. 그는 또 숭실(崇實)중학교, 숭실대학, 숭의(崇義)여자중학교를 세우는 일에 지원하여 기독교 학교교육을 확산시켜 나갔던 인물이다. 1930년 장로교 제18회 총회는 마펫 선교 40주년을 기념하여 '마펫 선교 40주년 기념사업회'를 조직하고, 1935년에는 한국 교인들의 헌금으로 '마포삼열(馬布三悅) 기념관'을 세우기도 했다.

마펫의 아내 엘리스(Alice F. Moffett, 1870~1912)는 1897년 미국북장로교 소속 의료선교사로 한국에 왔고, 1898년부터 평양에서 의료선교를 하면서 부녀자들을 위한 성경반을 조직하고, 외국인학교와 평양 남맹(男盲)학교에서 봉사하다가 1912년에 하나님의 부르심을 받았다. 1916년 평양에서 출생한 아들 휴 마펫(Samuel Hugh Moffett, 마삼락, 馬三樂)은 미국 휘튼대학, 프린스턴신학교, 예일대학에서 공부한 후 코네티컷에서 목회하다가 1947년 중국 선교사로, 1955년 한국 선교사로 와서 안동(安東)에서 3년간 사역하다가 1959년부터 장로회신학대학 교수로 봉사했으며, 후일에 미국 프린스턴신학교 교수가 되었다. 1917년 평양에서 출생한 아들 하워드(Howard F. Moffett, 마포화열, 馬布和烈)는 미국에서 의학을 공부하고 1948년 의료선교사로 내한하여 대구 동산병원에서 봉사했으며, 병원장, 이사장을 역임했다. 한국을 위해 온 가족이 복음의 헌신자가 되었다.

능력이 있어 여호와의 말씀을 행하며 그의 말씀의 소리를 듣는 여호와의 천사들이여
여호와를 송축하라
그에게 수종들며 그의 뜻을 행하는 모든 천군이여 여호와를 송축하라
여호와의 지으심을 받고 그가 다스리시는 모든 곳에 있는 너희여
여호와를 송축하라 내 영혼아 여호와를 송축하라(시 103:20~22)

제12장

백암의 업적과 예배

1. 전재규 박사 대신대학교 총장 취임예배

일시: 2009년 7월 7일 11시

장소: 대신대학교 인문관 4층 강당

사회: 재단이사장 김신길 박사

설교: 총회장 최병남 목사(대전중앙교회 담임)

예 배 순 서

기원기도 …………………… 운영부이사장 신현철 목사

기　도 …………………… 총동창회장 배광식 목사

성경봉독 ………… 고전 13:13 ………… 재단이사 박상민 장로

설　교 ………… 성경의 핵심 ………… 총회장 최병남 목사

취임서약 …………………… 총장 전재규 박사

취 임 사 …………………… 총장 전재규 박사

축　사 …………………… 칼빈대 총장 길자연 목사

축　사 …………………… 부총회장 서정배 목사

특　송 …………………… 바리톤 방성택

광　고 …………………… 기획처장 김성빈 교수

축　도 …………………… 운영이사장 김재국 목사

백암의 신학대학 총장 취임과 평가

한 사람의 인생 궤적은 그만한 결단과 노력으로 쌓여진 것이다. 태어나서 성장해 나가는 과정에는 전문 학문, 지식, 수학, 과학, 기술, 문화예술, 컴퓨터 지구환경, 우주 법칙 천체에 대하여도 배우고 습득하는 시간적 과정을 거친다. 일정한 시간이 지나면 배우고 습득한 것을 사용하고 전달하는 시간적 소요를 거치게 된다. 또 일정한 시간이 지나면 존재하던 것이 소멸되는 것이 물질세계의 이치이다. 그러나 성경은 이렇게 기록하고 있다.

위로부터 오시는 이는 만물 위에 계시고 땅에서 난 이는 땅에 속하여 땅에 속한 것을 말하느니라 하늘로부터 오시는 이는 만물 위에 계시나니 그가 친히 보고 들은 것을 증언하되 그의 증언을 받는 자가 없도다 그의 증언을 받는 자는 하나님이 참되시다는 것을 인쳤느니라 하나님이 보내신 이는 하나님의 말씀을 하나니 이는 하나님이 성령을 한량없이 주심이니라 아버지께서 아들을 사랑하사 만물을 다 그의 손에 주셨으니 아들을 믿는 자에게는 영생이 있고 아들에게 순종하지 아니하는 자는 영생을 보지 못하고 도리어 하나님의 진노가 그 위에 머물러 있느니라(요 3:31~36)

하나님이 세상을 이처럼 사랑하사 독생자를 주셨으니 이는 그를 믿는 자마다 멸망하지 않고 영생을 얻게 하려 하심이라 하나님이 그 아들을 세상에 보내신 것은 세상을 심판하려 하심이 아니요, 그로 말미암아 세상이 구원을 받게 하려 하심이라(요 3:16~17)

전재규 박사는 대신대학교 제4대 총장 취임 선서를 하고 취임 행사를 마치게 됨과 동시 총장으로서 부가된 중책 또한 막중하였기에 취임 과정에서도 어려운 고비를 넘겼다. 그는 어려움에 직면할 때마다 잠언 16장 3절의 말씀 "너의 행사를 여호와께 맡기라. 그리하면 네가 경영하는 것이 이루어지리라."는 말씀을 붙잡고 기도했다고 한다. 그가 특별히 사랑하는 성경은 아래와 같다.

우리가 알거니와 하나님을 사랑하는 자 곧 그의 뜻대로 부르심을 입은 자들에게는
모든 것이 합력하여 선(善)을 이루느니라(롬 8:28)

주의 말씀은 내 발에 등이요 내 길에 빛이니이다(시 119:105)

전재규 총장은 취임 이후 대지 5,130평을 사재로 매입하여 그 지상에 건평 1,800평 규모로 신대원 강의실, 교수연구실, 세미나실, 교직원행정실, 도서관 서고를 완비하고, 본 대학교 진입로를 확장하는 일에 혼신의 노력을 다했다. 이로써 대학의 면학 분위기가 한층 고조되었다. 또 학교의 시설 확충으로 업무 공간 개선과 환경을 획기적 발전시켜 백자산 동산 위에 우뚝 세워진 대신대학교로 명예와 위상을 높이게 했다. 지혜와 능력을 갖춘 리더 한 사람의 생각과 역할로 인해 시대를 바꾸고 역사의식을 새롭게 이끌어가는 것을 확연히 볼 수 있다. 변화와 개혁의 성화의 불을 높이 들고 구성원 모두가 전진하고 전진해 나갈 것이라 소망한다.

그는 생명을 치료하는 의사이자, 신학대학교를 경영하는 총장으로, 복음을 전하는 설교자로, 의학전문 서적과 신학과 관련된 다양한 책을 쓰는 저자로서 사회와 세상을 일깨우는 데 하나님께 쓰임 받는 신실한 청지기이다. 그의 철학은 단순정결하여 청빈낙도로 살아가는 이 시대의 모범된 철학자로 칭송받기에 합당하다.

그는 한 방울의 수돗물도 아껴 쓰고, 집 안에서 쉴 때 전등 하나조차도 끄는 절약형 생활습관이 몸에 배어있다. 그는 새벽을 깨우는 새벽기도의 사람으로 부지런하여 매일 아침 와룡산을 등정하여 명상(瞑想)시간을 가지고 그가 섬기는 대구서현교회를 위하여 기도하는 것이 하루의 첫 일과이다. 그는 아주 소탈하여 그가 그리고 싶은 그림 이야기를 가까운 친구에게는 솔직하게 이야기한다. 그중에 떠 오르는 몇 가지 생각을 기록으로 남긴다.

그는 대구의 성시화를 위하여 이렇게 외친다.

첫째, "대구는 예루살렘이다."라고 계속 외치며 대구의 예루살렘 회복운동을 염원한다.

둘째, 대구에 의료선교사로 와서 동산병원 제2대 원장 재임과 대구경북의 한센병 환자를 치료하고 돌보기 위해 대구애락원을 설립한 플레처 선교사 기념관 건립을 위해 기도한다.

셋째, 대구 경북 기독교 선교 순례길 만들고, 대신대학교 선교역사관을 건립하여 지역사회에 기독교 역사문화를 소개하는 일을 위해 기도한다.

넷째, 그는 반려자 강일혜 권사의 유언에 따라 대구서현교회 부활동산을 아름답게 조성하려고 개보수공사를 진행하고 있다. 이 모든 일은 주님께 받은 은혜와 사랑에 보답하려는 그의 확고한 신앙에서 비롯된 것이다.

2. 대신대학교 종합관 완공감사예배

일시: 2013년 5월 30일 오전 11시

장소: 대신대학교 종합관

사회: 운영이사장 이정인 목사

예 배 순 서

기　원 ·· 사회자

찬　송 ······················ 35장 ··························· 다 같이

기　도 ·· 동창회장 장태운 목사

성경봉독 ·················· 행 17:16~21 ················ 경산중앙교회 김종원 목사

설　교 ············· 오늘의 아덴을 향한 준비 ·············· 범어교회 장열일 목사

인　사 ·· 총장 전재규 장로

축　사 ·· 김관용 경상북도지사

축　사 ·· 최영조 경산시장

축　사 ·· 반야월교회 이승희 목사

격 려 사 ·· 성덕교회 윤희주 목사

광　고 ·· 기획처장 이경실 교수

찬　송 ······················ 210장 ························· 다 같이

축　도 ·· 전 운영이사장 김재국 목사

2부 축하 행사

감사패 증정 ·· 총장 전재규 박사

테이프 커팅 ·· 순서자 및 내빈

기 념 촬 영 ·· 다 같이

종합관 건축일지

전재규 박사는 대신대학교의 총장으로 취임할 때부터 학교의 발전과 면학 분위기와 교수들의 연구실적을 높여 명문사학 글로벌 대학으로 도약하기 위해 우선 교육환경 개선을 시도했다. 먼저 현대식 건물을 신축하여, 인성과 창의성 중심의 글로벌 인재 양성 목표와 독보적 입시 실적으로 지역사회가 기대하는 인재를 양성, 배출하며 글로벌 인재 양성에 주력했다. 이를 통해 선교의 빚을 갚고 세계복음화의 전진 기지 역할을 하도록 했다. 개혁보수 신앙 보류의 정초지 역할을 하는 대학종합관이 필요했던 것은 오래된 숙원사업이었기에 그가 오래전부터 생각하고 추진하기를 염원하고 기획하여 본 학교 대지 북동쪽에 접해있는 경산시 소유 국유지 산(山)을 불하받았다. 여기에 교육환경의 현대화를 위해 대학 구성원들 모두가 개별적 사무집행을 통해 융복합형 상호소통하는 방식으로 능률을 높였다. 상하종횡, 종합적 업무가 가능한 클러스터 방식으로 업무기능을 추진할 수 있도록 하는 종합관 건축 공사가 시작된 것이다.

종합관을 건축하여 다용도 시설이 필요하지만, 대학교의 종합관 건축비로 보유하고 있는 재정은 설계도면상 예상 총건축비의 보유 재정 중 절반에도 못 미쳤기에 현실적 형편이 난제에 처한 상황이었다. 그리하여 본 대학법인 이사회에서 건축 추진 안건이 상정되었으나 건축비를 충당할 비용이 부족하여 몇 번이나 유보가 되었다.

대학종합관을 건축하여 다용도 기구로 사용해야 본 대학교가 생존을 위해 지속적으로 발전, 운영해 나가는 데 필수불가결한 일이라고 생각되었다. 그래서 본 대학교의 총체적 경영 책임자로서 종합관 건축이 대학 미래발전의 토대가 된다고 그는 확신했다. '2030 Vision'의 집합체의 측도로 확신하는 전재규 총장의 생각과 당시 대학종합관 건축추진본부장인 필자의 생각이 합치되어 두 사람의 합작으로 재단이사회에 종합관 건축안을 강력하게 요청하게 되었다. 그리하여 마침내 2011년 11월 20일 이사회에서 설계대로 종합관을 건축하기로 김영운 이사 동의와 김동수 이사 제청으로 가결하였다. 2012

년 4월 10일 시공사로 선정한 ㈜삼아종합건설회사와 도급공사 표준계약서를 체결하고 2012년 5월 30일 종합관 건립기공예배를 드렸고 2013년 5월 30일 종합관(본관) 완공 감사예배를 드림으로써 무재해 무사고로 만 1년 기간에 완공하게 되었다.

종합관 건축 추진 상황으로 재단이사회와 건축추진위원회를 중심으로 하여 건축비 후원 헌금을 협조하기로 의견을 모았고 대내 교직원과 학생들도 자원하여 헌금에 동참하기로 하였다. 특별히 교단총회로부터 2억 원의 후원금을 받은 것에는 증경총회장 서기행 목사님과 당시 총무 황규철 목사님의 협조가 있었다. 또 본 교단 대구 경북지역 교회의 목사님과 장로님, 지역 내 사업 하시는 장로님들과 성도님들의 협조로 모금액 50여 억 원 헌금을 지원받았다. 종합관 건물 건축비와 내부 인테리어 경비와 도서관 서재함, 철집기 및 5층 세미나실 인테리어 및 의자 구입 배치와 조경 정비 등 총건축비 90여 억 원이 소요되었다. 특히 공사 총감독을 맡아주신 서현교회 강문명 장로님께서 선지학교에 헌신하는 마음으로 아무 대가 없이 수고해 주심에 진심으로 감사드린다. 설계는 미래종합 건축(대표 김문열), 시공은 ㈜삼아종합건설(대표 배청)이다. 배청 회장님과 조병대 사장님과 현장 박 소장님과 소속 직원들이 최선을 다해 건물을 준공해 주셔서 감사드린다.

경산시 백천동 백자산 자락에 우뚝 세워진 대신대학교 종합관을 통하여 밤하늘의 별 같은 인재들이 배출되어 민족복음화에 기여하고, 세계를 복음화하는 데 사도 바울 같은 전도자들이 배출되기를 기원드리며, 전재규 명예총장 가정의 자녀와 후손들 위에 성삼위 하나님 은혜 충만 있기를 기원한다.

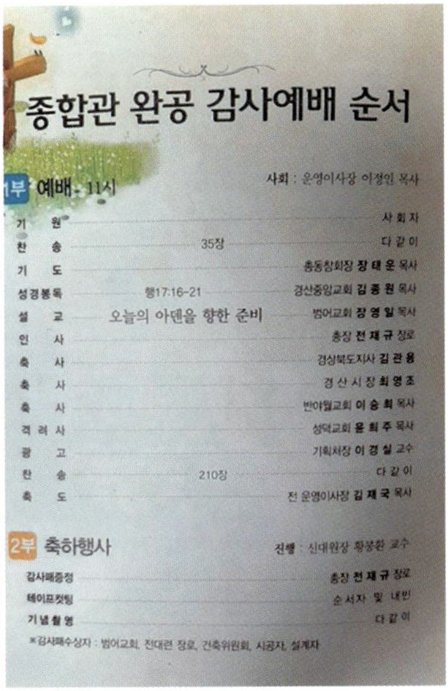

종합관 완공 감사예배 순서

1부 예배 - 11시 사회 : 운영이사장 이정인 목사

기 원		사회자
찬 송	35장	다 같이
기 도		총동창회장 장태운 목사
성경봉독	행17:16-21	경산중앙교회 김종원 목사
설 교	오늘의 아덴을 향한 준비	범어교회 장영일 목사
인 사		총장 전재규 장로
축 사		경상북도지사 김관용
축 사		경산시장 최영조
축 사		반야월교회 이승희 목사
격 려 사		성덕교회 윤희주 목사
광 고		기획처장 이경실 교수
찬 송	210장	다 같이
축 도		전 운영이사장 김재국 목사

2부 축하행사 진행 : 신대원장 황봉환 교수

감사패증정	총장 전재규 장로
테이프컷팅	순서자 및 내빈
기념촬영	다 같이

※감사패수상자 : 범어교회, 전대련 장로, 건축위원회, 시공자, 설계자

3. 전재규 박사 회고록 출판예배

일시: 2021년 4월 12일 11시

장소: 본교 인문관 4층

사회: 최대해 총장

예 배 순 서

묵도			다 같이
찬송	1장		다 같이
기도			명예이사 류재양 장로
성경봉독	욥 23:10~14		사회자
설교	그가 아신 나의 인생길		전 부총장 황봉환 목사
서평			달서교회 박창식 목사
축사			운영이사장 이희만 목사
격려사			영남신학대학교 권용근 총장
감사패 증정			뉴룩스 대표 하영웅 목사
축하화환 증정			교직원 대표
광고			사회자
찬송	214장		다 같이
축도			재단부이사장 김재국 목사

전재규 박사 회고록 약술

백암 전재규 박사는 하나님의 은혜로 의사로 소명 받고 사랑의 의술을 베풀어왔으며, 그가 배운 선진 의료기술을 널리 퍼뜨렸다. 오로지 하나님의 말씀 아래 치우침 없이 곧은 길을 달리며 우리나라 마취통증의학과의 시작을 이끌며, '한국호스피스협회' 초대 이사장으로서 핵심 역할을 담당했다. 신앙에서 피어난 끈기로 의학과 신학을 아우르며 계명대학교 동산의료원에서는 의과대학 학장으로 대신대학교에서는 총장으로 하나님의 인도를 실천해 왔다. 30년의 세월 동안 의사로서 진심을 담아 기도와 정성으로 환자들에게 따뜻한 위로를 전달해 왔다. 2001년 동산의료원 박물관장으로 임명된 이후, 그는 본격적으로 역사 계승에 뜻을 품었다. 특히 대구 3·1운동길 조성과 기독교 문화 운동에 앞장섰다. 1980년에는 우리나라 최초로 나이지리아 해외 선교에 힘을 쓰기도 했다. 1988년 '척추마취임상'을 시작으로 다수의 마취 관련 의학서를 썼으며, 40여 권의 넓은 저작 활동을 전개했다.

… 류재양 명예이사 기도문 …

"하나님은 우리의 피난처시요 힘이시니, 환란 중에 만날 큰 도움이시라." 전능하신 하나님 아버지, 극진한 사랑과 생명을 구원하여 영생을 주신 하나님 은혜에 감사드립니다. 특별히 오늘은 본 대신대학교 개교 67주년 기념과 전재규 본교 명예총장 회고록 출판감사예배를 드리게 하여 주심에 하나님께 영광과 감사를 드립니다.

본교가 오늘 여기에 이르기까지 수많은 난관과 역경을 극복하여 오면서 변신에 변화를 거듭하여 학문 경건 사랑 건학이념을 기초로 삼고 진리의 기둥과 터가 되는 반석 위에 사명자를 배출하는 큰 집을 우뚝 세워주신 에벤에셀 하나님께 감사드립니다.

또 이 시대에 우리가 심기일전 사명 감당으로 미래를 지향하는 본 대학교 최대해 총장이 세운 '2030 New Vison'과 이상(理想)이 실현되기를 간절히 기도합니다. 본 대학교의 역사의 대전환기에 주님의 소명에 부응하여 쓰임 받는 신앙의 거장들을 주님 기억하여 주옵소서.

본교 선지동산 대신대학교 역사의 한 페이지에 지울 수 없는 전재규 명예총장 헌신의 발자취가 녹아있음을 감사드립니다. 지금까지 걸어온 명예총장 전재규 박사의 인생 일대기의 행적과 수많은 사연을 기술한 회고록을 출판하게 됨을 감사드립니다.

확고한 신앙과 역경 속에 지혜로 의학을 전공하여 한평생 아프고 가난한 사람들을 위하여 인술을 펼친 의사로, 또 대구 근대 역사 연구한 사학자로, 본 대학교에 헌신과 봉사를 몸소 실천에 옮긴 삶에 투철한 정신 길이 빛나기를 기도합니다.

오늘 말씀 선포와 찬양과 모든 순서 하나님께 영광 돌리며, 참여한 모든 분께도 감사와 기쁨이 넘치게 하옵소서. '포스트'(post) 코로나 이후 복음의 새로운 시대로 시온의 대로가 활짝 열리기를 기도드립니다. 주님이 베풀어 주신 은혜에 감사드리며, 우리 구주 예수 그리스도의 이름으로 기도합니다. 아멘.

… 회고록 출판예배 설교 전문 …

설교: 황봉환 교수(전 대신대학교 부총장)

19세기 초 스코틀랜드 에든버러 대학교 뉴칼리지(New College)의 학장이었던 탁월한 역사 신학자 윌리엄 커닝함(William Cunningham)의 글은 '역사를 만드는 것은 시대와 사건이고, 역사를 꽃피우는 것은 사람이며, 그 사람을 통해 기록된 글은 역사의 열매'라는 역사의 중요성을 깨닫게 합니다. 누구든지 지나온 삶의 과정에서 겪은 일들을 회상하며, 써 내려간 자서전 격인 글이 '회고록'(memoir)입니다. '회고록(回顧錄)'은 한 인생이 살아온 삶의 파노라마를 한 편의 드라마처럼 엮어나가고, 화폭(畫幅)의 그림처럼 한 점 한 점 찍어낸 삶의 애환(哀歡)이 고스란히 배어있는 감동적인 글입니다. 회고록을 읽는 독자들이 한 개인이 살아온 삶의 역사를 회고하는 것은 그 글을 통해 가치 있고 중요한 유익을 얻음과 동시에 도전을 받을 수 있기 때문입니다.

오늘 우리는 공적인 역사와 한 개인의 사적인 역사가 맞물리는 뜻깊은 날을 맞이했습니다. 한편으로, 신학교육의 산실로 인재들을 배출했고, 아직도 남겨진 업적과 미래의 발전을 위해 도약의 페달을 강하게 밟고 나가는 대신대학교 개교 67주년을 기념하는 날입니다. 지금까지 발전과 도약이라는 목표를 정해놓고 발로 뛰고 믿음으로 기도하며 달려나가는 총장님과 교수님들과 직원들의 수고를 치하하지 않을 수 없습니다.

다른 한편으로, 대신대학과 깊은 인연을 이어가는 한 신앙의 인물이 삶의 길목에서 마주치고, 경험하고, 다져놓고, 일구어낸 역사적 업적들을 '회고록' 이란 글로 세상에 내어놓는 뜻깊은 날입니다. '회고록' 속의 한 주인공이 전능자의 은혜 안에서 경험한 모든 사건과 업적과 열매는 욥이 걸어온 길에서 만난 경험들과 일맥상통하는 점이 있습니다.

욥이란 인물을 중심으로 다루는 욥기서의 글은 대화체 극시문학(劇詩文學)으로 구성된 성경입니다. 욥기서는 하나님 앞에서 의인이었던 욥이 그 어떤 악인도 경험하지 못했던 혹독한 고난을 겪는 모순된 현실을 두고 이를 규명하기 위해 욥과 그의 친구였던 당대의 지혜자들이 벌인 긴 논쟁을 중심으로 전개되고 있습니다. 삶의 현장에 등장한 욥의 출발은 화려했습니다. 그러나 잠시 후에 그는 피할 수 없는 고난에 직면합니다. 고난 가운데서 그의 인내를 시험하는 논쟁은 길어집니다. 그러나 끝내 욥이 직면한 고난의 문제점은 유한한 인간의 지혜로 풀어갈 수 없다고 고백하게 만듭니다. 그런 후에 전 우주와 역사의 주권자이신 하나님께서 그분의 지혜와 권능으로 인간이 마주친 모든 문제를 풀어가시는 전능자란 사실을 깨닫게 하십니다.

오늘의 본문은 욥이 그의 인생길 배후에 보이지 않게 움직이며, 세밀하게 간섭하신 전능자의 손길이 있었다는 사실을 깨달은 후에 그분을 전적으로 신뢰하며 내뱉는 신앙고백입니다. 욥은 이렇게 고백합니다. 내가 가는 길을 그가 아신다는 것입니다. 나의 발길이 닿는 곳마다 그분이 나를 연단시키신다는 것입니다. 마침내 빛나고, 화려하고, 가치 있고, 변질되지 않는 순금처럼 빚어 세상에 내어놓는다는 것입니다.

여러분, 어떻게 욥이 이러한 순백한 신앙고백을 토해낼 수 있었을까요? 오늘 본문 10~14절에서 욥은 자신을 지칭하는 '내가', '나를', '나의'란 1인칭 용어를 7(영어 8)번이나 사용하고 있습니다. 얼핏 보면, 자신의 인생길이 자기중심적이고, 자기 목적 지향적이고, 자기 노력의 산물이고, 자기희생의 열매라고 말하는 듯이 보입니다. 그러나 본문에서 욥이 드러내 보이려는 것은 자기가 아니라 제3의 인물인 '그가'(He)입니다. '그가' 누구인가요? 욥기서에 표현된 '그는' 때로는 엘로힘, 야훼, 아도나이로 표현되어 있습니다. 그러나 욥이 가장 즐겨 사용하는 그의 이름은 '엘솨다이', 전능하신 하나님이란 이름입니다.

바로 전능자께서 그가 가는 길을 알고 계신다는 것입니다. 전능자께서 그를 연단시키신다는 것입니다. 전능자께서 그를 순금같이 빚어 세상을 빛나게 하신다는 것입니다. 그래서 욥은 내가 그의 걸음을 바로 따랐다고 고백합니다. 내가 그의 길을 지켜 치우치지 아니했다고 고백합니다. 내가 그의 입술의 명령을 어기지 아니했다고 고백합니다. 내가 그의 입의 말씀을 귀히 여겼다고 고백합니다. 이처럼 욥의 일생은 전능자가 마음에 정하신 그분의 뜻 안에서 걸어가는 존재(存在)라는 것입니다.

욥은 전능자가 정하신 마음의 뜻을 '작정'(decree)이란 신학적 용어로 표현했습니다. 그렇습니다. 인생이든 세상이든 그분이 작정하신 뜻은 일정합니다. 그분이 작정하신 일은 누구도 돌이킬 수 없습니다. 그분이 작정하신 것은 반드시 행하십니다. 그분이 작정하신 것은 이루고야 맙니다. 그러므로 욥은 전능자의 뜻에 따라 만들어져 나가는 과정에 있는 한 존재라는 것입니다. 따라서 욥기서는 욥이 걸어온 인생길에서 만난 고난을 말끔히 씻어내고 전능자의 놀라운 축복으로 회복되는 대반전의 역사로 막을 내립니다.

우리는 욥의 고백과도 같은 이야기를 이 회고록에서 발견할 수 있습니다. 이 회고록을 대필한 저자는 **"이 책은 단순히 한 사람이 살아온 이야기가 아니라 하나님께서 어떻게 그의 삶을 지키시고, 이끄셨는지에 대한 이야기다."** 라고 했습니다. 이 회고록의 주인공이신 **전재규 박사님** 역시 그의 인생길에 뚜렷하게 체험된 전능자의 손길을 이렇게 고백합니다.

나는 직선의 길을 걸어왔다. 좌로나 우로나 치우치지 않게 붙들어주신 분이 계신다. 깊은 구렁으로 빠질 뻔한 곳에서도 나를 잡아주셨다. 가족과 떨어진 오랜 세월 속에서도 내 가족들과 내 생활을 지켜주신 분이 계신다. 그분이 이 회고록의 주인공이시다.

저는 이 회고록을 통해 본 주인공 전재규 박사께서 걸어온 인생길을 크게 세 영역으로 구분해서 볼 필요가 있다고 생각합니다. 이 세 영역은 결코 어느 것 하나 따로 떼어내어 이야기할 수 없이 겹겹이 맞물린 인생길이었다는 것을 보여줍니다.

첫째는 전능자의 작정 안에서 출발한 그의 인생길입니다.

전재규 장로님은 믿음의 가정에서 태어나 칠곡 동명에서 어린 시절을 보냈고, 대구 원대동으로 옮겨온 후 미션 스쿨인 계성학교와 경북대 의과대학에서 공부하는 중에서도 오직 그는 교회와 함께 신앙 중심으로 그의 길을 걸어갔습니다. 미국에서 6년 생활을 마무리하고 귀국한 후에 서현공동체 안에서 그는 예수를 위해 헌신했고, 영적 훈련을 거치면서 집사로 피택되고, 장로로 장립되어 오늘까지 오직 주의 복음, 주의 교회, 주의 영광을 위한 신앙 일념의 승리자로 인생길을 걸어가고 있습니다.

둘째는 전능자의 은혜 안에서 지혜로운 인물로 다듬어진 그의 인생길입니다.

전재규 박사님은 전능자께서 주신 지혜로 학문에 매진하여 의과대학을 졸업하고, 군의관으로 군복무를 마치고, 명석하고도 강직한 강일혜라는 신앙의 자매를 만나 결혼한 후, 그가 평소에 꿈꾸었던 미국 대학병원에서 인턴, 레지던트 과정을 거쳐 마취통증학 전문의 자격을 얻고 난 후에 사람을 치료하고 복음을 전하는 동산기독병원의 간절한 요청에 따라 귀국하여 동산병원에 둥지를 틀고 명예롭게 은퇴하기까지 학과장과 의과대학장으로 봉사했고, 그는 의사로서 사람을 치료했으며, 그는 매사에 전능자의 도움을 위해 기도했으며, 만나는 자들에게 복음을 전했으며, 주님의 사랑으로 환우를 돌보면서 그의 인생길을 걸어왔습니다.

셋째는 전능자의 축복 속에서 순금처럼 빛나게 쓰임 받고 있는 마지막 그의 인생길입니다.

신앙 중심의 사람으로 살아가는 전재규 총장님은 복음에 빚진 마음으로 나이지리아 선교에 중추적 역할을 했으며, 그렇게 바쁜 와중에서도 대구신학교 야간에서 신학을 공부했고, 복음 사랑과 선지학교에 대한 애착심이 결국 대신대학교의 총장으로서 학교를 섬기는 은혜를 입게 되었습니다. 그의 발걸음을 여기서 멈추지 않았습니다. 영적 위기의 시대에 학교를 사랑하는 그의 마음을 주께서 어루만지시고 거액의 물질을 학교발전을 위해 선뜻 내어놓은 그의 결단은 도저히 주님의 은혜와 간섭이 아니고는 할 수 없는 순금처럼 빛나는 감동 그 자체였습니다.

이와 같이 팔십 중반을 넘어가는 길목에 선 전재규 총장님께서 그의 마지막 열정을 불태우며 써 내려간 한 줄 한 줄의 회고록에는 그의 전 삶의 역사가 고스란히 담겨있습니다. 전재규 총장님이 지금까지 걸어온 인생길에는 하나님의 인도가 있었습니다. 그의 신앙은 하나님의 말씀에 사로잡힌 신앙이었습니다. 그의 지성은 하나님의 지혜로 채워졌습니다. 그의 삶은 하나님의 축복으로 가득 찼습니다. 그의 사랑은 물질의 나눔으로 사람들의 마음에 감동을 주었습니다. 의사로서의 그의 재능은 환우들을 치료하는 일에 쏟았습니다. 그의 겸손하고, 검약한 삶은 성도의 본이 되었습니다. 대구를 사랑하는 그의 열정은 역사와 문화에서 또 다른 꽃을 피우게 될 것입니다.

전재규 총장님은 하나님의 은혜 속에서 그의 인생길을 마무리할 것입니다. 우리는 아직 그에게 남아있는 역사의 여백을 무엇으로 채울지, 주께서 남은 생애를 어떻게 다듬으실지, 그의 행보에 어떤 역사의 기록들이 남겨질지를 기대하며 이 회고록의 출판을 감사하며, 순금처럼 빛나는 그의 인생 여정이 하나님의 축복으로 이어지길 축원합니다.

… 회고록 서평 …

박창식 목사(달서교회 담임)

오늘 존경하는 전재규 장로님의 회고록 『아픔은 잠들고 사랑을 깨우라』 출간을 진심으로 축하드립니다. 출판기념회에 가장 부담스러운 순서를 맡게 되었는데 감히 한 시대를 풍미하시고 이미 사상가의 반열에 오르신 거인의 삶을 담은 기록에 첨언하는 것은 두려운 일입니다. 저는 이미 2012년 장로님께서 대신대학교 총장으로 재임하실 때 〈대신대학교사〉에서 장로님에 대해서 네 가지로 말씀드린 바가 있습니다. 1) 의료인 전재규 2) 신학자 전재규 3) 역사가 전재규 4) 비전가 전재규가 바로 그것입니다.

그런데 이번에 회고록을 받고서 얼마나 기뻤는지 단숨에 재미있게 읽었습니다. 읽으면서 제 마음에 굉장한 깨달음 하나가 왔습니다. 그것은 제가 전재규 장로님을 제대로 모르고 있었구나 하는 자책이었습니다. 지금까지 이 모든 것들을 가능하게 했던 가장 근본적인 기조를 몰랐던 것입니다. 그것이 무엇이냐? 여러분 궁금하지 않습니까? 궁금하시면 이 책을 읽어보시면 알게 될 것입니다. 그것은 신앙인 전재규 장로님이었습니다. 여러분의 표정을 보니 실망스런 표정입니다. 우리 모두 신앙인인데 말입니다. 그런데 전재규 장로님은 진정한 신앙인입니다.

이 책 전체에 깔려있는 것은 바로 신앙인 전재규의 모습을 웅변적으로 그려내고 있습니다. 저는 두 가지 단어가 떠올랐습니다. 구약의 단어로 '나실인'입니다. 장로님은 정말 하나님 중심으로 깨끗하고 정결하게 한결같이 삶을 올곧게 살아오신 분입니다. 감히 말씀드리는 것은 전 장로님은 현대판 나실인임에 틀림이 없습니다. 신약적인 표현으로는 나다나엘이 생각났습니다. 예수님께서 자기에게 오시는 나다나엘을 보시고 "이는 참 이스라엘 사람이요 그 마음에 간사한 것이 없도다."라고 하신 말씀처럼 전 장로님은 정말 이 말씀에 꼭 맞는 사람이라는 생각이 들었습니다.

신앙인 전재규는 세 가지 단어로 표현되어 있습니다. 그것은 샬롬 신앙, 예루살렘 신앙, 그리고 종말적 신앙입니다. 장로님은 일생을 인간의 고통에 천착하면서 샬롬의 삶을 실천해 오셨습니다. 이 샬롬 신앙은 예루살렘 신앙으로 확대됩니다. 장로님에게 예루살렘의 일차적인 의미는 우리가 살고 있는 대구이며 동시에 교회입니다. 대구 예루살렘 회복 프로젝트를 위해서 분투하고 있는 모습은 전방위적으로 표출되고 있고, 그의 교회사랑은 그분의 삶 자체임을 알고 있습니다. 그리고 이 신앙은 종말신앙으로 완성되고 있습니다. 전재규 장로님에게 예루살렘의 또 하나의 의미는 영원한 예루살렘입니다. 현재 장로님은 영성가의 반열에 오르셨습니다. 이 땅의 그 무엇보다 영원한 예루살렘을 사모하는 종말론적인 신앙이 크게 느껴졌습니다.

끝으로, 본 회고록은 한 개인의 생애사요 신앙사일 뿐 아니라, 동시에 장로님의 지역에 대한 사랑의 고백서라고도 할 수 있을 것입니다. 이 모든 것을 잘 담아낸 귀한 책이 출판된 것을 진심으로 찬사를 드리며 간단한 서평에 갈음합니다. 감사합니다.

전재규 박사는 이날 참석한 대신대학교 교직원, 재단이사, 운영이사, 친지들로부터 축하를 받았다. 이 책에는 그의 84년 생애, 그가 걸어온 자신의 발자취를 되돌아보고 세월이 주는 가장 큰 선물은 영육간에 성장한다는 것이다. 그 성장 과정에는 배움도 있고, 감사도 있고, 사랑을 느끼고, 때로는 평안과 위로의 통로가 되어주었던 것과 믿음의 경주를 달려온 일들이 소설과 연극을 재연하는 것 같은 부제를 달고 요점 요점을 소상하게 기록되었다.

전재규 박사는 회고록 갈피에 이렇게 기술하고 있다. 하나님 은혜로 의사라는 천직을 만나 선진 의료기술을 널리 퍼뜨리고 사랑의 마음을 베풀어왔다. 오로지 하나님의 말씀 아래 치우침 없이 곧은 길을 달리며 우리나라 마취통증의학과의 시작을 이끌었고 한국호스피스협회의 초대 이사장으로서 핵심 역할을 담당했다. 신앙에서 피어난 끈기로 의학과 신학을 아우르며 계명대학교 동산의료원에서 의과대학 학장으로, 대신대학교에서는 총장으로 하나님의 인도를 실천해 왔다. 30년 세월 동안 의사로서 진심을 담아 기도와 정성으로 환자들에게 따뜻한 위로를 전달해 왔다. 2004년 동산의료원 박물관장으로 임명된 이후 본격적으로 역사 계승에 뜻을 품었고 '대구3·1운동길' 조성과 기독교 역사문화 운동 발전에 앞장서고 있다.

4. 대신대학교 선교문화센터 건립 착공감사예배

일시: 2022년 8월 17일 13시

장소: 경산시 백천동 산8번지

예배순서

1부 예배 ······························ 사회: 최대해 총장

기　원 ······························ 다 같이

찬　송 ··········· 204장 ··········· 다 같이

기　도 ······························ 재단이사 김대년 장로

성　경 ··········· 고전 3:10~15 ··········· 사회자

설　교 ··········· 지혜로운 건축자 ··········· 재단부이사장 김재국 목사

축　사 ······························ 재단이사장 임영식 장로

축　사 ······························ 명예총장 전재규 장로

격려사 ······························ 명예이사 류재양 장로

광　고 ······························ 사회자

찬　송 ··········· 620장 ··········· 다 같이

축　도 ······························ 재단이사 이희만 목사

2부 행사

시　삽 ······························ 순서자

기념촬영 ······························ 참석자 전원

… 부이사장 김재국 목사 설교 …

본문: 고전 3:10-15

제목: 지혜로운 건축자

오늘 대신대 선교문화센터 기공예배를 드리면서 선교문화센터와 우리 인생의 집을 어떻게 지어야 하는가에 대해서 몇 가지 말씀을 드리며 은혜를 받고자 합니다.

1. 완벽한 기초 위에 건축해야 합니다. 건물의 기초는 건물의 뿌리 역할을 합니다. 건물의 기초가 튼튼하지 못하면 절대 좋은 집을 지을 수 없습니다. 그리고 인생의 집의 기초는 오늘 본문 11절에서 예수 그리스도임을 말씀하고 있습니다.

2. 최고의 건축 재료를 사용해야 합니다. 오늘 본문 12절에서 두 가지 건축 재료가 소개되고 있습니다. 하나는 불에 타지 않는 금, 은, 보석입니다. 그리고 다른 하나는 불에 쉽게 타버리는 나무, 풀, 짚입니다. 선교관 건축에 좋은 재료를 사용해야 하고, 나아가서는 우리 인생의 집도 하나님의 말씀을 따라 영원히 변하지 않고 불타지 않는 금, 은, 보석으로 지어야 합니다.

3. 인정받는 건축자가 되어야 합니다. 건축이 완공되면 준공검사가 있습니다. 우리 인생의 집도 의로운 재판장 되시는 하나님의 심판이 있습니다. 이때 부끄럽지 않고 후회 없도록 반석 되신 예수 그리스도 터 위에 집을 잘 지으시기 바랍니다.

선교문화센터 착공예배 참석하신 모든 분들 지혜로운 건축자들 되어 심판 날에 상급 받기를 기원합니다.

선교문화센터 건축 경과보고

2022년 8월 17일 오후 1시 경산시 백천동 산8번지에서 대신대학교 선교문화센터 건립 착공감사예배를 드렸다. 시공업체 청안ENC(대표 김의진)와 계약 체결하여 시공하게 되었다. 대신대학교 선교문화센터를 건립하게 된 경위는 2010년 12월 10일 경산시로부터 국유지 17,055㎡(5,160평)를 불하받고, 매매대금 13억 원을 전재규 명예총장께서 헌금하여 매입하게 되었다. 매입한 토지 위에 학교 발전에 필요한 종합관(본관)과 채플관 2동 건축 설계도면을 경산시 건축과에 제출하여 조건부로 승인받고 일차적으로 종합관(본관)을 건축하기로 하고, 채플관 건축은 차후 여건 충족될 때 건축하자고 대구신학원 법인이사회가 결의했다.[1]

2차로 채플관 건축은 계속 연기하여 오던 중 2022년 3월 10일 백암 전재규 박사와 딸 전은주(미국 거주) 명의로 된 대구시 북구 복현동 대지 206평의 부동산을 부녀께서 학교에 기부하시겠다는 의사를 표명하시고, 이를 매각한 매각대금 33억 원 전액을 대신대학교에 헌금(기부체납)하셨다. 그 헌금은 여러 명목으로 나누어 사용하기로 하고, 그중 하나의 명목으로 대신대 선교문화관 건축비로 사용하여 채플관 건립 대신 선교문화센터를 건립하기로 했다.

본 대학교의 기존 건물에 이미 채플관이 있으므로 선교문화센터로 변경하게 된 것이다. 시대적으로 대구 경북 기독교 선교역사 125주년을 맞이하여 지역 내에는 선교역사문화관이 없기에 복음선교의 귀중성을 인식하고, 그 역사문화의 사료들과 유물들을 보존 유지할 뿐만 아니라 대구 경북의 교회들과 선교적 발자취를 발굴하여 선교 순례지 제1길 시발지로의 명분을 고착시키기 위하여 최대해 총장의 구상(Idea)으로 대신대학교 선교문화센터로 명명하여 건립하게 된 것이다. 건축비를 충당해 준 백암 전재규 명예총장께 감사드리며, 이를 필자가 대신대 학교법인이사회에 제안하여 의결하였다. 제반 절차는 학교 당국에서 진행하였으며, 선교문화센터 공사는 공개 입찰한 결과 청안 ENC회사(대표 김의진)가 낙찰되어 금일 착공예배를 드리게 된 것

1 1차 종합관(본관) 건축개요는 다음과 같다. 2012년 5월 30일 시공사 삼화종합건설(대표 배청)과 계약 체결하고 착공예배를 드린 후 건축공사가 시작되었고, 지하 1층, 지상 5층, 건평 1,700평을 2013년 5월 30일에 완공하여 준공 감사예배를 드렸다. 지하 1층(전기배전시설, 각종 기계 펌프), 1층(총장실, 비서실, 소회의실, 보직교수실, 종합행정실), 2층(도서관 열람실), 3층(도서관 서고), 4층(신학대학원 강의실, 교수연구실), 5층(세미나실 교수연구실)로 꾸며졌다.

이다.

특별히 대신대학교 선교문화센터 건축비 전액을 헌금해 준 백암 전재규 박사의 딸 전은주 교수가 미국에서 휴가를 내어 대구에 계신 부친을 뵈러 온 날 선교문화센타 착공식 예배에 참석하게 되어 감사드리며, 함께 기념촬영도 했다. 대구 경북지역에 기독교 복음이 전파되고 125년이 지나는 시점에 교계 지도자들도 기독교 역사문화에 대한 관심과 이해가 부족했던 시기에 대신대학교에서 먼저 기독교 선교문화의 빛을 밝히게 된 것은 학교의 영광이며, 미래 세대들에게 선교문화 역사를 전수해 주고 온고지신(溫故知新)의 정신을 인식하게 하며, 선교문화를 발전하게 하는 원동력이 될 전망이다.

이 땅에서 선교사들로부터 받은 귀중한 복음을 세계 열방에 전파하려고 소명 받은 자들을 교육하고 양성하는 대신대학교에서 선교문화센터 건립을 위해 최선을 다한 총장님과 재단이사, 백암 전재규 박사의 가족과 학교 교직원, 조감도 시안 제공업체 대영건축(대표 이은호), 설계업체 감솔건축(대표 김호기), 시공업체 청안ENC, 전기소방공사업체, 통신업체 도원아이티 그리고 착공예배에 참석하여 축하해 주신 모든 분께 감사드리며, 하나님의 영광이 대신대학교 위에 빛나기를 기원한다.

내게 주신 하나님의 은혜를 따라 내가 지혜로운 건축자와 같이 터를 닦아두매
다른 이가 그 위에 세우나 그러나 각각 어떻게 그 위에 세울까를 조심할지니라
이 닦아둔 것 외에 능히 다른 터를 닦아둘 자가 없으니
이 터는 곧 예수 그리스도라
만일 누구든지 금이나 은이나 보석이나 나무나 풀이나 짚으로 이 터 위에 세우면
각 사람의 공적이 나타날 터인데 그 날이 공적을 밝히리니 이는 불로 나타내고
그 불이 각 사람의 공적이 어떠한 것을 시험할 것임이라
만일 누구든지 그 위에 세운 공적이 그대로 있으면 상을 받고
누구든지 그 공적이 불타면 해를 받으리니
그러나 자신은 구원을 받되 불 가운데서 받은 것 같으리라(고전 3:10~15)

경
대신대학교 종합관 완공기념 예배
축
일시: 2013년 5월 30일 (목) 오전 11시
장소:대신대학교 종합관

경
대신대학교 선교문화센터 건립 착공 감사예배
축
일시: 2022년 8월 17일(수) 오후 1시
학교 선교문화센터 건립 착공감사예배
: 2022년 8월 17일(수) 오후 1시
장소: 선교문화센터 현장

대신대학교 선교문화센터 투시도

마치는 글

여호와 이레의
이곳은 대구 기독교(protestant)의
북장로교 선교사들이 대구를 선교지로
되었다. 아담스, 존슨, 브루언 세 분의
선교본부를 이곳으로 옮기며, "우리가
여호와 이레의 땅" 이라고 외쳤다.
바라보며 "다윗의 망대가 서 있는
말처럼 이곳을 중심으로 하여 교회, 학교,
제 2의 예루살렘이라고 일컫는 부흥의

The Garden of Jehovah-Jireh
At this location, a gentle hill outside the old walls of Daegu, Protestant Christianity was established and grew to become a major part of religious life in Korea. In 1899, three inspired American Presbyterian missionaries, Dr. James E. Adams, Dr. Woodbridge O. Johnson and Rev. Henry M. Bruen met at this site and blessed the site proclaiming 'the land we are standing on was provided by the Lord', and further, gazing below at the walled city of Daegu, proclaimed it as the 'Jerusalem where the Tower of David stands.'
A church and mission office as well as a medical clinic, where western medicine was first practiced in this region, were established at this location. The clinic was the predecessor to the present Dong San Medical Center. As foretold by the missionaries, this site became central to expanding the Christian church and ministries in Daegu and beyond.

1. 잊을 수 없는 짙은 향기의 기억

백암 전재규 박사의 평전을 발간하게 되면서 제목 '향기 짙은 인생 여정'이라고 한 것은 그가 행한 아름다운 업적을 망각하지 않고 뇌리에 되새겨 기억하고 싶은 마음이 간절했기 때문이다. 필자는 오랜 시간 전재규 박사와 신앙 안에서 깊이 교제하며 동행하고 있다. 처음 그를 만난 때는 인생 불혹에 접어들 즈음이었다. 당시 필자는 만학도로, 선지동산 대구신학교 야간부에서 주경야독의 심정으로 신학 공부를 하던 때였다. 그 세월이 어느새 훌쩍 지나 1980년부터 2022년에 이르게 되기까지 42년간의 세월을 함께 걸어온 것이다.

지난날의 크고 작은 과업들을 돌이켜보면 그와 함께 합작한 일들, 가까이에서 그의 걸어온 행적들, 꿈을 실현하기 위해 헌신 봉사하여 온 과업들이 보석같이 반짝이며, 뇌리에 선명하게 떠오른다. 그러나 아무리 반짝여도 세월의 흐름은 거스를 수 없는 법, 그게 무엇이든 기록하지 않으면 흘러가는 세월의 숲에 덮여버리게 될 것이다. 따라서 금과옥조(金科玉條)같이 소중한 법과 교훈 그리고 귀감의 이야기들을 놓치지 않기 위해 펜을 들어 이 평전을 쓰게 된 것이다. 필자가 그의 인생을 앞면과 뒷면, 측면으로 각각 관조해서 볼 때 소년기, 청년기, 중년기, 장년기, 노년기의 기간으로 나누어 서술할 수 있었다. 이렇게 관조의 시선으로 바라본 42년의 흔적을 기록한 것이 백암의 역사이다.

백암은 의사라는 직업의 사명감이 뚜렷하고, 사람들과 교제할 때도 적극적 소신으로 오래도록 사귀는 성품의 소유자이다. 그는 대신대학교 총장 재임 시 친근한 총장으로 알려져 4년간 인기 있는 총장으로 학생들의 사랑을 많이 받았다. 그는 학생들 앞에 설 때마다 표현하는 슬로건이 있다. 그것이 유대인의 인사말 '샬롬, 샬롬, 샬롬'이다. 그의 옷차림은 고전적인 스타일의 노신사복을 입고 대학에 출입하였다. 또 그는 오른손에는 동산기독병원을 30년간 왕래하면서 진찰기를 넣은 때 묻은 반질반질한 검정색 가죽가방을 들고, 대신대학교 석좌교수와 총장으로 섬기셨던 30년은 그 속에 성경책을 넣고 출입하시던 일상적 삶이 그가 드러낸 이미지였다. 대신대학교에 출근할 때에는 그의 가방 속에 항상 성경과 주석을 넣고 다녔다. 지금도 극동방송국 칼럼니스트와 대학교 세미나와 요양병원 특별강사로 여러 기관 단체에 초빙받아 가는 길에는 성경과 그가 쓴 책을 담은 손가방을 항상 휴대하고 다닌다.

그의 책상 위에 놓인 컴퓨터에는 많은 강의자료 데이터와 정보가 저장되어 있다. 지금도 쉼 없이 연구하는 학자로 글을 써 내려가고 있다. 그는 시간의 가치를 귀중하게 여기고 약속을 꼭 지키는 빈틈없는 선비정신과 철학자의 정신으로 묵묵하게 자기만의 길을 걷고 있다. 그는 겸손하고 청빈한 정신을 바탕으로 신앙심의 외길을 걸어왔다. 그의 정신 사상과 그가 지킨 외길의 신앙심이 다니엘같이 하나님 앞에 뜻을 정하여 기도하면서 살아가는 영적 지도자로 자리매김하고 있다.

끝으로 그의 치적을 다 기술하지 못한 점이 큰 아쉬움으로 남게 되었다. 다음 누군가가 속편을 쓰는 날 숨겨져 찾지 못한 보석같이 값진 이야기를 서술하여 주시기를 기대한다.

2. 짙은 향기의 여백

싱그러운 향기는 생화의 꽃술에서 풍겨 나오고, 꽃을 그리는 화가는 그린 꽃에 벌과 나비가 찾아오게끔 아름답게 그림을 완성한다. 추상화를 그리는 화백은 화폭에 반드시 여백을 남겨 둔다. 여백은 화폭의 초점을 더 아름답게 각인되게 하여 그림의 의미를 더 돋보이게 한다. 마지막에 화룡점정(畵龍點睛)을 찍게 하는 것처럼 그림에 여백을 두는 것은 화가의 몫이다. 백암 전재규 박사 평전 『향기 짙은 인생 여정』의 글쓰기를 마치면서 그가 신앙으로 체득한 신비적 사건은 여백으로 남긴다. 저자가 필설로 엮어내는 것보다 차를 마시면서 정담을 나누는 것이 더 깊은 향취를 맛볼 수 있기 때문이다. 그가 신앙생활에서 체득한 신비적 사건은 글로 남기기 힘들다. 그 사건은 백암 자신만이 받아 간직한 금고의 열쇠이므로 여백으로 두는 것이 더 큰 의미가 있다.

관용과 겸손과 친절로 병약한 환자들 치유사역 30년, 덕망과 지혜와 지식으로 가르친 훈장 30년, 헌신봉사 섬김의 50여 년 장로의 길에 이르기까지 한 치도 흐트러짐 없이 세월 따라 걸어온 족적 전부를 활자 매체를 통하여 향취로 나타내는 것보다, 그가 홀로 체득한 신비로운 사건들은 여백으로 두는 것이 비중이 더 무겁게 나가는 것이므로 신앙 체험 이야기는 여백으로 남긴다. 야곱이 얍복강 여울에서 천사와 겨루어 이겨 승리자 '이스라엘'이란 이름을 받은 것처럼, 기도의 사람 전재규 역시 믿음의 경주장에서 자신만이 아는 비몽사몽 간의 신비적 체험을 통하여 '백암(白巖)'이라는 아호(雅號)를 받은 기적적인 사건은 자기만이 아는 비밀이다.

많은 사람에게 본(本)이 되고 귀감되는 사연과 업적의 분량 전부를 서술할 수 없어 『향기 짙은 인생 여정』에 여백을 두게 된 것은 아쉽게 생각한다.

백암은 모태로부터 예수 그리스도를 만나 유소년기, 청년기, 장년기, 노년기에 이르기까지 예수 그리스도와 동행하여 가고 있다. 그의 행복하고 아름다운 생명길, 걸음걸음에는 그를 이끄는 예수 그리스도의 보이지 않는 손이 있다.

저자와의 동행(同行) 길에 그의 인성을 접해 보면 배려와 관용, 겸손이 그의 마음 밑바닥에 깔려 있고 몸에 젖어 있음을 알 수 있다. 그는 평소 생활면에서는 근면 절약의 삶을 몸소 실천한다. 그의 사전에 낭비라는 용어를 찾아볼 수 없다. 시간과 생활용품이나 음식과 같은 물질의 낭비를 허용하지 않는다. 그뿐 아니라 그는 동산병원 근무할 때 병원 내에 있는 선교사 사택에 거주했었기 때문에 병원출퇴근도 걸어서 30년을 왕래하였고 외출할 때도 대중교통을 이용하고 긴급하게 바쁜 일이 아니면 영업용 택시도 타지 않는다. 어찌 보면 자린고비같이 보이지만 전혀 그렇지 않다.

그는 의사 봉급을 받아 생활했지만 확실한 철학을 소유한 자로 재정도 절약 저축하여 가치있고 보람되고 아름답고 의미있고 하나님 기뻐하시는 일에 직면하면, 그가 아끼며 절약 저축한 예금이라도 아낌없이 과감하게 투입한다. 특별히 뜻을 두고 헌납하는 용처로는 선교와 구제와 교육사업이다. 여기에 그는 일반인들이 놀랄 정도의 금액을 헌금한다.

그는 말을 할 때면 비단옷에 금실로 수놓은 아름다운 이야기로, 멋있는 유머로, 청중을 이끌어간다. 때에 따라서는 가슴을 설레게 하면서, 도덕과 예의에 합당한 말로 이야기로 좌중을 사로잡는다. 항구를 밝히는 등대같이 비바람 거칠게 불 때나 높은 파도가 덮쳐와도 백암은 사명의 길에 흔들림 없이 그 자리를 지켜간다.

백암은 이 시대에 사그러져 가고 잊혀져 소멸위기에 있는 대구·경북 선교문화 유산을 보존하기 위하여 역사를 밝히는 거장이다. 이제도 높이 평가받는 사학자이며 선지생도를 가르치는 신학자이며 모름지기 역사문화를 밝혀내는 걸출한 영웅이다.

글을 마치면서 그가 걸어온 아름다운 궤적과 많은 미담, 귀로 듣고 눈으로 본 업적과 재미있는 에피소드 등 모든 것을 기술하지 못해 아쉬움이 크다. 하지만 백암 전재규 박사 평전의 여백에는 그가 믿음의 경주장(競走場)에서 받은 금메달과 상장이 무언(無言)으로 가득 차 있다. 증보판 발간 때는 더 큰 메아리가 심금(心琴)을 울릴 것을 기대하면서, 이 글을 발문(跋文)에 붙인다.

3. 향기 짙은 인생 여정의 매혹

작가 이나리 교수

만호 류재양 장로님이 쓴 『향기 짙은 인생 여정』에 녹아내린 백암의 인생 발자취에 남긴 헌신과 희생과 봉사를 흔적들을 글을 통해 접하면서 희미하게 알았던 한 기독도의 일생을 회고하는 귀중한 시간을 갖게 되었다. 그 시간은 나에게 실로 매우 귀한 시간이었다. 백암의 삶은 신앙인으로서뿐만 아니라 건강한 믿음과 의사로서의 강한 자부심과 신앙이라는 든든한 두 기둥이 그를 지탱하고 있다는 것을 깨달았다. 이렇게 단단한 기둥은 어떤 시련이 몰아쳐도 끄떡없이 그의 삶을 지지해 줄 것임을 확신한다. 하나님의 은혜는 그렇게 백암의 발자취 안에 짙게 녹아있다는 것을 글을 읽어가면서 확인할 수 있었다.

아무리 아름다운 꽃이라 하더라도 향기가 없다면 그 꽃에는 벌과 나비가 찾지 않는 법이다. 사람 또한 마찬가지라고 생각한다. 그러나 꽃과 달리, 사람은 처음부터 향기를 달고 태어나지 않는 법이다. 사람에게 있어 향기는, 오랜 시간 동안 축적되어 온 그의 인생길에 뿌려진 업적에 따라 짙어지기도 한다. 인생의 황혼기에 접어들었을 때 고고하고 진한 향기가 짙게 남아있다면, 그의 인생 여정을 어찌 아름답지 않다고 말할 수 있을까!

백암은 의학도와 신학도로서 일생 아름다운 행적을 유지해 왔다. 특히 동산병원에서 보낸 30여 년의 시간을 넘긴 자리에서도, 선지동산 대신대학교의 총장 자리에서도 병원과 학교의 발전을 위해 던져진 그의 헌신적 삶은 보는 이들에게 귀감이 되고, 함께한 이들에게는 도전이 되는 아름답고 인상적인 삶이었다. 청춘(青春)을 흔히 젊음의 상징으로 비유하곤 한다. 백암이 보낸 시간을 돌이켜보면 진정한 젊음은 실제 나이로 평가하는 것이 아니라는 생각이 든다. 어쩐지 나태하게 보낸 날들이 마음에 찔림으로 다가와 반성하게 만든다.

백암은 현재와 같은 자리에 머무르지 않고, 미래라는 변화에 적극적으로 대응하는 모습을 보이며, 항상 창조적 이상을 가지고 하루를 전진한다. 만호와 백암 두 분이 한편으로는 죽마고우로, 다른 한편으로는 신앙의 동지로 걸어온 향기 나는 인생길을 더듬으며 살펴본 것이 천금을 얻는 것보다 더 가치 있는 순간이었다. 공들여 찬찬히, 세밀하게 살펴본 백암의 인생 여정길은 부드러우면서도 결단력 있는 모습으로 많은 이에게 시사점을 제공하고 있다. 그분의 인생 여정을 향기에 흠뻑 취해 돌아본 것처럼, 언젠가 훗날 내 인생의 황혼기에도 백암과 닮은 향기가 배어나오는 사람이 되길 소망한다.

Since
계명대학교

부록 I

추천의 글과 발간사

1. 『너도 가서 그리하라』

소설가 이수남(전 대구소설가협회장)

『너도 가서 그리하라』는 100여 년 전의 향토 무대로 펼쳐진 감동적인 문학의 결정체이다. 이 책의 공동저자인 대구 태생의 전재규 박사와 경남 사천 출신의 김진환 작가는 아름다운 조합을 이루어 귀한 작품을 내놓았다. 백암은 교계와 학계에 널리 알려진 의료인이면서 전공 서적 외 10여 권 책을 쓴 작가이기도 하다. 특히 백암의 글들은 향토사에 관한 남다른 관심을 담은 연구실적으로 사람에게 감동을 준다. 김진환 작가 역시 〈문학과 의식〉을 통해 등단한 작가로서 단편소설 '한탄강', '가을바람', '소설집', '솔냇골부엉이', 장편소설 '언니나 다해라' 등 수십 편을 집필한 중견작가로서 『너도 가서 그리하라』는 작품은 개화기 한반도가 숙명적으로 안고 있었던 어둠의 사회 속에 의료선교라는 거룩한 빛을 들고 온 플레처 선교사의 생애를 바탕으로 전개되었다.

작가는 플레처의 손녀가 처음 일본인과 만나는 과정을 통해 한국과 일본 사이에 놓여있는 갈등을 풀어갈 실마리를 제시하고 있다. 또한 작품의 무대인 청라언덕, 대구제일교회, 애락원, 소록도, 안동지역의 교회와 병원을 비롯해 일본과 여러 지역을 최대한 등장시키고 있으며, 실존하는 인물들도 등장시켜 놓았다. 이렇듯 사실을 바탕으로 소설을 전개함으로써 작품의 현실감과 현장감을 살려내고 있다. 『너도 가서 그리하라』는 우리가 지금까지 소홀이 여겼던 선교사들에 대해 올바르게 인식하며 접근할 수 있는 기회를 제공해 줄 것이다. 또 그들이 깨달은 역사의식과 뿌린 우정의 씨앗이 더욱 아름답게 자라게 하는 계기가 될 것이다. 이 일에 작지 않게 기여한 두 분 저자에게 감사드리며, 이 작품이 많이 읽히기를 기대한다.

이번에 '생명의말씀사'에서 출간하는 소설 『너도 가서 그리하라』는 한국문단과 교계에 여러 가지로 시사하는 바가 크다. 특히 3·1운동 100주년을 보내면서 내외 정세가 심상치 않은 이때 100년 전 머나먼 이 땅을 찾아와 몸과 마음을 다해 헌신한 플레처 선교사의 행적과 숭고한 뜻을 되짚어보는 것은 그러한 의미에서 더욱 값지다고 생각한다. 필자는 의료계와 대학에 종사하면서 개화기 이후 대한민국이 처한 여러 가지 상황에 관심을 가지고 연구해왔다.

특히 1999년 동산의료원 설립 100주년 사업으로 『동산의료원 100년사』를 집필하여 출간했다. 당시 집필과 관계 있는 역사자료를 수집하는 데 많은 어려움을 겪었다. 그중에 3·1운동사에 관해 많은 오류가 있다는 사실을 확인하게 되었다. 이를 교정하는 작업을 하면서 1885년 어간에 개신교가 조선에 전래된 때부터 개화기가 시작되었다는 사실과 개신교가 대구 근대사의 초석이 되었다는 사실을 깨달았다. 또 청라언덕에서 이루어진 여러 가지 역사적인 사실을 살펴보면서 개신교 장로교회가 대한민국 기독교의 신학과 신앙의 초석을 놓았음도 알 수 있었다.

그런데 안타깝게도 국정 역사 교과서에는 기독교가 대한민국에 어떠한 영향을 주었는지 언급되어 있지 않다. 그 결과 이 땅에 사는 청소년들이 교육현장에서 기독교란 말을 들어보지 못하고 있는 것이 현실이다. 이러한 역사 왜곡의 실상을 필자에게 숙명적인 과제로 안겨주었다. 이 책의 공동저자인 김진환 작가는 경남 사천 출신으로 삼천포고등학교장을 역임한 교육자이자, 소설가이다. 그는 대구의 청라언덕과 그 주위를 역사적인 관심을 가지고 돌아보던 중 우연히 필자와 만나는 일이 있었다. 우리는 그 만남을 계기로 정리되지 못한 역사 사실들을 소설형식으로 바르게 재현하자는 데 뜻을 모았다. 이를 위해 수많은 협의와 자료수집을 거치면서 집필에 이르게 되었다.

이 작품은 플레처 선교사의 한국 사랑과 복음전파와 그가 대구에서 헌신한 40년의 숨은 이야기를 그의 28세 된 손녀의 눈과 발을 통해서 재생한다. 이 과정에서 복음의 참된 의미를 풀어나간다. 또 이 책에 등장하는 인물의 믿음이 자라는 과정을 눈에 보이듯 서술함으로써 이 글을 읽는 초신자나 전도대상자에게 매우 유익할 것으로 믿는다. 독자 여러분의 많은 지도가 있기를 바라며, 아름다운 장정으로 펴낸 생명의말씀사 관계자 여러분께 감사의 마음을 전한다.

2. 『지게꾼』

발간사: 전재규 박사

전영복(田永福)은 오다 나라지(織田楢次) 목사의 한국 이름이다. 성은 밭 전(田)자로 입구(口)안에 십자(十)가 들어있다. 그 십자는 십자가의 준말이고, 십자가는 영원한 속죄의 복(福)을 표상하므로 함자는 영복(永福)이 된 것이다. 전영복 목사님은 독실한 불교 가정에서 태어나 많은 시련 가운데서 기독교 복음을 받은 후 목사가 되어 '입으로 십자가를 전하는 일'만이 영원한 복임을 깨닫고 그의 한국 이름을 전영복이라 작명했다. 그는 불교 가정에서 태어나 목사가 되기까지 겪은 숱한 어려움과 과거 일본이 한국에서 지은 죄를 폭로하고 사죄하는 심정으로 전국 곳곳에 다니면서 집회를 인도하셨다.

내가 전영복 목사님을 처음 만나뵙게 된 것은 1977년 4월 11일 대구 동산병원 전도회가 개최한 일주간 수양회를 가질 때였다. 나는 그때 전도회 회장직을 맡고 있었으며, 자연스럽게 목사님과 쉽게 이야기를 주고받을 수 있는 좋은 기회를 가지게 되었다. 그 당시 수양회는 대성황을 이루었다. 동산병원 강단은 입추의 여지가 없도록 많은 직원이 모였고, 그때 참석한 직원 모두가 큰 은혜를 받았다. 전영복 목사님은 뼈대 있는 좋은 가문에서 태어난 일본인으로서 유창한 한국어를 구사하였으며, 유머도 수준급 이상이었으므로 재미있고 은혜로운 설교를 하셨다. 그때 이후로 나는 전 목사님을 이 시대에 정말 귀한 분이라 생각하였고 더욱 친근하게 교제하게 되었다.

그해 가을에 내가 섬기고 있는 대구서현교회에 초빙하여 부흥집회를 가졌고, 그 이듬해에는 내가 연수차 미국에 갔을 때 재미 한국인 교회가 그를 초빙하여 여러 곳에서 부흥집회를 갖기도 했다. 그때가 1978년 이른 봄이었다. 전 목사님은 우리 식구가 머물고 있던 가정에서 함께 유숙하면서 집회를 인도하셨다. 집회 기간 중 어느 날 아침 목사님은 일찍 일어나시더니 여행 때 가지고 다니시던 지필묵(紙筆墨)을 꺼내셔서 아내에게 한시(漢詩) 한 수를 휘호(揮毫)해 주셨다. "雲白雪白 我心白 海深山深主恩深" 휘호이다. 그리고 가족과 함께 기념촬영도 했다. 그때 남긴 자료들을 25년 지난 지금까지도 소중하게 보관하고 있다. 그 후 1978년 11월 겨울이었다. 나는 전 목사님을 대구에서 다시 만나게 되었고 며칠 후 대구를 떠나실 때에 대구역에서 나에게 귀한 선물을 주셨다. 그것은 목사님이 평생 쓰고 다니셨던 모자와 한국 여행기를 수록한 그가 사인한 자서전 한 권이었다.

그때 목사님이 나에게 하셨던 말씀을 나는 아직도 생생하게 기억하고 있다. "내가 전 장로에게 줄 특별한 선물은 없으나 내가 평생 쓰고 다녔던 칼빈 모자를 선물로 인계하고 싶다."고 하셨다. "이 모자는 종교개혁가 칼빈이 쓰셨던 것과 같은 것으로 내가 한평생 쓰고 다녔는데 드디어 이 모자를 인계해 줄 사람을 만났다."고 화색을 띠면서 힘주어 말씀하셨다. 쓰고 있던 모자를 훌쩍 벗더니 나의 머리에 얹어주시고 목사님은 홀홀히 대구를 떠나셨다. 나는 그때 신비로운 영감을 받은 느낌이 들었다. 엘리야가 승천하면서 그의 겉옷을 벗어 엘리사에게 인계하고 떠난 것과 같은 장면을 연상해 보기도 하였다(왕상 2:13).

떠나면서 그는 일본 구경을 시켜주시겠다고 일본에 꼭 한번 들르라 청하셨으나 그 후 10년이 지났어도 기회를 얻지 못했다. 어느 날 신문 지상에서 그의 부고 소식을 접하고 혼자서 무척이나 애석해하였다. 그때 대구역을 떠나면서 나에게 선물로 주셨던 칼빈 모자와 자서전이 기억에 떠올라 그의 책을 우리말로 번역해야겠다는 강한 충동을 받았다. 그러나 나는 번역할 수 있는 일본어 실력이 없으므로 차일피일 미루었던 것이 또 10년의 세월이 지나갔다. 나도 이제는 정년의 시기를 맞이하였으니 이 한 권의 책을 한국민 앞에 내어놓아야겠다는 생각으로 현재 '한일언어문화연구소'를 운영하며 국문학과 일본학에 능통한 친형님께 부탁드려 번역하게 된 것이다. 25년 전에 선물 받았던 목사님의 칼빈 모자와 자서전과 그때 촬영한 사진들을 이 책 앞부분에 실어 한국 국민 앞에 사죄하는 그분의 귀한 마음을 고이 간직하고자 한다.

이 책에 어려운 한자가 많아 번역하기가 힘들었음에도 불구하고 인내로써 이를 정확히 번역하신 전재호 형님께 감사드리고, 독자들에게 쉽게 다가갈 수 있도록 용이한 문장으로 부드럽게 다듬어주신 소설가 이수남 선생님과 대한기독교서회 이준환 부장님께 또한 깊은 감사를 드린다. 이 한 권의 책을 많은 사람이 읽고 과거 어두웠던 한.일 관계의 역사를 이해하는 데 도움이 될 수만 있다면 더할 나위 없는 나의 기쁨이 될 것이다. 참고로 부언하는 글이다.

'한일언어문화연구소장', 경북대학교 명예교수 전재호(전재규 박사의 친형) 박사께서 엮은 본 역서(譯書) 『지게꾼』은 일본인 한국 전도자(선교사) 오다 나라지(織田楢次, 田永福) 목사가 저술한 원저를 역주(譯註)한 것이다. 저자는 1928년 4월 24일 한국 목포에 상륙한 후 1949년 8월 동경교회의 목사 취임에 이르기까지 21년 동안 한국에서 한국인을 위한 선교를 하였다. 광복 이후는 당시 정세에 의하여 일본에 돌아가지 않을 수밖에 없었지만, 그러나 일본에서도 재일 한국인 교회 외에서는 목회하기를 원하지 않았으며, 한국에서 선교할 때 받은 고통에 못지않은 괴로움을 겪으며 한국인을 위해 목회를 지속하였고 한평생의 생애를 일본 지배적인 악조건 속에서 한국인 선교를 위해 몸을 바쳤다.

기독교 역사에 빼놓을 수 없는 이 '일본의 조선전도'는 일본의 올바른 정신을 가진 분이 증명한 것이다. 이것이 기독교 역사로서만 아니고 20세기 전반의 현대사에도 아직 정확하게 밝혀지지 않는 사료로서 유익하게 활용되기를 바란다. 지구촌 시대에 접하여 한일교류가 활발하게 이루어지고 있는 현시를 직시할 때 국가 간 감정에 얽매였음을 극복하고 냉철하게 과거 사실을 상호 직시 규명함으로써 교류를 더욱 증진시키는 데 보탬이 되기를 바랄 뿐이라고 서술하였다.

2004년 3월 28일

3. 『내 집이 평안할지어다』

서문: 전재규 박사

1962년 경북대학교를 졸업하고 의료계에 몸을 담은 지 어언 30년이 흘렀다. 의료인의 한 사람으로서 그리고 기독교 신도의 한 사람으로서 그동안 걸어온 나의 자취를 한번 정리해 보고 싶은 생각이 내 마음을 가끔 충동하였다. 그러나 글 쓰는 재주가 없어서인지 그때마다 좌절하고 말았다. 그러던 중 근년에 이르러 내가 전공하고 있는 분야의 의학서적 몇 권을 펴낸 것이 계기가 되어 이 책을 편찬하게 되었다. 글재주가 없어 불가능한 줄만 알았던 나로서 이 글로 가능성을 보게 되었으니 이 사실만으로도 기쁜 마음이 든다. 나에게 용기를 주신 하나님께 먼저 감사와 찬송과 영광을 돌려드리고, 오늘이 있기까지 뒷바라지와 인내와 기도로 협력해 주신 가자(家慈)와 아내에게 감사드린다.

나는 모태신앙으로 태어나 초등학교 시절부터 중학교, 고등학교 그리고 대학을 지나면서 교회생활을 하는 가운데 성장하여 활동해 왔고, 의과대학을 졸업한 후에는 군에 입대하여 군의관의 직무를 수행하면서 군목 역할도 했다. 제대한 후 미국에 건너가 유학하였을 때는 그곳에서 교회를 세우고 봉사했다. 1973년에 귀국하여서 동산병원과 서현교회를 배경으로 진료와 학문과 믿음 생활을 해왔다. 그러는 동안에 야간 신학교를 졸업 후 신학교에서 강의를 계속 맡으면서 여러 곳에 초청을 받아 설교와 특강 등을 해왔다. 이와 같이 내가 살아온 삶을 배경하여 평소에 생각해 온 성경 말씀과 신앙생활을 글로 정리하여 내 가정 교육상 가훈이 되게 하고, 내 가족의 역사가 되기를 원할 따름이다.

이 책은 내가 나 자신에게 외치는 설교형식으로 되어있는바 개인 역사요 생각이며 또한 신앙철학인 것이다. 그리고 사랑하는 아내와 딸 은애, 은주,

그리고 아들 신석에게 보내는 편지로 생각하고 쓴 적나라한 나의 생활 자체이다. 바울이 믿음의 아들 디모데에게 쓴 편지가 후일에 '디모데전·후서'가 된 것처럼 이 글이 사랑하는 내 가족에게 보내는 진실한 하나님의 말씀이 되기를 바라며 기도한다. 처음에는 나의 생활일기 혹은 독백설교로 가벼이 생각했으나 책으로 출판 공개하게 되니 자연 독자층이 넓어지므로 가급적 현존하는 인명을 피했고, 어디까지나 나 자신의 신앙생활 형편을 고백하는 태도로 서술했다.

혹 주위 사람들에게 실례가 되는 표현이 있을까 두려워한다. 그리고 신학자도 아닌 내가 성경을 너무 깊이 혹은 왜곡되게 풀이하여 오류를 범하는 면도 있을 것이라 짐작되지만, 이 글은 어디까지나 나 자신에게 주는 교훈으로 기록되었음을 이해해 주기 바란다. 그리고 다소 신학 용어에 무리가 있음도 뒤늦게나마 깨닫게 된 곳이 다소 있으나 새로 교정하기에는 힘이 들어 그대로 두었다. 내가 가진 자료 중에서 우선 한 권의 책을 내놓는 바이다. 다음에는 더욱 성숙한 사고(思考)로 나머지 원고를 정리하고 싶은 마음 간절하다. 그동안 원고를 정리하는 데 심혈을 기울인 강정혜 간호사에게 진심으로 감사를 드리며, 글을 통독하고 다듬어주신 친형님께 깊은 사랑을 느끼며 고개 숙인다.

1) 추천사 1

전재호 경북대학교 명예교수

백암은 일제강점기 암울한 시대 경북 칠곡군 동명면 시골에서 모태신앙인으로 출생하는 행운아였다. 환경은 비록 가난한 시골 빈촌에서 건강한 남아로 태어났고 두뇌는 명석하고 총명하게 자라났다 중·고등학교는 미국 선교사가 설립한 미션 스쿨(mission school) 계성중·고를 졸업하고 경북대학교 의과대학을 졸업하고 의사(醫師)가 되었다. 그는 군의관(軍醫官)으로 입대 근무 중에도 소속부대에 군목의 부재로 인하여 주일과 수요일이 되면 군목 대신 그가 설교를 담당하였기에 필수적으로 성경공부를 하고 주석을 펴보고 신학을 연구해야 할 불가피한 처지가 되었다.

군 제대 후에 체계적 신학 공부를 하기 위하여 대구신학교에서 신학 공부를 체계적으로 하였고, 이스라엘 히브리대학에서 신학 공부를 이수한 신학도이다. 그는 대신대학교 제1호로 명예신학박사 학위를 수여받은 명예신학박사이다. 또 그는 군에 제대한 후 선진 의료기술을 공부하기 위하여 미국에 유학 가서 세인트루이스 시립병원에서 인턴 생활을 1967년 1월 첫 주부터 시작했다. 곧 세인트루이스병원과 연결 협업하는 명문 의대인 반스병원(Bans Hospital)에서 인턴십 과정을 마치고, 레지던트 생활을 위해 클리블렌드 휴론로드병원에서 2년간 수련을 마칠 무렵에 미국대학 마취과 의사 필기시험과 구두시험에 응시하여 합격했다. 그 후 그는 귀국하여 동산병원 마취통증과 의사로 근무했고, 동산병원 선교사들이 거주하던 사택에 거주하면서 서현교회에 출석하게 되었다.

그는 의료계 몸담은 지 30년이 지나가게 되어 그동안 걸어온 발자취를 한번 정리해 보고 싶은 생각으로 평소 살아온 삶을 배경으로 성경 말씀과 신앙생활을 글로 정리하여 내 가정교육의 기본으로 삼고 가훈이 되게 하고, 가족 역사가 되기를 원하는 마음으로 자신에게 외치는 설교형식으로 서술된 개인의 역사요, 신앙철학이라고 저자는 말하고 있다. 『내 집이 평안할지어다』는 "어느 집에 들어가든지 먼저 말하되 이 집이 평안할지어다 하라 만일 평안을 받을 사람이 거기 있으면 너희의 평안이 그에게 머물 것이요 그렇지 않으면 너희에게로 돌아오리라"(눅 10:5~6)는 말씀에 근거하여 제목을 지정(特定)한 것으로 생각해 본다.

『내 집이 평안할지어다』에는 '주님이 주시는 평안은 세상이 주는 것과 같지 않다.'고 했다. 참 평안은 하나님께로부터 예수 그리스도를 통하여 우리에게 전달되는 것이요 평안의 기도는 응답 된다는 것이다. 또 평안은 천국의 본

질이요, 평화의 왕으로 오신 주님의 주권에 속한 것이기 때문에 우리는 평안을 피차 기원해야 한다. 아기 예수 탄생 시에 수많은 천군이 그 천사들과 함께 하나님을 찬송하여 이르되 "지극히 높은 곳에서는 하나님께 영광이요 땅에서는 하나님이 기뻐하신 사람들 중에 평화로다"(눅 2:14), "은혜와 평강이 있을지어다"(고후 13:11)라고 했다.

본서에는 은혜와 평강은 하나님께로부터 왔다는 것을 잘 설명하고 있다. 은혜의 삶은 평강을 누리고 평화를 소유한 삶은 감사가 넘쳐난다. '감추인 만나와 흰 돌'을 주제로 다루는 말씀은 "이기는 그에게는 내가 감추었던 만나를 주고 또 흰 돌을 줄 터인데 그 돌 위에 새 이름을 기록한 것이 있나니 받는 자 밖에는 그 이름을 알 사람이 없느니라."는 성경에 근거를 두고 설명하고 있다.

백암은 소아시아 일곱 교회 중 버가모교회에 나타나서 이기는 자에게는 감추인 만나와 새 이름이 기록된 '흰 돌'을 주시겠다고 하신 약속의 말씀에 근거하여 그의 호(號)를 백암(白巖)으로 정하였다고 설명한다. 옛날 시골 자연부락에서 한 가정에 많은 식구가 와글와글 북적이고, 정답게 살던 시대에 청춘남녀가 결혼하게 되면 평소 쓰던 이름을 사용하지 아니하고 남자는 호(號)를 짓고 택호(宅號)를 작명하여 변별력으로 존칭하던 시절이 있었다. 주로 처가 동리 명을 따라 안동댁 혹은 의성댁으로 부르는 풍속이 있었다. 그러나 전재규 박사는 고답적 풍속을 벗어나 성경에 근거한 의미 있는 믿음에 승리자에게 주님 주시는 만나와 새 이름이 적힌 '흰 돌'(白巖)이란 호(號)를 받았다. 성경에는 각자의 성정(性情)과 믿음에 따라 평범하게 쓰던 이름을 획기적 상황 변화로 회개를 체험하고 그의 이름을 바꾼 역사적 인물로 아브람에서 아브라함(열국의 아비)로, 야곱에서 이스라엘(승리자)로, 사울에서 바울(작은 자)로 그 이름을 바꾼 믿음의 선진들이 빛을 발하고 있다.

백암 전재규 역시 '백암'의 호에 부합하게 선한 영향력을 드러내고 있다. 그는 세상이 감당치 못하는 믿음의 사람들 같고, 믿음의 철학자로 큰일(大事)을 앞두고 기도(祈禱)로 응답되면 주저 없이 결단을 실천하는 다윗 같은 용장(勇將)이 되고, 때로 난제를 풀 때는 솔로몬 같은 지장(智將) 되고, 그를 따르는 군중들에게는 덕장(德將)이 되어 산수(傘壽) 가까운 지금도 헌신 봉사에 앞장서서 이끌어가는 맹장(盟將) 역할을 감당함을 바라볼 때 기묘하고 이상하여 그 용기가 어디에서 솟아오르는지 이해할 수가 없다.

그는 '고독을 이기는 세 단계'란 메시지에서 "너희는 따로 한적한 곳에 가서 잠깐 쉬어라 하시니 이는 오고 가는 사람이 많아 음식 먹을 겨를도 없음이라"(막 6:31)에서 고독(孤獨, loneliness)의 반대어로는 '동료와 함께'라고 해석한다. 고독의 반대어가 '동료와 함께'라고 하면 '고독'은 동료가 없음을 의미한다. 그는 '고독'은 군중 속에 있으면서도 심각한 고독을 느끼는 시대가 바로 우리가 살고 있는 문명시대가 아닌가 싶다고 했다. 그는 '고독'을 세 가지로 규명하여 정리했다.

첫째로 신인(神人) 사이의 인격적 관계의 단절에서 고독을 피상적으로 보지 말고 근본적이고 창조적인 시각에서 깊이 고찰해 보아야 할 것이다. 범죄한 인간과 하나님과 관계가 단절됨으로써 오는 자아 의식적 거리감이라 할 수 있다. 즉 신인(神人) 간의 교통(交通)이 단절됨으로써 오는 고통스러운 자아의식(自我意識)이다. 바울 사도의 탄식은 인간을 대변하는 고독의 절규라 할 수 있을 것이다. 그래서 "오호라 나는 곤고한 사람이로다. 이 사망의 몸에서 누가 나를 건져내랴. 내 지체 속에 있는 죄의 법이 나를 사로잡는 것을 보는도다"(롬 7:23~24)라고 했던 것이다.

피조물 중에서 인간만이 지·정·의(知·情·意)로 구성된 인격을 소유하고 하나님의 형상을 따라 창조된 유일한 피조물이 된 것이다. 아담과 하와는 에덴동산에서 옛 하나님과 격의없는 대화로 행복한 삶을 누렸다. 그러던 어느 날 사탄의 유혹에 넘어가 하나님 말씀에 불순종한 죄로 하나님과 교제가 단절되기에 이른 것이다. 인간이 이때부터 고독의 실존이 된 것이다. 이 고독을 극복하기 위하여 인간은 향락과 방탕에 빠지기도 한다. 우리들의 삶 속에 여러 모양으로 엄습해 오는 고독을 예수 그리스도를 구주로 모시고 그리스도 안에서 하나님과 연합할 때 이겨낼 수 있으며, 또 영원토록 하나님과 교제할 수 있는 영원한 실존(實存, existence)으로 격상될 것이다.

인간은 사회적 동물이라고 한다. 성경은 고독을 이겨내는 길을 제시했다. "내 마음을 다하고 목숨을 다하고 뜻을 다하여 주 너희 하나님을 사랑하라. 이것이 크고 첫째 되는 계명이요, 둘째는 네 이웃을 네 몸같이 사랑하라 하셨으니 이 두 계명은 모든 율법과 선지자의 강령이라." 했다. 이 말씀은 신인관계와 인간 상호관계를 설명한 것이다. 이 대강령의 말씀이 고독 해소의 길이 되는 것이다. 비인격적 관계의 단절에서 자신의 옛 모습을 잃어갈 때에 사람들은 고독해진다. 늙어가면서 느끼는 자신감의 상실과 마찬가지로 병들어 기력 쇠잔해지고 능력이 감퇴되어 행동이 제한을 받을 때에 고독을 느낀다.

예수 그리스도께서도 한적한 곳을 찾아 고요한 마음으로 기도하셨다. 분주 복잡한 사회일지라도 순간순간 자아를 성찰할 수 있는 한적한 곳, 한적한 시간에 기도와 하나님 말씀을 읽으면서 명상으로 고독을 이기게 되고, 기쁨과 감사하는 생활을 습관화하고 적극적이며 긍정적인 생활 태도를 배우고 경건한 삶을 익혀가야 한다. 고독을 창조하는 생활, 고독을 즐기고 사랑할 줄 아는 바울의 생활을 본받아야 한다. 바울은 "형제들아, 나는 아직 내가 잡은 줄로 여기지 아니하고 오직 한 일 즉 뒤에 있는 것을 잊어버리고 앞에 있는 것을 잡으려고 푯대를 향하여 그리스도 예수 안에서 하나님이 위에서 부르신 부름의 상을 위하여 달려가노라"(빌 3:13~14)고 했으며, "내 나 된 것은 하나님의 은혜로 된 것이니 내게 주신 그의 은혜가 헛되지 아니하여 내가 모든 사도보다 더 많이 수고하였으나 내가 한 것이 아니요 오직 나와 함께하신 하나님의 은혜라"(고전15:10) 하고 고백하고 있다. 이 책에는 예배의 중요성을 성경을 통하여 강조하고 있음을 보게 한다.

제2부는 백암이 말씀을 듣고 설교한 제목들을 잔잔한 감동으로 서술하고 있다. 이 책 후반부를 읽으면서 교리적으로 주제를 잡고, 논리적 전개하는 논제를 설명해 주므로 읽는 독자들에게 쉽게 이해하도록 영문을 표기하고 있고, 때로는 히브리어 관주로 해석해 주기도 한다. 그러나 글의 내용은 차원이 높고 일반 성도에게는 문장의 단어(單語)가 고급용어를 사용하였기에 난해(難解)한 부분도 간혹 있다. 문장(文章) 줄거리를 읽고 마지막 결론(結論) 부

분까지 정밀(精密)하게 읽어야 제목의 뜻을 파악할 수 있도록 주도면밀하게 정리(整理)가 잘된 보감(寶鑑) 같은 책으로 독자들의 영성을 흔들어 깨우며 마음을 감동시키는 교훈이 담겨있는 금과옥조 같은 책이기에 모범 된 가정을 세우고 사회공동체 생활을 하는 교회와 학교와 회사의 지도자들(leaders)에게는 필독서로 인격의 수준을 높이는 글로 정돈된 책이다. 따라서 머리 위에 두고 수시로 읽는 신앙생활 양식의 자양분을 섭취할 가치 있는 책이라고 사료된다.

『내 집이 평안할지어다』 편집후기를 쓴 유경아는 이렇게 썼다. 글은 바로 그 사람이다. 그 글 따라 한 인생(人生)의 편력(編歷)을 좇아가는 일은 신선한 기쁨과 즐거움을 준다. 장로님의 글을 받아 조심스럽게 교정을 보면서 나는 오히려 교정일 자체보다 진실한 인생(人生)의 여정(旅程)이 보여주는 감동에 젖어들었다. 세상에 많은 책 가운데 이 책은 생활인으로서 또 신앙인으로서 정직하게 한평생 한길을 묵묵히 걸어온 이의 모습을 진실하게 보여주리라 생각된다. 험난하고 굴곡이 심한 인생이 보여주는 감동과는 또 다른 잔잔한 감동과 은혜로움이 있을 것이다. 평범한 삶 속에 믿음의 정조(情操)를 지켜가는 인생은 사람들에게 하나님의 위로와 평강이 늘 함께하시기를 축시(祝詩)로 귀결하고 있다.

2) 추천사 2

김중식 목사(전 서현교회 담임)

백암 전재규 박사는 의학자이시며, 신학을 전공한 신학자이자 대구 근대역사문화를 연구한 역사학자로 정평(定評)되고 있다. 의학 논문 234편 저술과 전문의학 저서 『통전적 치유와 건강』, 『임상의를 위한 척추마취』, 『호스피스 총론』, 『수액요법의 실제』, 『임상의를 위한 순환호흡생리』 출간과 성경을 인용한 저서, 『의사의 눈으로 본 십계명, 주기도, 팔복』, 『동산에서의 30년』, 『내 집이 평안할지어다』 등 단행본 발간과 그리고 『너도 가서 그리하라』는 제목의 소설 등 왕성하게 활동하는 크리스천 저술가이다.

『내 집이 평안할지어다』란 저자의 글에는 어느 목회자의 설교집 같은 느낌을 받았다. 그러나 깨알 같은 원고를 하나하나 읽어갈 때 감탄하지 않을 수 없었다. 설교의 내용도 내용이거니와 장로님의 삶과 신앙이 그 글 속에 나타나 있음을 보았기 때문이다. 성경 말씀이 깊이 있게 해석되었으며, 폭넓은 어휘와 원어와 다른 외국어를 사용했기 때문에 본문의 이해가 쉬웠다. 그리고 거기에 못지않게 그의 뜨거운 정열을 읽을 수 있었다. 일찍이 로이드 존스(D. M. Lloyd-Jones)는 그의 저서 『목사의 설교』에서 설교의 정의를 다음과 같이 내렸다. "불타는 논리. 감동적인 이성. 이 두 가지는 모순된다는 말인가? 물론 이들은 모순되지 않는다. 설교란 정열에 불타는 인간을 통해 나오는 신학이다."라고 했다.

장로님과 함께 10년 이상 서현교회에 몸담아왔기에 주의 몸 된 교회를 생각하는 장로님의 그 뜨거운 열정을 누구보다도 잘 아는 바이다. 장로님과 더불어 주의 몸 된 교회를 위해 함께 봉사하는 것은 큰 기쁨이 아닐 수 없다. 또 그의 일상생활은 너무나 검소하고 소박하다. 완성한 원고를 읽는 순간 새삼 장로님의 진실한 신앙고백과 꾸밈이 없고 가식이 없는 그의 삶을 더더욱 확인하게 되었다. 또 예리한 관찰력과 깊은 사색과 정감 있는 마음을 읽으며, 항상 그의 마음이 뜨거운 신앙 열정으로 일관되고 있음을 보았다.

'감추인 만나와 흰 돌'에서는 모태신앙에서 학생시절 6·25를 거쳐서 대학생활 가운데서도 주일성수 하기 위해 헌신예배 후 목사님을 자전거로 모시던 모습과 유학 중 교회를 설립, 군복무 중 전도활동, 동산병원에서의 의사와 교수생활 그리고 서현교회에서 신앙생활 등 왠지 모르게 그의 삶을 보면서 숙연해지며 가슴에 와닿는 그 무엇을 느낀다. 이처럼 귀한 책을 발간하게 된 것을 진심으로 축하드린다. 이 책을 읽어 내려가는 모든 분의 마음에 진실된 삶의 샘물의 근원이 되고 또한 빛과 소금의 역할을 바라면서 추천의 글로 대신한다.

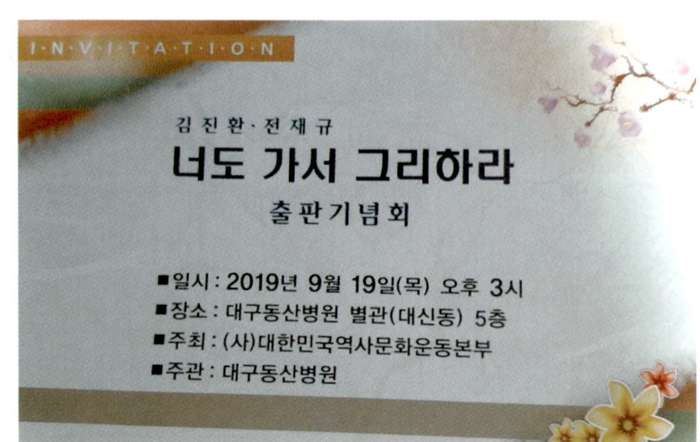
I·N·V·I·T·A·T·I·O·N
김진환·전재규
너도 가서 그리하라
출판기념회
■일시 : 2019년 9월 19일(목) 오후 3시
■장소 : 대구동산병원 별관(대신동) 5층
■주최 : (사)대한민국역사문화운동본부
■주관 : 대구동산병원

4. 『동산의료원 100년사』

발간사: 전재규 박사

『동산의료원 100년사』는 동산의료원의 전신이었던 동산기독병원의 창설로부터 100주년에 이르렀으므로 그동안의 역사를 기록하고자 동산의료원 100주년 기념사업 일환으로 편찬한 것이다. 지금부터 100년 전 동산병원은 빈곤과 질병으로 인하여 황폐했던 이 땅에 서구로부터 기독교 문화와 함께 서양 의술을 도입하여 한국 근대사의 발전에 적지 않게 기여했다. 그 무렵 미국북장로교에서 대구 경북지방을 겨냥하고 목사와 의사들을 선교사로 파송하여 도처에 교회와 병원을 설립하기에 이르렀다. 그들 중 의사인 존슨 박사가 현재의 대구 서문시장 옆 푸른 언덕에 진료소를 세워 진료를 시작한 것이 서양 의술의 효시가 되었다. 그것이 뿌리를 내리고 한 세기를 거침없이 자라 거목으로 성장한 것이 지금의 동산의료원이다. 이렇게 동산의료원의 역사는 이 지역의 근대사와 함께 성장하였으며, 대구 경북지방을 위하여 몇 가지 주요한 역사적 과업을 수행했다.

첫째, 동산의료원은 근대 서양 의술의 발상지이다. 그리고 시민과 고락을 함께하며 성장한 지역 최초의 의료기관이다. 초기의 병원은 경북 일대의 두메산골, 산간오지의 곳곳에까지 진료대를 파송하여 진료와 국민계몽과 전도로 절망한 농민들에게 희망과 진리를 심어주는 역할을 했다. 그런 의미에서 동산의료원의 역사는 실로 이웃과 고락을 함께한 역사였다.

둘째, 동산의료원은 근대의술을 통한 선교사역과 기독교 문화창달의 선두주자였다. 본 의료원의 성장과 함께 선교사역을 통하여 복음을 전하였고, 그 결과 세워진 교회가 147개나 되며 각종 행사를 통하여 기독교 문화가 이 고장에 뿌리를 내리게 한 원동력이 되었다.

셋째, 1980년 동산병원과 계명대학교의 합병으로 지역을 위한 명문 기독종합대학교로 성장하는 발판을 놓게 되었다. 합병하는 과정에 다소 진통이 있었으나 21세기를 눈앞에 두고 100주년을 맞이하는 지금 의료원의 행보는 더욱 빨라지고 있다. 동산의료원이 걸어온 지난 여정을 되돌아볼 때, 지난 격동의 한국 100년사 속에 기독교 100년사와 더불어 동산의료원 100년사가 숨쉬고 있음을 느끼게 된다.

변화하는 한국의 100년사 속에 일본의 침략과 태평양전쟁, 8·15광복, 6·25동란, 4·19의거, 5·16혁명, 10월 유신, 10·26 사건 등 엄청난 시대적 사건과 변화가 있었다. 이러한 근대사와 더불어 동산의료원은 국가적 격동과 기독교의 교파분열과 함께 계속되었던 수많은 내적갈등 속에서도 뿌리를 내려 오늘날 견실한 성장을 이룩한 것이다. 1997년 11월 조직된 편찬위원회는 이 변화무쌍한 지난날의 역사를 기록에 남겨야 한다는 막중한 책임감을 느꼈다. 지난 시대의 변화가 너무 많았고, 그간 기록으로 남아있는 병원의 역사가 제대로 없어 자료수집에서부터 어려움을 겪었지만, 다행스럽게 1977년과 1993년 두 차례에 걸쳐 편찬된 동산병원 전도회 연혁사에 수록된 자료를 토대로 백방으로 힘써 수집한 자료들을 종합하였고, 지역 기독교 사가(史家)인 이재원 선생을 주필로 청탁하여 본격적으로 집필하게 되어 일 년에 걸쳐 초창기 역사를 정리하게 되었다.

심히 방대한 역사적 사건들을 더욱 알차게 편집할 수 있었으면 하는 아쉬움이 있었으나 100주년을 맞이하면서 짧은 기간 내에 이만큼이나마 정리하여 가시적인 역사로 남겨둘 수 있게 됨은 하나님의 크신 은혜요 의료원의 자랑이라 생각된다. 미진하고 부족한 점이 있을 것으로 짐작되나 편찬위원들이 최선을 다하여 사명감으로 마무리하게 된 점 알아주시면 감사할 따름이다.

끝으로 바쁜 업무 중에도 과외 시간을 할애하여 최선을 다한 편찬위원 여러분과 이 일에 동참해 주신 각 부서의 모든 분께 심심한 감사를 드리며 적극적으로 도와주신 출판부에도 경의를 표한다.

5. 『대구는 제2의 예루살렘』

서문: 전재규 박사

1999년 동산의료원이 설립된 지 100주년을 맞이하였을 때 필자는 『동산의료원 100년사』 편찬위원장의 직책을 맡으면서 그때부터 대구 경북지역 교회사에 더욱 관심을 갖게 되었다. 동산의료원 초기 역사를 정리하던 중 동산병원 2대 병원장 플레처 박사가 1925년에 친히 작성한 대구 경북지방 교회 배치도를 발견했다. 대구 경북 초대 교회 설립을 표시한 이 배치도의 모습은 마치 태양계의 모습처럼 보였고 영적으로 시온의 모습처럼 여겨졌다. 그 후 동산병원의 초기 역사를 정리하던 중 원래 달성 서(徐)씨의 문중 산(山)이었으며 공동묘지였던 대구 부성 밖 동산 언덕 위에 올랐던 초기 선교사님들은 우리가 서 있는 이 땅은 천지를 창조하신 하나님께서 우리에게 허락한 준비된 땅 즉 '여호와 이레의 땅'으로 믿고 그 땅을 매입한 것이 대구 경북 신앙의 터전이 되었다. 그 동산 언덕 위에서 초기 선교사들은 성을 한눈에 바라볼 수 있었던 언덕 자락에 서서 대구제일교회가 서있던 예배당과 대구 부성을 바라보며 이스라엘 나라의 예루살렘 같음을 연상하였다. 그리고 남문 곁에 우뚝 서있던 망대는 다윗의 망대와 같고 느낌도 우연이라 할 수 없다. 복음이 대구 경북에 전래됨과 동시 대구 부성을 예루살렘으로 부르게 되었고 인접한 동산을 '여호와이레'라고 외친 후 거기에 선교부 센터가 들어서게 되었다. 그곳 중심으로 시온이 형성된 것은 분명히 하나님의 섭리라 믿게 되었다. 이상과 같은 생각으로 시대의 변천과 구속사의 흐름을 추적해 보았을 때 하나님께서 대구를 마지막 때에 들어 쓰시려고 일찍부터 계획하셨다는 강한 느낌을 받게 되었다.

대구 부성은 조선 영조 12년에 석성(石城)을 쌓았는데 당시 경상남북도를 다스렸던 행정 본부인 경상감영이 성(城) 중앙에 있었다. 당시 대구는 한양 다음의 위상을 지닌 도시였고 모든 공식행정은 영남 제일관을 통하여 이루어졌다. 그런데 제일관 문을 들어서자 바로 인접한 성벽 안에 제일교회가 서게 된 것이었다. 그리하여 남문안예배당이라 불렀다. 그리고 1933년 10월 6일에는 448평의 세 번째 성전이 준공되어 전국에서 3,600명의 교인이 전 조선 제4회 대회에 회집되었다. 그 기간 중 10월 8일 오전 11시 제일예배당 헌당예배를 드렸는데, 라셀 박사께서 설교하였고 이때부터 대구를 제2의 예루살렘이라 불렀다. 당시의 성곽 모습을 자세히 보면 예루살렘 성곽을 빼어닮았고 크기도 흡사하여 그 성터가 유일하게 동성로 서성로 남성로 북성로의 현재 길로 복원되어 남아있는 것이다.

뿐만 아니라 필자가 어릴 때는 사회적으로 어디를 가든지 대구는 예루살렘이라는 구호를 들으면서 신앙생활을 하였던 기억이 생생하다. 대구를 본격적으로 동방의 예루살렘, 남한의 예루살렘, 제2예루살렘으로 불렀던 시기는 1950년 6·25 한국전쟁부터 1965년 어간이라 짐작된다. 그것은 6·25 한국전쟁의 이북 평양지역의 많은 피난민이 대구로 내려와 정착하게 되었고, 그때부터 새벽기도와 십일조 등 신앙의 뜨거운 열기가 고조되었다. 그리고 6·25 한국전쟁은 대구 경북지방의 낙동강 왜관철교를 단절하여 적의 공격 전선을 방어했기 때문에 대구를 '호국의 성지'라 칭하게 된 전략적 명칭이 된 것이다. 그러나 불행하게도 1961년 5·16군사혁명 이후 국가적 산업화와 더불어 예루살렘이란 구호가 차츰 사라져갔으며, 1990년에 이르기까지 잠적하였다.

다행히 지난 10여 년 전부터 이 말을 다시 사용하기 시작하였고, 근래에 이르러서는 동방 예루살렘이라는 구호가 공식화된 용어처럼 사용되고 있다. 이와 같은 시대 흐름에 따라 호국의 성지 청라언덕, 3·1운동언덕길, 몽마르트 언덕 등 아름다운 역사적 호칭이 다시 붙게 되었다.

이러한 역사적 사료를 검토해 볼 때, 대구의 근대문화는 이 동산에서부터 시작되었으며, 대구 경북 교회사와 밀접한 관계를 갖고 있다. 그러므로 대구 경북의 근대문화의 초석이 된 기독교 문화를 이 땅에 정착시키려면 먼저 신앙의 뿌리를 찾아야 할 것이다. 이제 기독교와 근대문화가 연관하여 발원한 장소가 고증되었으니 이곳에 여호와이레 동산 제2예루살렘을 표시한 지계석(地界石)이 범교단이 연합하여 한마음으로 곧 세워질 것이다. "예루살렘을 위하여 평안을 구하라. 예루살렘을 사랑하는 자는 형통하리로다"(시 122:6)

필자는 10여 년 전에 대구의 예루살렘과 시온에 관한 글을 기고한 적이 있다. 그 글이 이 책 내용의 밑거름이 되었다. 하나님 섭리 가운데 극동방송 대구지사가 설립되어 2011년 2월 12일에 송출식을 가지면서 첫해 슬로건으로 동방의 예루살렘 대구는 제2의 예루살렘이었다는 제목으로 1년 동안 50회의 방송 강연을 진행했다. 이 책 강연을 편집하여 대신대학교 기독문화연구소가 편찬한 것이다. 강연문의 특성상 같은 내용이 중복된 부분이 있으나 이러한 점은 앞뒤 강연의 맥락을 짚어가기 위한 것으로 이해하기 바란다. 이 책이 대구를 제2예루살렘으로 회복하는 데 다소나마 도움이 될 수 있기를 바란다.

6. 백암의 회고록 서문 및 서평

1) 『백암의 회고록』 서문

하영웅 목사

사람들은 세상에서의 삶이 점점 더 서럽다고 말한다. 어디로 가야 할지 모를 세상 속에서 어두운 곳만 바라본다면 무엇이 밝은 것인지 분간하기 어려울 수 있을 것이다. 이럴 때일수록 올곧게 걸어간 선배들의 삶, 선한 지표가 필요할 것이다. 하지만 믿음의 선진들의 진솔한 삶에 관한 이야기를 듣는 것이 쉽지 않다.

백암 전재규 박사는 한국 의료계의 1세대 마취통증의학과 의사로 한국 의학발전에 기여하셨고, 은퇴 후에는 아파하는 사회 곳곳을 다독이며 왕성하게 활동하고 계신다. 고통스러워하는 사람의 손을 잡아주시고, 기억해야 할 역사를 보전하는 행보를 펼쳐나가신다. 오늘도 평안을 나누는 걸음을 멈추지 않는다. 다른 방향으로 치우치지 않게 하시고 믿음으로 한길 걸어오도록 지금까지 이끄신 분이 나의 주인이신 하나님이시고, "모든 것 하나님 이루셨다."고 고백한다. 백암의 삶을 기록으로 남겨 하나님께서 역사하신 이야기들을 함께 나누려 하는 이 책은 단순히 한 사람이 살아온 이야기가 아니라 하나님께서 어떻게 지키시고 그의 삶을 이끄셨는지에 대한 이야기이다.

백암의 삶 속에 역사하신 하나님께서 나의 삶에 어떻게 일하실지 이 책을 통해 발견하기를 기대한다. 모든 연령층이 편안하게 읽고 나눌 수 있도록 신세대가 이해할 수 있는 문체를 사용했다. 오늘날의 유행하는 스타일을 따른 트렌디한 디자인에 담아낸 글을 읽는 자들로 하여금 흥미를 갖게 만든다. 백암 전재규 박사를 만나면 웃음이 난다. 언제나 먼저 악수를 청하시고 유머 있는 말로 분위기를 편안하게 만든다. 이 회고록을 통해 그리스도인의 향기가 온 누리에 퍼져나가며, 따뜻하고 유쾌한 웃음이 번져나가길 기대한다.

2) 『백암의 회고록』 서평

소재열 목사

백암 전재규 장로, 그가 태어난 지 84년의 해에 『아픔은 잠들고 사랑을 깨우라』라는 회고록이 출간되었다. 그는 선교사들이 최초로 대구를 방문한 후 44년째 되는 해인 1937년에 출생했다. 특히 그가 태어난 경상북도 칠곡군 동명면 동명리는 일찍이 부산 선교부 개척자로 임명되어 1893년 4월 17일부터 5월 20일까지 대구와 경북지역을 순회하며, 복음을 전한 베어드 선교사 이후 최초로 동명에 복음이 전해졌다. 하나님의 섭리는 전재규 장로가 태어나기 40년 전 고난의 시대에 대구와 칠곡 동명에 복음이 전해지도록 길을 열어두었으며, 장차 대구지역의 복음의 사역자로 전재규 장로의 출생을 허락했다. 양화진 외국인 묘지에 베어드 가족의 기념비가 세워져 있는데 '부산과 대구를 개척한 선교사, 우리를 사랑하시는 이로 말미암아 넉넉히 이긴 자'라는 비문은 어떻게 복음이 대구에 전해졌으며, 어떤 사역자들이 대구지역에 하나님 선교의 역사를 이끌어왔는지를 회상하게 한다.

미국북장로회 해외선교부에서 언더우드 선교사보다 먼저 한국 주재 선교사로 임명받은 헤론(J. W. Heron, 惠論)은 목사가 아니면서도 의사로 한국에서 복음을 위해 헌신했다. 헤론은 병원 운영 및 성서번역 사업에 참여하는 등, 순회진료, 문서선교 활동에 큰 공적을 남겼다. 헤론은 내한한 지 5일째 되는 날인 6월 26일, 뉴욕 북장로회 선교부 엘린우드 총무에게 "의료선교를 통해 개화와 선교의 문이 열리고 있으며, 이는 하나님의 특별한 섭리는 이 땅에 복음이 확산되게 했다."라는 편지를 보냈다.

한국교회 선교의 발자취를 따라가다 보면 한국교회뿐만 아니라 우리나라의 근대병원과 교육에 결정적인 헌신한 사람들이 등장한다. 언더우드 선교사, 헤론 선교사, 마포삼열 선교사, 베어드 선교사 등이 그들이다. 마포삼열 선교사는 미국 선교본부 총무에게 보낸 편지에서 자신의 신학교 동기인 베어드 선교사를 한국에 파송해 달라고 강력히 요청하여 그 뜻이 이루어져 1891년 2월 2일에 입국하여 다음 날 그는 부산선교부 선교사로 임명되었다. 헤론과 언더우드 선교사들의 협력으로 이루어진 제중원(濟衆院), 마포화열 선교사의 총신대학교의 전신인 평양장로회신학교, 베어드 선교사의 대구 선교와 숭실대학교의 전신인 평양 숭실학당의 개척은 오늘의 한국교회와 근대문화는 물론 교육과 병원을 통한 선교사역은 한국교회의 부흥을 가져오는 계기가 되었다.

마포삼열 선교사는 의료사업과 교육사업은 조선에 선교의 문을 여는 데 필요했으며, 앞으로도 계속 진행해야 한다고 믿었다. 그러나 이는 교회설립과 복음전도보다 앞설 수 없으며, 뒤따라가야 한다고 확신하였다. 의료사업과 교육사업은 교회와 선교를 위한 목적사업이어야 한다는 것을 분명히 하였다. 바로 전재규 장로는 1962년 경북대학교 의과대학을 졸업하고 의사가 되어 초기 선교사들이 했던 그 방법대로 30년 동안 병원 현장에서 의료를 통해 복음을 전하는 데 일생을 바친 분이시다.

한국에 복음을 전한 선교사들이 한국인에 의해서 스스로 운영되고 관리되어야 한다며 1907년에 한국교회 독립을 위한 독노회를 조직하였다. 그러나 목회자 양성을 위한 평양장로회신학교는 한국교회가 운영하고 관리하는 능력이 없었다. 그래서 자력 운영, 자주 치리가 이루어지지 못했다. 그러나 전재규 장로가 대구지역에서 바로 병원 의사로서 목회자를 양성하는 대구 대신대학교를 지역교회가 자치적으로 운영되어야 한다는 신념으로 총 65억여 원을 기부할 수 있었던 것은 바로 미국에서 언더우드 선교사 형제들이 한국교회를 위해서 기부해 준 것과 같은 정신이었다.

전재규 장로의 어머니는 결혼 전, 외조부가 복음을 받아들이면서 믿음의 가정으로 대를 이었다. 그의 아내 역시 신앙의 대를 이은 믿음의 가정에서 자랐다. 아버지 어머니 신앙의 가르침 속에 자란 전재규 박사는 대구지역 교회에 지도자로 훈련을 받아 성장하였다. 어느 날 갑자기 세상에서 자기 하고 싶은 대로 살다가 회개하여 교회에 다닌 것이 아니라 아예 철저히 태어나면서

부터 신앙훈련을 받아 주의 종의 길을 걸어왔던 복음의 전도자였다.

백암 전재규 장로는 의사이면서 또한 대구신학교를 졸업하여 성경을 통하여 하나님의 형상으로 지음 받은 인간의 질병과 그 치유사역은 결국 하나님의 말씀인 성경에서 그 해답을 찾아야 한다는 믿음으로 대구신학교 야간부에 입학하여 신학을 공부했다. 신학을 공부하면서 대구신학교에서 영어 강의는 말 그대로 영어 수업이 영성 수업으로 이어졌다. 대구신학교를 졸업한 계기가 되어 당시 대구신학교에서와 대신대학교로 발전한 시기에까지 교수로, 학교법인 이사로 그리고 대신대학교 총장에 이르기까지 학교발전에 기여한 공로가 크다.

이 대신대학교는 대구지역의 목회자를 양성하는 신학대학교로 대한예수교장로회 총회(합동) 유관기관 신학교이다. 권력을 가졌거나 돈이 있을 때 신학교를 개인 사유화하려는 시대에 그런 것에 욕심내지 않았다. 순수한 신학대학 그 자체로 존속하여 예수 그리스도의 십자가를 통한 하나님의 복음을 전하는 것을 가장 큰 기쁨으로 여겼다. 이것이 바로 마포화열 선교사와 베어드 선교사의 선교 정신이었다. 대구의 제중원인 동산병원은 마포화열 선교사의 아들을 통해 그 정신이 구현되었으며, 전재규 박사는 그 정신을 자신의 정신과 삶의 목표로 삼아 헌신하였다.

호남을 선교지역으로 활동했던 미국남장로회 선교부 소속 오웬 선교사는 의사이면서 목사의 신분으로 광주 전남지역 선교 활동을 통해 많은 사람을 치료하며, 복음을 전하고 교회를 세웠다. 전재규 장로는 의사이면서 신학교를 졸업하고 목사안수를 받을 수 있었지만, 의사 선교사로 사명을 충실히 감당하기 위해 신학을 공부하였을 뿐이라고 말한다. 대구 동산병원에서의 30년 근무 가운데 백암이 가졌던 의료를 통한 복음 전도의 정신은 한국의 최초 근대병원인 제중원 설립과 초기 운영을 책임졌던 헤론 선교사의 정신이기도 했다. 전재규 장로의 『동산에서의 30년』이라는 책에는 그의 활동에 대한 흔적이 고스란히 기록되어 있다.

그가 어떻게 예수 그리스도의 심장으로 한 시대 대구지역에서 복음 전도

사역을 위해 헌신해 왔는가를 보여준다. 의료분야에서 돌봄사역과 치유사역에 대한 인간의 본질적인 질문을 통해 학문적인 연구 결과물들은 감히 목회자가 할 수 없는 전문 영역에 관한 귀한 연구 작품들을 내놓기도 했다. 청년 의사였던 로이드 존스(David Martyn Lloyd-Jones)가 40세가 되던 해에 런던 웨스트민스터 채플에서 설교자로 활동하면서 강력한 영향을 끼친 것과 같이 전재규 장로는 의사로 대구지역 교회에서 강력한 복음 전도자의 영향력을 행사하였다.

마포화열 선교사가 한국에 선교사로 입국한 후 "이 나라의 미래에 위대한 가능성이 있다. 한국인은 지적이고 매력적이며, 관리의 수탈에서 벗어나고 노동이 천하다는 생각을 버리면 강한 민족으로 발전할 것"이라는 예언은 그대로 적중되었다. 대구지역과 동산병원의 찬란한 복음의 영광이 꽃피울 수 있었던 것은 꿈과 비전을 갖는 주님의 일꾼인 사역자들이 있었기 때문이다. 그 사역자 중에 전재규 장로를 언급할 때 이의를 제기한 사람은 없을 것이다. 특히 그의 『의사의 눈으로 본 십계명, 주기도, 팔복』은 신학을 공부하지 않은 단순한 의사의 눈이 아닌 신학을 공부한 의사의 눈으로 보았다는 점이 특징이다. 성경적 기독교 윤리의 독특성과 율법의 기본법인 십계명은 기독교 윤리와의 불연속을 거부하고 밀접한 관계가 있음을 목회자가 놓친 부분을 예리하게 접근하고 있다는 점은 오늘날 현대교회에 시사한 점이 크다고 할 수 있다.

서평자인 필자는 한국의 초기 선교사들의 일기와 각종 편지의 글을 며칠 밤을 새우며 탐독했다. 눈물을 흘리며 하나님 섭리의 역사에 감사했다. 오늘날 한국교회가 그냥 세워지지 않았음을 당시 현장 상황이 파노라마처럼 필자의 머릿속에 스쳐 지나갔다. 이즈음에 전재규 장로의 『아픔은 잠들고 사랑을 깨우라』 책과 관련된 몇 권의 책을 읽는 기회가 있었다. 어쩌면 초기 선교사들의 선교 방법이 대구에서 전재규 장로를 통해 재현되고 있음을 감사했다. 어떻게 지역 목회자 양성을 위한 신학교에 거금을 기부할 수 있는가? 미국의 언더우드 형제들의 기부, 또한 세브란스의 제중원 병원을 위한 거금을 거부한 일들이 오버랩(overlap)되어 또한 하나님께 감사했다.

7. 기고문

1) 최초에 설립된 한국의 소래교회

김남식 박사

백암 전재규 박사는 미국 대학병원 마취통증의학을 전공한 의사(醫師), 대한민국역사문화운동본부 이사장, 대구3·1독립운동사를 저술한 역사(歷史)학자, 대신대학교 총장을 역임한 신학자, 청라정신 사상과 문화운동 전개자, 미개발국 아프리카 나이지리아 선교활동 및 선교사 후원자, 한국 기독교 역사 및 대구 문화유산 '애락원 설립한 플레처 선교사 기념관 건립추진운동본부(범교단) 이사장' 특히 '대구애락원'의 실제 역사를 배경으로 하는 소설 『너도 가서 그리하라』의 공저한 소설가(공저 김진환), 대구 근대 역사교육, 과학, 문화유산 기록을 국제연합 교육과학문화기구(UNESCO)에 등재 추진위원장 등 의학, 신학, 역사문화, 많은 학문연구의 바탕으로 많은 운동을 대구경북에서 활발하게 전개하여 왔기에 그 이름도 널리 알려진 저명(著名)한 인물로 서울 거주하는 김남식 박사와는 평소 소통하고 교제하는 사이로 대구서현교회 건축 시 동양 최대 석조건축을 추진한 고(故) 정규만 장로의 전기 제목 『믿음의 사람 정규만 장로』 저서 출판을 김남식 박사에게 의뢰할 만큼 돈독한 관계에 있다.

성경의 전래로 자생교회의 첫 역사

〈크리스찬타임신문〉 기고문에 한국 최초의 자생교회 소래교회 역사의 향기를 찾아서 『백암 전재규 박사 평전(評傳)』에 인용하게 된 것은 한국의 최초로 소래교회는 자생교회(自生敎會)라는 유례없는 특성을 가지고 있기 때문에 대한민국 역사문화운동본부 이사장의 직임을 수행하는 백암 전재규 박사와 연관되기에 김남식 박사의 기고문 '역사의 향기(1) 한국 최초의 자생

(自生)교회 소래교회'를 인용한 것이다.

소래마을의 위치

소래교회는 황해도 장연군 대구면 송천리 당골에 있다. 대구면이 속한 장연군은 불타산을 중심으로 형성되어 있다. 북쪽으로 목감면, 락도면, 장연읍, 용연면, 박택면, 신화면이고, 남쪽에 속달면, 후남면, 대구면, 해안면이다. 불타산(佛陀山 608m)은 서쪽으로 뻗어있으며, 성주봉(聖主峰 554m), 노용봉(盧龍峰), 삼봉(三峰 400m)을 지나 장산곶이 있는 해안면 초입에서 멈추었다.

장산곶에서 해안을 따라 동쪽으로 가면 홍거리 삼거리가 나오는데(이곳부터 대구면이다) 북쪽 길은 장연읍으로 가는 길이고 동쪽으로 가면 속달면으로 가는 길이다. 동쪽 도로를 따라가면 금수리 목동을 지나 약 5km를 가면 소래마을(松川里)이다. 노용봉(盧龍峰) 아래 산기슭에서부터 대동만 해안까지가 소래마을이다. 불타산은 소나무가 울창하였고, 특히 노용봉 아래 선바위골(골 마을)에는 기암괴석이 많아 풍경이 매우 아름다운 곳이다.

이곳은 가난한 사람들이 선바위 주변의 산기슭을 개간하여 밭을 일구고 그곳에 집을 지어 마을이 형성된 선바위골이다. 선바위골은 화전민(火田民)들이 모여 만들어진 자생마을이기에 집들이 떨어져 있었다. 선바위골에서 해변으로 3km 정도 내려온 곳에 '구석몰'이 있다. 이 구석몰은 소래 심장부와 같은 곳이다. 구석몰은 송천리가 한눈에 보이는 곳에 있었다. 오른쪽으로는 중뜸, 당골, 아래소래가 있고, 왼쪽에는 받뜸, 산막골, 소래, 이촌, 덕촌이 있었다.

소래에 뿌려진 복음과 수많은 지도자를 배출한 어머니 교회

하나님께서 직접 소래를 택하시고 복음을 전하게 하신 역사적 사건들을 살펴본다. 1816년 영국 해군의 맥스웰 대령이 해로 탐사 겸 선교차 소래 바다까지 와 어부들과 필담하며 전도하였다. 1832년 귀츨라프 선교사가 소래 해안까지 와 어부들과 필담을 나누며 한문 성경을 나누어주며 전도했다. 1865

년 토마스(J. Thomas) 선교사가 대구면 금수리 목동(大救面 金水里 牧洞) 앞에 있는 목동섬(陸島) 출신 김자평 성도의 안내를 받아 백령도에서 전도할 때 목동과 소래에서도 전도하고 백령도로 돌아갔다. 1867년 콜렛 선교사가 셔먼호의 행방과 토마스 선교사의 생사를 파악하기 위해 목동포에 와서 김자평 성도를 만나 자세한 이야기를 듣고 7일간 체류하며 목동과 소래에서 복음을 전했다. 하나님께서는 토마스 선교사와 김자평 순교자를 만나게 하시고, 만주에 서상륜 성도, 소래에 김판서를 보내셔서 복음이 들어와 정착할 길을 준비해 주셨음을 볼 수 있다. 참으로 놀랍다. 그 길을 살펴보고 싶다.

토마스 선교사와 순교자 김자평(金子平) 성도

평신도 순교자 김자평은 1789년도 황해도 장연군 대구면 금수리 목동섬(牧洞島, 陸島)에서 태어났다. 김자평은 대원군 시대부터 중국을 왕래하며 무역을 했다. 이때 천주교인이 되어 천주교 선교사들을 여러 번 안내했다. 김자평은 순교 전 76세인 1865년, 산둥성(山東城) 즈푸(芝界)에서 토마스 선교사를 만났다. 토마스 선교사를 도와 백령도와 서해안에서 복음을 전하고, 토마스 선교사가 순교를 당하자 이 사실을 증언하다 1868년 황해감사의 명에 의해 참수되어 조선인 최초의 기독교 순교자가 되었다.

소래(松川)교회 설립의 역사적 배경

존 로스(John Ross) 선교사와 그의 매부인 존 매킨타이어(John Macintyre) 선교사는 윌리엄슨(A. Williamson) 선교사로부터 같은 영국인 출신 토마스 선교사가 조선에서 선교하다 순교했다는 소식을 들었다. 두 선교사는 조선의 선교를 품고 만주(滿洲)지방에서 기도하며, 조선의 역사와 생활습관을 배우고 조선인의 출입이 빈번하고 고려인 3,000여 가구가 사는 고려의 옛 도시인 지안현(輯安縣, 集安의 옛 이름)의 리양즈(理楊子)에서 준비하고 있었다.

1874년 국경에 인접한 만주(滿洲) 고려문(高麗門)에서 만주인이 경영하는 여관에 의주 출신 이응찬(李應贊), 백홍준(白鴻俊), 이성하(李成夏), 김진기(金鎭基) 네 청년이 머물고 있었다. 그때 그 여관에 머물고 있던 존 로스(J. Ross), 존 매킨타이어(J. Macintyre) 두 선교사가 여관 주인에게 조선어 교사를 추천해 달라고 요청했다. 여관 주인은 이응찬, 백홍준, 이성하, 김진기 네 청년을 추천했다. 그들 중 이응찬이 성경은 배우지 않는다는 조건으로 조선어 교사 초빙을 수락했다. 그 후 국경에서 멀리 떨어진 선양(瀋陽, 옛 펑티안〈奉天〉)에서 로스(J. Ross), 매킨타이어(J. Macintyre) 선교사에게 새 학문인 영어, 수학, 물리학, 화학 등을 배웠다. 그리고 두 선교사에게 조선어를 가르치다 다시 고려문으로 돌아가 자기가 배운 신학문을 세 친구에게 이야기해 주면서 같이 가서 함께 배우자고 설득하여 모두 선양(瀋陽)으로 갔다.

성경을 배우지 않는다는 조건으로 3년간 새로운 학문을 배우고 조선어를 가르치던 중 영어로 된 문학 전집을 읽으며 학문의 깊이를 깨닫게 되었다. 마음의 문이 조금씩 열리게 되었을 때 성경은 이 책들보다 더 심오한 진리가 있음을 깨닫고 성경을 읽었다. 그 후 네 사람은 1876년 존 로스 선교사에게 세례를 받고 우리나라 최초의 개신교 세례교인이 되었다. 이 네 청년은 1876년 가을부터 성경 번역을 시작하여 1880년에 공관복음 번역을 마치고, 1881년 정초에 사도행전 번역을 마쳤다. 그러나 번역을 하면서 난관에 부딪혔다. 조선어 활자가 없어 번민하고 있을 때 하나님께서는 이미 예비해 두셨던 또 한 사람을 보내주셨다. 그가 바로 한약 행상을 하는 의주 사람 한학자(漢學者) 서상륜(徐相崙, 1848. 7. 19~1926. 1)이었다. 서상륜은 13세 때 아버지(서석순, 徐奭淳: 콜레라로 34세 사망)가 돌아가시고 5일 후에 어머니마저 돌아가시자 가산이 기울어지기 시작했다. 그는 가산이 기울자 1873년 25세 나이로 집을 떠나 한약 행상을 하기 시작했다.

서상륜은 1878년 선양(瀋陽)에서 고향 친구인 이응찬 등을 만났다. 예수를 믿고 성경을 같이 번역하자는 친구들의 요청을 거절하고 선양(瀋陽)을 떠나려 하였다. 그러나 그날 갑자기 몸이 아파 치료를 받게 되었다. 그렇지만 차도가 없고 도리어 날로 병세가 심하여지더니 장티푸스까지 겹쳐 사경을 헤매게 되었다. 이때 서상륜은 매킨타이어의 주선으로 서양인이 경영하는 병원에 입원하게 되었다. 로스와 매킨타이어 선교사가 밤낮으로 그의 곁에서 극진히 간호하였다. 사경을 헤매던 서상륜은 한 달 만에 깨어나 가족에게서도 받아보지 못한 헌신적인 사랑을 받고 살아나게 된 사실을 알고 크게 감동했다. 이후 기독교인이 되어 성경 번역에 동참하고 조국 복음화의 선봉자가 되었다.

소래(松川)교회 설립예배

소래교회는 1883년 5월 16일 18명이 선바위골 예배처소에 모여 설립예배를 드렸다. 조선에 처음 세워진 소래교회의 기초를 놓은 설립 교인이니 복된 가정이다. 김성섬 집사가 예수를 영접하고 신실하게 신앙생활을 하자 자녀들도 예수를 영접하고 선교사들을 통해 서양 문물을 접하게 되어 한국교회와 나라를 위해 귀하게 쓰임 받은 명문가가 되었다. 소래교회에 다니면서 '양반', '상놈' 차별을 없애고 서로 한 형제처럼 대했다. 그리고 노비들을 해방하고 농지를 주어 내보냈다. 이후에 소작농들에게도 농지를 나누어 주어 자급하며 살 수 있도록 도와주었는데 김윤방, 김윤오 형제가 적극적으로 실행하여 더욱 존경을 받았다. 머슴살이하는 농민들은 소래에서 머슴살이하고 싶어 했는데 이는 머슴을 인격적으로 대해줄 뿐 아니라 일주일에 하루를 쉴 수 있기 때문이었다.

노비들이 해방되고 자립할 수 있게 도와준 것은, 바울 사도가 도망친 노예 오네시모 편에 빌레몬에게 편지를 보내어 그리스도의 사랑으로 받아 형제로 받아줄 것을 부탁하여 빌레몬이 오네시모를 믿음의 형제로 받아주었던 것만큼 놀라운 사건이었다. 남녀차별도 없애고 여자아이들도 학교에 보내고 서울과 외국으로 유학을 보내 공부시켰다. 지역사회에 절대적인 영향을 끼치고 있었기에 소래교회에서 주관한 사회개혁도 쉽게 자리를 잡을 수 있었다.

이런 사실을 알게 된 언더우드(H. G. Underwood) 선교사가 1886년 의사 에비슨(O. R. Avison) 선교사를 대동하고 소래교회를 방문하였다. 그리고 김윤방 집사를 찾아가 기독교 복음과 왜 자신이 조선에 와서 기독교를 포교하는지를 자세히 설명하였다. 김윤방 집사는 크게 감동하고 신실한 믿음의 사람이 되어 집안 사람들과 이웃 사람들을 전도하였다. 김윤방 집사는 언더우드 선교사 일행이 머무는 동안 사랑채를 제공하고 하인들을 통해 식사와 잠자리 정리까지 세심히 배려하여 불편이 없도록 하였다. 언더우드 선교사와 에비슨 선교사가 선교하며 동네 사람들의 질병을 무료로 치료해 주고 위생 생활을 지도하니 소래교회는 비약적으로 부흥하게 되었다.

예배당 건축과 헌당

소래교회는 날로 부흥하여 1895년에 예배당을 짓기로 결의하고 추진하게 되었다. 그러나 재정적으로는 대단히 어려웠다. 이 일을 위하여 교인들이 열심히 기도하고 또 지방 유지들과 교섭한 결과 대지를 마련하였는데 동네에서 무속신앙으로 당제를 지내던 당 터를 교회에서 무상으로 얻게 된 것이다. 몇몇 교인들은 귀신의 터에다 어떻게 예배당을 지을 수 있겠느냐고 반대했다. 또 소문을 들은 무녀 복술가들과 미신 신봉자들이 결사적으로 반대하며 저주하는 욕설과 폭언을 퍼부었다. 그러나 굴하지 않고 당 터에 예배당을 세운다는 것은 마귀와의 싸움에서 이기는 것이요, 귀신을 몰아낸 승리의 상징이 되어 지역사회에 아주 좋은 본보기가 될 것이라는 의견을 모아 결정하게 되었다.

목재는 김윤방(김마리아 부친) 성도 소유의 남산 큰 솔밭에서 조달하였다 그 밖의 건축재료는 교인들의 정성 어린 건축헌금으로 구입했다. 그리고 교인들이 할 수 있는 일은 직접 나서서 하였다. 귀신의 소굴이란 당 터에 있던 아름드리 거목을 베고 터를 닦을 때 무녀 박수들이 천벌을 받을 것이라고 야단법석을 떨었지만 터 닦는 일은 순조롭게 진행되었다. 그리고 남산 김윤방 씨 소유의 남산 솔밭에서는 거목을 찍고 다듬는 소리가 힘차게 울려 퍼졌다.[1]

---

1 김남식 박사 약력(profile)은 다음과 같다. 일본 와카야마(和歌山縣) 출생, 고신대학교, 단국대학교 문리대, 중앙대학교, 총신대학교 신학대학원, 미국 Refomed Theologcal Seminary, 선교학박사 학위, 남아공 University of Stellenbasch 신학박사 학위, 미국장로교(PCA) 목사장립, 미국 월인톤한인장로교회, 인천청농교회, 서대문장로교회, 커버넌트 일본교회시무, 〈기독신문〉 편집국장 주필, 〈크리스찬타임, 기독신보〉 논설고문, 국제성시화운동본부 고문, 고베신학교 초빙교수, 한국장로교 신학사상 외 90권 저서, 칼빈주의 예정론 외 38권 역서 출판문화상 저술상, 목양문학상, 총신문학상 수상, 한국장로교사 학회장, 목양문학회장, 총신문학회장 역임, 현, 개인전기, 교회사 저술 저자로 활동한다.

2) 7인의 선발대를 아시나요

기독교 선교역사를 존중하는 백암 전재규 박사는 (사)대한민국역사문화운동본부 이사장직에 취임하기 이전부터 잊혀가는 대구·경북 기독교 선교역사를 새롭게 조명하고 집중적으로 연구한 결과물을 내놓았다. 『청라정신과 대구·경북 근대역사문화』, 『대구 3·1운동사』, 『대구동산의료원 100년사』, 대구애락원을 배경한 역사소설, 『너도 가서 그리하라』 등 그의 저서를 살펴보면 기독교가 대구·경북 역사문화 발전에 미친 영향을 알 수 있으며, 또한 기독교적 가치가 사람들의 삶을 얼마나 변화시키고 생활을 혁신하였는지 잘 알 수 있다.

미국 북장로교회 선교사들이 대구·경북에 들어왔을 당시 지역민들의 삶의 환경은 경제적으로 너무나 가난하고, 문화의 혜택을 누리지 못하는 열악한 상태에 놓여있었다. 이러한 곳에서 선교사들은 복음전파, 교육, 의료선교에 열정을 쏟았다. 그들이 뿌려놓은 복음의 씨(seed)가 꽃을 피우고 열매를 맺어 135년이 지난 오늘에 도시 농촌 할 것 없이 곳곳에 교회가 세워지게 되었고 성장한 한국교회는 민족 복음화와 해외 선교를 위한 사명을 잘 수행하고 있다. 이러한 시기에 대구·경북의 기독교 역사와 문화를 사학자적 식견으로 조망(眺望)한 백암 전재규 박사는 남들이 바라보지 못하고, 세월에 묻혀서 찾아내지 못하는 선교역사의 뿌리를 캐내고 들춰내어 나무둥치의 연륜(나이테)을 분석하고 가지에 피어난 짙은 꽃향기를 흡취(吸取)하고 결국 열매를 맛보게 하는 일에 선구자적 업적을 남겼다.

백암 전재규 박사의 기독교 역사문화에 관한 애정은 한 지역에만 국한되지 않고 선교의 그루터기가 있는 전국의 선교지를 답사하면서 그곳의 선교역사를 탐구하고 있다. 특별히 대구·경북뿐만 아니라 호남지역에도 미국 남장로교선교부가 파송한 선교사들의 복음전파를 통해 뿌리내린 기독교 역사와 문화의 흔적들이 곳곳에 남아 있다. 기독신문 정재영 기자는 그의 기고문 "7인 선교사를 아시나요"에서 미국 남장로교 선교사들의 한국을 향한 선교 동기와 헌신과 공헌에 대하여 역사적으로 서술했다.

미국 남·북장로교회 선교사들은 조선 땅에서 동일한 선교정책을 구현했다. 미국 남장로교회 선교사들도 미국 북장로교회 선교사들처럼 지역에 복음을 전파하여 교회를 개척했고 교육사업으로 군산 영명중·고, 전주 신흥고, 기전여고를 설립하여 기독교 인재양성에 집중했으며, 의료선교를 위해 전주 예수병원을 설립하는 등 동일한 선교정책을 추진하였음을 알 수 있다. 호남지역을 중심으로 선교 사역을 수행한 미국 남장로교회 선교사들의 사역을 통해 남겨진 기독교 유적지와 유물들은 호남지역의 기독교 지도자들에 의해 발굴되고 잘 보존하여 다음 세대에 전승하고 있다. 오늘날 호남지역 곳곳에는 기독교 유적지와 순례길을 조성하여 지역 관광 발전에 공헌하고 있다. 특별한 유적지로는 신안군 증도에 세워진 문준경 전도사 순교기념관 및 여수 손양원 목사 순교기념관(애양원) 등이 있다.

이와 같이 호남지역에는 선교역사와 관련한 유적지와 유물들이 잘 보존되어 있고, 관광지로 개발하여 많은 관광객이 방문하며 좋은 호응을 얻고 있다. 아무리 찬란한 역사 문화가 있다 할지라도 그 역사를 가다듬고 반짝이게 닦고 연마해야만 그 역사와 문화가 빛을 발휘하게 된다. 백암 전재규 박사께서 서울, 인천, 강릉, 공주, 전주, 광주, 목포 등 여러 곳을 답사하는 것은 대구·경북에도 선교기념관을 건립하고, 선교유적지들을 더 발굴하기 위한 행보의 일환(一環)이다.

정재영 기자의 기고문을 백암의 평전 부록에 덧붙이는 것은 평소 듣기만 하던 미국 남장로교 선교회에서 파송한 호남지역 선교 7인 선발대 이야기와 대구·경북의 미국 북장로교 선교사들이 한국 땅에서 복음을 위하여 헌신하고 희생한 그들의 선교역사는 오늘날 한국교회와 기독교인이 잊지 말아야 할 귀중한 역사이기 때문이다. 따라서 이렇게 가치 있는 선교역사와 정신을 잊지 않고 미래 세대가 귀중하게 전승해야 한다는 것이 백암의 지론(持論)이다. 호남지역 선교의 개척자인 7인의 선발대를 시작으로 한 선교 사역이 지역 곳곳에 많은 영향을 끼쳤고, 그들이 남긴 역사문화 유적지와 유물을 후손들이 잘 가꾸고 보존하는 이 정신을 계승하며, 그들의 열정을 본받아야 할 필요성이 있음을 기고문을 통해 발견하기를 기대한다.

호남선교 개척자로 활약하며 생명 바쳐 한국교회 섬겨

"한국만큼 사역자가 필요한 나라가 없고, 한국인만큼 복음을 기꺼이 받아들이려는 민족도 없다. 하나님께서는 오늘 교회에게 말씀하고 계신다. 문이 활짝 열렸으니 일어나 일하러 가라. 우리 어깨 위에 이 엄청난 책임이 부과되어 있다!"

1891년 10월 미국 테네시주 내슈빌에는 수많은 젊은 신학생들이 모여, 열정적인 강연에 귀를 기울이고 있었다.

6년 전 미지의 땅 한국으로 떠났던 장로교 선교사 호레이스 언더우드(한국명 원두우)는 첫 안식년을 맞아 귀국한 후, 전국을 돌며 젊은 복음사역자들에게 한국선교에 동참할 것을 독려하는 메시지를 전했다. 그의 강연에는 한국에서 건너와 유학 중이던 윤치호도 동행했다.

두 사람의 호소는 여러 사람들의 마음을 움직였다. 그중에는 맥코믹신학교에 재학 중이던 루이스 테이트와 유니언신학교의 윌리엄 레이놀즈가 있었다.

이들은 매일 오후 3시, 자신들의 기숙사 방문까지 걸어잠근 채 깊이 기도하며 한국행을 결심하고 준비를 시작했다. 1892년 발간된 〈The Missiona-ry〉에는 레이놀즈 그리고 한국선교에 의기투합한 같은 신학교의 윌리엄 전킨의 '우리는 왜 한국에 가고 싶은가'라는 글이 실렸다. 어떤 난관이 있더라도 한국행을 포기하지 않겠다는 결의가 그 글에 담겼다.

여기에 한국선교를 위한 재정후원까지 더해진다. 호레이스 언더우드의 형으로 타자기 사업을 통해 성공을 거두고 있던 존 언더우드가 미국남장로교선교부에 3,000달러를 먼저 기부했고, 동생인 언더우드 선교사 또한 500달러를 추가로 헌금한다. 이들 형제는 미국북장로교 소속이었지만, 한국선교를 돕고자 다른 교단 선교부에 기꺼이 거액의 성금을 전달한 것이다.

마침내 미국남장로교선교부는 테이트, 레이놀즈, 전킨의 한국선교사 파송을 결정한다. 이들 3명에다 테이트의 여동생 매티 테이트, 레이놀즈의 아내 팻시 볼링, 전킨의 아내 매리 레이번, 여기에 홀몸으로 동참한 리니 데이비스까지 4명의 여성들이 합류해 일행이 구성된다. 이렇게 한국을 찾아온 일곱 명의 선교사들을 역사는 '7인의 선발대' 혹은 '7인의 개척자'라 부른다.

이들은 미국 샌프란시스코에서 출발해, 일본 요코하마를 거쳐 인천 제물포로 상륙한다. 이듬해 각국 선교부의 예양협정에 따라 7인의 선발대에게는 호남선교의 임무가 부여된다. 이들의 첫 목적지는 당시 전라도의 대표도시 전주, 레이놀즈의 어학선생 역할을 하던 한국인 조사 정해원이 1893년 늦은 봄 먼저 출발한다.

정해원이 전주 은송리에 마련한 거점은 전주선교부의 기지가 되었고, 그가 전도한 사람들은 첫 성도들이 되었다. 테이트 레이놀즈 등 차례차례 전주로 합류한 선교사들은 호남의 모태교회인 전주서문교회를 비롯해, 예수병원 신흥학교 기전학교 등 복음전파를 위한 발판들을 성공적으로 마련한다.

한편으로 전킨은 의료선교사인 알레산드로 드류와 함께 군산선교부를 개척해 호남선교의 또 다른 거점을 만든다. 이후로 목포 광주 순천 일대에 차례로 선교부가 개설되고, 성실하고 열의 넘치는 선교사들의 활약 속에 수많은 교회 학교 병원들이 세워진다. 그리고

① 호남선교의 개척자들인 미국남장로교선교부 파송 '7인의 선발대'의 흉상이 호남기독교박물관에 전시되어 있다. 오른쪽부터 윌리엄 레이놀즈, 팻시 볼링, 매티 테이트, 루이스 테이트, 리니 데이비스, 매리 레이번, 윌리엄 전킨 선교사. ② 루이스 테이트 선교사와 그의 아내이자 예수병원 설립자인 마티 잉골드 선교사가 말을 타고 전도여행을 다니는 모습. ③ 전주에서 한국인 성도들과 함께 우리말 성경번역 작업에 한창인 윌리엄 레이놀즈 선교사. ④ 군산 멜볼딘여학교의 학생들과 학교 설립자인 매리 레이번 선교사. ⑤ 윌리엄 전킨 선교사의 가족사진. ⑥ 전염병으로 숨진 리니 데이비스 선교사의 묘소 앞에 선 전주의 선교사들.

이들의 사역반경은 호남지역에만 머물지 않았다.

레이놀즈(한국명 이눌서)의 경우는 높은 수준의 언어학 재능을 활용해 한국어 성경번역의 일원으로 참여하여 1920년 신구약 성경 완역을 이루어냈으며, 1917년에는 평양신학교 교수로 부임해 1937년 일제의 강압으로 학교가 문을 닫을 때까지 〈신학지남〉 편집인으로 활약한다.

그의 아내 팻시 볼링은 선교사였던 어머니의 영향을 크게 받았다. 당초 교사로 활동하다가 결혼 후 한국선교사로 자원하면서, 남편과 함께 서울 전주 목포 평양 등지에서 활동했다. 레이놀즈와 팻시 볼링 사이에서 태어난 차남 존과 막내 엘라 역시 순천 등지에서 사역하며 3대째 선교사 가문의 맥을 이었다.

루이스 테이트(한국명 최의덕)에게는 복음 전도와 교회 개척에 큰 은사가 있었다. 전주서문교회의 초대 담임목사직을 시작으로, 전북 내륙 곳곳을 오가며 무려 78개 처의 교회를 개척했다. 그를 통해 목사 5명, 장로 21명 등 장차 한국교회를 이끌어갈 지도자들도 세워졌다. 그는 지병이었던 심장병이 악화되어 더 이상 선교사직을 수행할 수 없자 1925년 귀국했다.

루이스의 여동생 매티 테이트(한국명 최마태)는 일생 동안 독신으로 지내며 능통한 한국어 실력을 바탕으로, 어린이전도와 여성전도를 통해 수많은 열매를 거두었다. 루이스가 한국에서 만나 결혼한 마티 잉골드 또한 예수병원을 설립하여 의료선교의 초석을 놓으며 대한민국 근대의학 발전에 커다란 족적을 남겼다.

이 땅에서 생을 마친 이들도 있었다. 리니 데이비스는 당초 사역지로 아프리카를 희망했다가 한국으로 방향을 바꾸었다. 7인의 선발대 중 가장 먼저 한국 땅을 밟은 그녀는 쉬지 않고 복음을 전하며, 1년 동안 무려 1,885명을 전도하는 기록을 남긴다. 1898년 윌리엄 해

리슨(한국명 하위렴) 선교사와 결혼한 후에도 열정적인 전도자로 활동하다가, 1903년 전주에서 전염병으로 목숨을 잃는다.

군산선교의 개척자인 윌리엄 전킨(한국명 전위렴)은 스스로 과중한 업무를 수행하다 한국 땅에서 여러 번 죽음의 고비를 넘겼다. 하지만 어떤 두려움과 시련도 그의 타고난 성실함을 막아내지 못했다. 오죽하면 선교부에서 전킨에게 반경 5km 이상을 벗어나 사역하지 못하도록 가로막을 정도였다. 결국 그는 1907년 성탄절에 발병한 폐렴으로 이듬해 1월 별세한다.

아내 매리 레이번(한국명 전부인) 남편과 사별 전, 먼저 어린 세 아들을 이 땅에서 풍토병으로 잃었다. 하지만 그는 실의에 빠지지 않고 군산 멜볼딘여학교(현 영광여고)를 설립하는 등 자신의 역할에 최선을 다했다. 1908년 귀국한 후에도 남편을 추모하는 뜻으로 미국에서 모금활동을 벌여서, 전주서문교회에 커다란 종을 선물한다. 당시 건립된 종탑은 지금까지 남아있다.

오늘날 전라도 일대가 대한민국 최고의 복음화율을 자랑하는 지역으로 우뚝 설 수 있었던 데는 7인의 선발대를 비롯한 미국남장로교 선교사들의 헌신이 자리하고 있다. 호남 기독교인들의 영적 족보에 서두를 차지한 이들의 행적을 그 영적 후예들은 마땅히 기억하고 계승해야 할 것이다.

7인의 선발대 발자취 찾아서

전주대학교 스타센터 입구에 자리잡은 호남기독교박물관은 '7인의 선발대'에 대한 개략적 소개로 전시실 첫 머리를 장식하고 있다. 호남선교의 연원이 이들에게서 비롯되었음을 보여주는 동시에, 이들의 헌신을 통해 복음이 어떻게 호남 전역으로 번져나가고 꽃피웠는지를 한눈에 살필 수 있게 전시물들을 구성해 놓았다.

특히 호남기독교박물관은 '미스터 션샤인'이라는 부제로 5월 31일까지 기획전시실에서 '7인의 선발대' 특별전시회를 마련한다. 일곱 선교사들의 면면과 이들의 구체적인 활약상들을 확인할 수 있다.

예수병원 맞은편 언덕의 전주 선교사묘역에는 윌리엄 전킨 선교사와 세 아들 그리고 리니 데이비스 선교사의 묘소가 조성되어 있다. 여기서 지척인 전주서문교회를 방문하면, 전킨 선교사를 추모하기 위해 아내 매리 레이번이 모금해 건립한 종탑이 옛 모습 그대로 서 있다. 김제 금산교회, 군산 구암교회와 개복교회 등의 역사관에서도 이 땅을 위해 헌신한 테이트와 전킨에 관한 자료들을 전시 중이다.

'7인의 선발대' 멤버들의 실제 유품과 사료들은 뜻밖에도 대전 한남대학교에서 찾을 수 있다. 호남선교의 주역들이 훗날 충남선교에 착수하면서 상당수 자료들을 대전으로 옮겨갔기 때문이다. 한남대 박물관은 레이놀즈 선교사가 사용했던 물건과 각종 수집품 등을 소장 중이다.

글 정재영 기자 / 출처: 기독신문(http://www.kidok.com)

부록 II

백암의 유소년기 노래와 미래

1. 유소년기의 노래

1) 보릿고개

청보리 익어가는 초여름의 샛바람 장단에 어깨춤을 추며 초록빛 물결에 몸을 뒤척이는 보리밭 이랑 사이로, 밭고랑과 논둑을 넘나들며 흙 향과 풀빛이 빚어내는 생생(生生)한 보리 내음에 흠뻑 취해보고 싶다. 어린 시절 어머니가 들려주셨던 보릿고개 이야기는 가난한 시절을 살아가던 한 여인의 혹독한 가난이 무겁게 자리 잡고 있기에 금방 숙연해 질 수 밖에 없다. 파란 보리밭에 보리가 누렇게 익어가기까지 어머니 세대들의 속은 얼마나 애를 태웠을까! 어머니에게 보리밭은 가난했던 시절 보릿고개 너머 곡식이 여물어가는 희망이자 믿음의 상징이었다.

풀 내음 물씬 풍기는 초(初) 여름이면 달리 군것질 할 것이 없었던 우리 어린 시절엔 삘기(작은 갈대 잎처럼 자라는 식물, 삥기라고도 함)를 뽑아 먹고 아카시아꽃도 먹고, 송홧가루 등 새순을 먹고! 자연(自然)은 먹을 것 천지였다. 그래서 그런지 어린 시절이 가난했지만 그래도 아름다운 추억(追憶)으로 행복했던 낭만(浪漫)이 아로새겨져 있다.

청보리밭에서 실려오는 샛바람에 몸을 맡기면, 금방이라도 노고지리(종달새) 된 것처럼 한껏 가슴 부풀어오르고, 보리피리 입에 물고 목동이라도 되는 양 봄을 노래하기도 하며, 눈 오는 날의 강아지처럼 보리밭 이곳저곳 천방지축 뛰어다녀 보기도 한다. 그러다 종달새 따라 하늘을 향해 힘껏 돌팔매질 해보며, 입이 고프면 연둣빛 보리알을 한 움큼 입에 넣고 봄을 그렇게 씹어 볼 일이다.

학교 갔다 오는 길엔 누가 먼저랄 것도 없이 보리밭 옆에 둥그렇게 둘러앉아, 익어가는 보리 이삭을 모닥불에 올려놓고 호호 불어가며 손바닥으로 싹싹 비비면 '초록빛 보리알'만 빛이 난다. 그것을 한 움큼씩 입에 털어넣고 이게 바로 '봄을 씹는 맛'이라며 마냥 좋아하며, 얼굴과 온몸이 까매지는 줄도 모르고 그저 행복하기만 했던 동심(童心)어린 시절! 그때 내 고향을 푸르게 색칠하던 보리밭의 잊혀진 날들이 가슴속으로 밀물처럼 몰려드는 향수를 어찌하는 수 없어, 그저 먼 하늘만 바라본다. '풀피리 꺾어 불던 보릿고개의 슬픈 곡조(曲調)는 어머니의 배고픈 한(恨)이 서린 한숨 소리'가 진성의 노래 속에 지금도 귓전을 맴돈다.

2) 그때, 그 시절 애창 가곡

동무생각(작사 이은상, 작곡 박태준)

1. 봄의 교향악이 울려퍼지는 청라언덕 위에 백합 필 적에
   나는 흰나리 꽃 향내 맡으며 너를 위해 노래 노래부른다
   청라언덕과 같은 내 맘에 백합 같은 내 동무야
   네가 내게서 피어날 적에 모든 슬픔이 사라진다

2. 더운 백사장에 밀려드는 저녁 조수 위에 흰 새 뛸 적에
   나는 멀리 산천을 바라보면서 너를 위해 노래 노래부른다
   저녁 조수와 같은 내 맘에 흰 새 같은 내 동무야
   네가 내게서 떠돌 때에는 모든 슬픔이 사라진다

3. 서리 바람 부는 낙엽 동산 속 꽃진 연못에서 금붕어 뛸 적에
   나는 깊이 물속 굽어보면서 너를 위해 노래 노래부른다
   꽃진 연당과 같은 내 맘에 금새 같은 내 동무야
   네가 내게서 뛰놀 때에는 모든 슬픔이 사라진다

4. 소리없이 오는 눈발 사이로 밤의 장안에서 가로등 빛날 때
   나는 높이 옛 궁 쳐다보면서 너를 위해 노래 노래부른다
   밤의 장안과 같은 내 맘에 가로등 같은 내 동무야
   네가 내게서 빛날 때에는 모든 슬픔이 사라진다

보리밭(작사 박화목, 작곡 윤용하)
보리밭 사잇길로 걸어가면 뉘 부르는 소리 있어 나를 멈춘다
옛 생각이 외로워 휘파람 불면 고운 노래 귓가에 들려온다
돌아보면 아무도 뵈이지 않고 저녁놀 빈 하늘만 눈에 차누나

봄이 오면(작사 김동환, 작곡 김동진)
1. 봄이 오면 산에 들에 진달래 피네 진달래 피는 곳에 내 마음도 피어
   건너마을 젊은 처자 꽃 따러 오거든 꽃만 말고 이 마음도 함께 따가주

2. 봄이 오면 하늘 위에 종달새 우네 종달새 우는 곳에 내 마음도 울어
   나물캐는 아가씨야 저 소리 듣거든 새만 말고 이 소리도 함께 들어주

3. 나는야 봄이 되면 그대 그리워 종달새 되어서 말 붙인다오
   나는야 봄 되면 그대 그리워 진달래꽃이 되어 웃어본다오

봉숭아(작사 김형준, 작곡 홍난파)
1. 울 밑에 선 봉선화야 네 모양이 처량하다
   길고 긴 날 여름철에 아름답게 필 적에
   어여쁘신 아가씨들 너를 반겨 놀았도다
2. 어언간에 여름 가고 가을 바람 솔솔 불어
   아름다운 꽃송이를 모질게도 침노하니
   낙화로다 늙어졌다 네 모양이 처량하다

3. 북풍한설 찬 바람에 네 형체가 없어져도
평화로운 꿈을 꾸는 너의 혼은 예 있으니
화창스런 봄바람에 환생키를 바라노라

산유화(작사 김소월, 작곡 김성태)
산에는 꽃이 피네 꽃이 피네 갈 봄 여름 없이 꽃이 피네
산에 산에 피는 꽃은 저만치 혼자서 피어 있네
산에서 우는 작은 새여 꽃이 좋아 산에서 사노라네
산에는 꽃이 지네 꽃이 지네 갈 봄 여름 없이 여름없이 꽃이 지네 꽃이 지네

선구자(작사 윤해영, 작곡 조두남)
1. 일송정 푸른 솔은 늙어 늙어 갔어도 한 줄기 해란강은 천년두고 흐른다
지난 날 강가에서 말 달리던 선구자 지금은 어느 곳에 거친 꿈이 깊었나
2. 용두레 우물가에 밤새 소리 들릴 때 뜻 깊은 용문교에 달빛 고이 비친다
이역하늘 바라보며 활을 쏘던 선구자 지금은 어느 곳에 거친 꿈이 깊었나
3. 용주사 저녁 종이 비암산에 울릴 때 사나이 굳은 마음 길이 새겨두었네
조국을 찾겠노라 맹세하던 선구자 지금은 어느 곳에 거친 꿈이 깊었나

어머니의 마음(작사 양주동, 작곡 이흥렬)
1. 낳실 제 괴로움 다 잊으시고 기를 제 밤낮으로 애쓰는 마음
진자리 마른자리 갈아 뉘시며 손발이 다 닳도록 고생하시네
하늘 아래 그 무엇이 넓다 하리오 어머님의 희생은 가이 없어라
2. 어려선 안고 업고 얼러주시고 자라선 문 기대어 기다리는 맘
앓을사 그릇될사 자식 생각에 고우시던 이마 위에 주름이 가득
땅위에 그 무엇이 높다 하리요 어머님의 정성은 지극하여라
3. 사람의 마음속엔 온 가지 소원 어머님의 마음속엔 오직 한 가지 아낌없이 일생을 자식 위하여

살과 뼈를 깎아서 바치는 마음 인간의 그 무엇이 거룩하리요
어머님의 사랑은 그지없어라

여호와는 나의 목자시니(작사 시편 23편, 작곡 나운영)
여호와는 나의 목자시니 내게 부족함이 없으리로다
나로 하여금 푸른 초장에 눕게 하시며
잔잔한 물가로 잔잔한 물가로 인도하시도다
진실로 선함과 인자하심이 인자하심이 나의 사는 날까지 나를 따르리니
내가 내가 여호와 전에 영원토록 영원토록 영원토록 거하리로다 아멘

3) 어릴 때 부르던 동요

오빠생각
뜸북 뜸북 뜸북새 논에서 울고 뻐꾹 뻐꾹 뻐꾹새 숲에서 울제
우리 오빠 말 타고 서울 가시면 비단 구두 사가지고 오신다더니
기럭 기럭 기러기 북에서 오고 귀뚤귀뚤 귀뚜라미 숲에서 울제
서울 가신 오빠는 소식도 없고 나뭇잎만 우수수 떨어집니다

고향의 봄
1. 나의 살던 고향은 꽃 피는 산골 복숭아꽃 살구꽃 아기 진달래
울긋불긋 꽃 대궐 차린 동네 그 속에서 놀던 때가 그립습니다
2. 꽃 동네 새 동네 나의 옛 고향 파란들 남쪽에서 바람이 불면
냇가에 수양버들 춤추는 동네 그 속에서 놀던 때가 그립습니다

과수원 길
동구밖 과수원길 아까시아꽃이 활짝 폈네

하아얀꽃 이파리 눈송이처럼 날리네
향긋한 꽃 냄새가 실바람타고 솔솔
둘이서 말이 없네 얼굴 마주 보며 쌩긋
아카시아꽃 하얗게 핀 먼 옛날의 과수원 길 과수원 길

꽃밭에서

1. 아빠하고 나하고 만든 꽃밭에 채송화도 봉숭아도 한창입니다
   아빠가 매어놓은 새끼줄따라 나팔꽃도 어울리게 피었습니다
2. 애들하고 재미있게 뛰어놀다가 아빠 생각 나서 꽃을 봅니다
   아빠는 꽃 보며 살자 그랬죠 날 보고 꽃 같이 살자 그랬죠

옹달샘

1. 깊은 산속 옹달샘 누가 와서 먹나요
   새벽에 토끼가 눈 비비고 일어나
   세수하러 왔다가 물만 먹고 가지요
2. 맑고 맑은 옹달샘 누가 와서 먹나요
   달밤에 노루가 숨바꼭질하다가
   목 마르면 달려와 얼른 먹고 가지요

고향 땅

1. 고향땅이 여기서 얼마나 되나 푸른 하늘 끝 닿은 저기가 거긴가
   아카시아 흰 꽃이 바람에 날리니 고향에도 지금쯤 뻐꾹새 울겠네
2. 고개 넘어 또 고개 아득한 고향 저녁마다 놀 지는 저기가 거긴가
   날 저무는 논길로 휘바람 불면서 아이들도 지금쯤 소 몰고 오겠네

달맞이

1. 아가야 나오너라 달맞이 가자 앵두 따다 실에 꿰어 목에다 걸고

검둥개야 너도 가자 냇가로 가자

2. 비단물결 남실남실 어깨 춤추고 머리 감은 수양버들 거문고 타면
   달밤에 소금쟁이 맴을 돈단다
3. 아가야 나오너라 냇가로 가자 달밤에 달각달각 나막신 신고
   도랑물 쫄랑쫄랑 달맞이 가자

낮에 나온 반달

1. 낮에 나온 반달은 하얀 반달은 햇님이 쓰다 버린 쪽박인가요
   꼬부랑 할머니가 물 길러 갈 때 치마끈에 달랑 달랑 채워줬으면
2. 낮에 나온 반달은 하얀 반달은 햇님이 신다 버린 신짝인가요
   우리 아기 아장아장 걸음 배울 때 한쪽 발에 딸깍딸깍 신겨줬으면
3. 낮에 나온 반달은 하얀 반달은 햇님이 빗다 버린 면빗인가요
   우리 누나 방아 찧고 아픈 팔 쉴 때 흩은 머리 곱게곱게 빗겨줬으면

순례자의 노래

1. 저 멀리 뵈는 나의 시온성 오 거룩한 곳
   아버지집 내 사모하는 집에 가고자 한밤 세웠네
   저 망망한 바다 위에 이 몸이 상할지라도
   오늘은 이곳 내일은 저곳 주 복음 전하리
2. 아득한 나의 갈 길 다가고 저 동산에서 편히 쉴 때
   내 고생하던 일들을 주께서 아시리
   빈 들이나 사막에서 이 몸이 곤할지라도
   오 내 주 예수 날 사랑하사 날 지켜주시리

2. 『천성을 향하여 전진하는 기독도의 삶』

글쓴 이: 전재규 박사

목차

Ⅰ. 신앙적 배경

이 믿음은 먼저 네 외조모 로이스와 네 어머니 유니게 속에 있더니 네 속에도 있는 줄을 확신하노라(딤후 1:5)

내가 복음을 영접한 것은 태아에서부터라 생각한다. 이를 일반적으로 모태신앙이라 부른다. 내가 어머니의 모태에 있을 때 하나님께서 나를 택하셨고, 이 땅에 태어나게 하셨다. 굽이굽이 인생의 우여곡절을 지나며 신앙생활을 이어오다가 올해 대신대학교 총장과 이사장의 주선으로 팔순 감사예배를 드렸다. 기독도가 장망성에서 출발하여 결국에는 천국에 입성하는 일생의 과정을 서술한 천로역정과 같은 인생이라 생각해 본다. 때가 찬 경륜을 따라 청교도들과 함께 유럽에서 미국으로 건너간 복음이 일제의 수난을 받고 있던 가난한 이 나라에 전파되고 1893년 대구에도 베어드 목사가 첫발을 들여놓은 후 베어드 목사의 처남인 아담스 목사가 래구(來邱)하여 대구읍성 경내에 남문안교회(구 제일교회)를 세운 후부터 영남권 일대에 복음이 전해졌다. 이 복음이 일제강점기에 군위에 살고 계셨던 나의 외조부(당시 군위교회 영수)에게까지 전해졌다. 그 믿음은 다시 나의 어머니에게 전해져서 나에게까지 이른 것이다.

1. 유·청소년기

필자는 일제강점기에 경북 칠곡에서 태어나 동명국민학교에 입학하여 다녔고, 동명교회 주일학교에도 열심히 다녔다. 태평양전쟁이 막바지에 접어들 무렵, 일본 순사들이 동명교회에 들이닥쳐 교회 종각을 떼어가는 광경을 보고 몹시 분개했던 기억이 아직 뇌리에 남아있다. 그 후 내가 국민학교 2학년 때 우리나라는 해방을 맞이하였다. 6학년이 되면서 부모를 따라 대구로 이사를 오게 되어 대구 수창국민학교로 전학하였고, 6·25 전쟁이 일어나던 해에 대구 계성중학교에 입학했으나 전쟁 후 얼마 동안은 서문교회 지하실에서 중학교 공부를 해야만 했다. 하나님께서는 미션 스쿨인 계성학교로 나를 인도하셨고, 이 미션 스쿨에 다니던 청소년기에 주께서 나에게 꿈을 주시고 믿음을 심어주셨다.

당시 신태식 교장 선생님은 '여호와를 경외함이 지식의 근본'이라 가르치셨고, 필자는 하나님을 믿는 믿음 안에서 들판에 떠오른 무지개를 바라보면서 꿈을 키워나갔다. 어릴 적 일들을 생각하면 지금도 심령 깊은 곳에서 끓고 있는 열정이 솟아나는 것 같다. 또 어린 시절부터 나를 사랑하셨던 하나님께서 오늘날까지도 내 삶에 동력을 주고 계심을 깨닫게 된다. 필자는 중·고등학교 학창시절, 학교와 교회 생활에만 전념하였다. 여름이면 각종 산기도 집회에 광신자처럼 다녔고, 주일이면 새벽기도 시간부터 하루 종일 교회에서만 생활하였다. 그때를 떠올리면 아직도 영적으로 뜨거움이 온몸을 휘감는다.

2. 대학시절

고등학교에 다니던 시절, 주위의 많은 사람이 내게 목회를 하라는 권유를 많이 했고, 또 앞으로 목회를 하리라 짐작하는 이들도 적지 않았다. 그러나 필자는 부모님의 권유로 경북대학교 의과대학에 입학하였다. 대학 6년간의 시절을 회상해 볼 때 필자는 학교생활과 교회생활 외에는 다른 일체의 여념이 없었던 것 같다. 대학교 1학년 때 총각 집사가 되었고 주일학교 중등부 부장이 되어 교회 일에만 전념하였다. 주일에는 주의 거룩한 날을 지키느라 공부를 하지 않았으니 의과대학의 많은 과제를 소화하기에 어려움도 많았다. 그 시절의 필자는 남들이 즐기는 취미생활을 전혀 하지 않았다. 관심도 없었지만, 그것을 할 시간적인 여유도 없었다. 내 일상생활에 있어서 취미라곤 오직 운동뿐이었다. 매일 아침 일찍 일어나 평행봉과 철봉으로 운동을 하고 냉수마찰도 했다. 우리 집 앞마당에는 그 당시 항상 평행봉과 철봉대가 서 있었고 역기, 곤봉, 아령 등도 늘 준비되어 있었다. 또 그 무렵 어떤 사건으로 인해 새벽마다 태권도 수련을 시작하여 의과대학을 졸업할 때는 4단의 유단자가 되었다. 태권도를 배움으로 두려움이 없어졌고 믿음 생활에도 담대한 신념을 키울 수 있었다. 삶의 순간순간에 세상 유혹에 빠지지 않도록 도와주신 하나님의 손길이 계셨음을 생각하며 감사를 드린다.

II. 의료 전문인으로서의 삶

의과대학을 졸업한 필자는 군의관이 되어 양구 27사단 66연대 3지대라는 전방부대에 지대장으로 배속을 받아 66연대에서 군의관과 군목 일을 겸직하게 되었다. 당시에는 군목의 수가 모자랐기 때문에 부득이하게 겸직을 할 수밖에 없었다. 이 기간 동안, 필자는 주로 믿음 생활에 주력하였고 나머지 시간에는 영어공부에 집중하거나 사병들에게 태권도를 가르치는 등 여러 가지 일을 많이 했다.

군의관으로서 정해진 복무를 마치고 1966년 12월 미국 세인트루이스 시립병원에 인턴 과정으로 채용되어 1년 과정을 마쳤고 외과와 마취과를 전공과목으로 선택한 후, 클리브랜드병원으로 옮겨 전문의 과정을 이수했다. 클리브랜드병원에서 미국의사 면허와 전문의 자격증을 취득한 후 1972년 12월에 귀국하여 동산병원 마취과장으로 부임하였고, 그 후 동산병원에서 31년간의 의사생활이 시작되었다. 클리브랜드에 있는 동안에는 신앙이 있는 한인들을 모아 그 지역 최초의 한인교회를 세웠는데 그 교회가 지금도 예배를 드리고 있는 클리브랜드 한인교회이다.

전문인으로서의 삶

전문직 의사로서 필자는 항상 주님께서 행하셨던 치유사역에 관심을 가져왔다. 그리고 치유의 능력을 체험하게 해달라는 기도를 하며 성경에 나타난 예수님의 치유사역을 현대의학에 결부시키려고 꾸준히 노력해 왔다. 1973년 1월 1일부터 동산기독병원 마취과장직을 맡아 2003년 정년이 되기까지 30년간 나와 우리 가족은 병원 사택에 기거하였다. 30년간 병원 사택만을 고집한 이유는 한밤중에 급한 호출이 오면 5분 이내에 수술실에 도착할 수 있기 때문이었다. 또 필자는 30년 동안 단 한 번도 결근을 한 적이 없었다. 성실과 정직이라는 삶의 큰 명제는 결국 하나님께서 지켜주신 은혜의 반석 위에 굳건히 세워졌던 것이다.

지나온 30년을 돌아보며 전문인으로서의 내 업적을 다음의 몇 가지로 정리해 본다.

첫째, 학문과 의료 시술 및 병원의 근대화를 위한 일에 집중했다.

구미(歐美)의 의료 환경에 비해 국내의 낙후된 의료 환경(학문과 의료 시술 및 병원 설비 등)을 개선하고 병원을 근대화하고자 동산의료원 내, 타과의 과장들과 공감대를 형성하여 오랜 기간 노력하였다. 그 결과 1979년도에는 동산의료원이 계명대학과 합병되어 의과대학이 있는 대학병원으로 승격되었다. 동산의료원 재직기간 동안 마취과에서는 척추마취, 경막외마취, 소아마취 등의 분야에서 미국의 선진 프로그램을 도입하였고, 소아마취 분야에 미추마취와 Jackson Ree's마취 방법을 한국에 널리 보급하였다. 이를 통해 중환자실, 호흡기관리실, 산소치료실 등 광범위한 분야를 관장하였다. 이 기간 동안 필자는 총 30여 권의 의학, 신학, 역사 서적을 집필하였고, 200여 편의 논문을 발표하였다. 일반 서적으로는 『네 집이 평안할지어다』, 『대구 3·1 독립만세운동의 정체성』, 『의사의 눈으로 본 십계명, 주기도, 팔복』, 『대구는 제2의 예루살렘』을 출간하는 등 이 모든 것이 하나님의 은혜 가운데에 이루어졌다고 할 수 있다.

둘째, 직장 선교활동에 전념했다.

필자는 매일 아침, 진료가 시작되기 전에 드리는 채플 예배를 통해 하나님의 치유의 손길이 임하시기를 간구함으로 하루 일과를 시작했다. 또 채플 예배 시간에 순회 설교를 맡아 직장 동료들과 믿음의 교제를 나누며 자연스럽게 직장 내에서도 신앙인으로서 하나님의 영광을 드러내는 삶을 살 수 있도록 동료들을 독려하는 리더로 오랫동안 섬겼다. 결국 하나님께서는 의료원 전도회장, SIM국제선교회 한국대표이사, 선교회 후원회장, 호스피스 사단법인 이사장, 해외 진료 선교 등 다양한 일과 그에 맞는 직책을 맡겨주셨고 이를 통해 필자는 본격적으로 선교활동에 전념할 수 있게 되었다. 이 또한 하나님께 감사할 일이다.

III. 장로로서의 삶

필자는 모태신앙으로 시작하여 80년 평생 신앙인의 삶을 살아왔다. 어린 시절부터 학창시절, 중·장년기와 노년기에 이르기까지 남들이 즐기는 장기, 바둑, 당구, 골프 등의 취미생활과 술, 담배 등의 기호식품을 단 한 번도 가까이 해본 적 없는, 오로지 교회와 학교, 가정에만 충실한 외길 인생이었다고 할 수 있다. 그래서인지 때로는 나에게 삶이 무미건조해 보인다는 사람도 있고 내가 하는 일 외에 다른 방면으로는 무식해 보인다는 사람들도 있다. 자녀들은 종종 나에게 "아버지는 성경밖에 모른다."고 하기도 하고, 설교식으로 대화를 하려고 한다는 비난 아닌 비난을 하기도 한다.

내 나이 21살에 일찍이 교회의 서리집사가 되어 교회의 각 기관에서 힘써 일했다. 6년간의 외국 유학생활을 마치고 귀국한 그 이듬해에 대구 서현교회 장립집사로 피택되었고, 1975년에는 장로로 안수를 받았다. 그 후로 2007년 장로로 은퇴할 때까지 많은 사역을 했다. 대구서현교회의 장로로서 활동한 주요 사역 몇 가지만 살펴보면 다음과 같다.

1) 선교위원장(1983~1993)

2) 서현교육관 유지재단 이사장(1987~1989)

3) 한국SIM 조정위원(1989~1990)

4) SIM Korea Governor(1998)

5) 국제선교회 한국대표(2001~2003)

6) 선교지 나이지리아 방문(2016.6~15일간)

7) SIM국제이사회 한국대표이사(2009)

8) 서현교회 창립 60주년 기념, 나이지리아 종합연수관 준공식 참여자 방문단 인솔(2013.5.6~16)

다음은 대구서현교회에서 2012년 12월에 발간된 회보 〈서현동산 14호〉에 실린 '청년 같은 열정으로 전재규 원로장로'라는 제목의 글에서 가져온 내용이다.

> 특별히 장로님은 주님이 서현 제단에 두 가지 사명 즉 선교적 사명과 교육적 사명을 부여하셨다는 인식에 무엇보다도 우선하여 이 사명을 이루어가는 일에 열과 성을 다하였다. 서현교회는 일찍부터 해외 선교에 뜻을 두고, 1972년에 김형탁 선교사를 일본에 파송하였고, 1980년 10월 강승삼 선교사를 아프리카 나이지리아에 파송하였는데, 그는 한국 선교 사상 아프리카대륙의 첫 선교사이다. 현재도 이능성 선교사, 서재옥 선교사가 이 사명을 이어받아 모범적인 선교 사명을 잘 감당하고 있는데 이 사역에는 전재규 장로의 선교에 대한 열의가 큰 몫을 하였다. 서현교회는 선교 사업과 발맞추어 1977년 교육관 신축기성회를 조직하고 지상 10층, 지하 1층의 교육관 건립을 시작하였다. 여러 우여곡절을 겪으면서 추진되던 건축위원장의 사업 부도로 공사는 중단되고, 교회는 온통 혼미한 상황에 놓이게 되었다. 이 혼돈의 터널에서 벗어남에는 하나님의 역사하심 외에 달리 설명할 방법이 없지만, 문제 해결을 위해 김수학 담임목사와 전재규 장로가 선두에서 온 힘을 다하였다. 인간 전재규의 삶을 탐구하면서 문득 예수님의 사역을 떠올린다. 교육(Teaching), 선교(Preaching), 치유(Healing) 사역을 담당하신 예수님을 닮고자 노력한

삶이었다는 생각이 든다.

IV. 신학교 총장으로서의 삶

동산의료원에서 근무하면서도 하나님의 일에 좀 더 집중하고 신학적인 지식을 좀 더 구체화하기 위해 필자는 1982년 대구신학대학교(현 대신대학교) 야간 신학부를 졸업하고, 그 후 졸라(Zola) 유태인 기독교 신학교를 수료하였다. 그 후 대신대학교 교수로 채용되어 31년 동안 야간에 신학영어, 치유선교학, 노인목회학, 호스피스사역 등을 가르쳐왔고, 총신대학교와 대신대학교 이사와 석좌교수를 거쳐 2009년도에는 대신대학교 총장직을 맡게 되었다. 이 또한 불가항력적인 하나님의 은혜의 손길이 인도해 주신 일임을 고백하게 된다. 이 기간 동안 하나님의 은혜 가운데 이루어진 일들은 다음과 같다.

첫째, 대신대학교 역사편찬위원장을 맡아 대구의 초창기 기독교 역사를 아우르는 「대신대학교사」를 5년에 걸쳐 편찬하였다.

둘째, 대구지역 민족계몽운동의 발상지인 동산언덕에 대구시와 협력하여 3·1운동길을 발굴, 조성하였고 초기 선교사 사택을 단장하여 의료 및 선교·역사박물관으로 만들었으며, '여호와이레' 기념비를 세우고, 3·1운동 발상지를 발굴하여 표지석을 세워 해마다 3·1운동 재연행사를 10여 년간 주도해 왔다.

셋째, 2012년 대신대학교 후학 양성을 위해 20여억 원을 희사하여 대신대학교 종합관(지하 1층, 지상 5층)을 건립하는 데 적잖은 힘을 보탰다.

V. 총장 퇴임 후, 나의 삶과 비전

2009~2011년까지 대신대학교에서 5대, 6대 총장을 역임하고 난 후 생각하는 바가 있어 사단법인 '대한민국역사문화운동본부'를 설립하여 이사장으로 취임하게 되었다. 내가 이 역사문화운동에 관심을 가지게 된 것은 근래 들어 나라 안팎에 복음 전파와 곳곳의 성시화를 방해하는 여러 가지 요인들이 있으며, 이러한 방해 요인들을 퇴치하는 운동을 통해 복음 전파의 토양을 만들고 대구 도성을 성시화하는 데에 보탬이 되고자 하는 깊은 생각 때문이었다. 구속사의 마지막 시기인 이 때에 그와 관련하여 다음과 같은 우리 사회의 중요한 문제점 몇 가지를 생각하기에 이르렀다.

1) 분별력 없는 무신론적 좌편향 사상이 유입되어 충효와 함께 국가의 정체성에 위기가 왔으며 나라의 근본 질서가 무너졌다.
2) 좌편향 사상은 사람 중심이란 교묘한 언어 술책으로 소수의 인권 보호란 명목을 내걸고 있으며 동성애를 옹호하는 자들이 확산되어 천륜을 범하고 있다.
3) 과격 이슬람주의자들은 그들의 샤리아 율법을 앞세워 다른 종교의 말살을 위해 테러 행위를 정당화하고 있으며 하나님이 주신 고귀한 영혼을 무자비하게 살육하고 있다.
4) '종교다원화주의'가 침투하여 이방 종교와 타협하게 하여 신앙의 순수성을 말살시키고 믿는 자들의 영혼을 타락시키고 있다.
5) 육체적 본능에 충실한 타락한 문화가 여과 없이 유입되었고, '자유 민주'란 용어를 악용하여 자유 방종의 문화를 만들어내고 있다.

필자는 이러한 문제점을 직시하고 사단법인 '대한민국역사문화운동본부'를 창립하여 다음과 같은 일을 진행하고 있다.

1. 역사정립(歷史正立)을 위한 교육활동

좌편향 왜곡된 역사를 바로 세우는 역사정립 교육을 새마을운동 차원으로 전개하여 충효의 가치관을 일깨우고 무너진 근본 질서를 회복하며 국민정신 무장을 통한 국방력의 초석과 함께 복음 전파의 토양을 조성한다.

2. 역사 현장 탐방을 통한 실물교육

대구의 동산언덕을 민족정신을 일깨우는 산실로 삼고 6·25 전쟁과 같이 뼈아팠던 역사적 사건을 접해보지 못한 전후 세대들에게 이곳 동산언덕과 낙동강 방어선 전투 지역들을 연계하여 애국 혼을 일깨우는 역사관광 투어를 전개한다. 역사관광 투어 루트는 다음과 같다.

동산언덕 → 선교사 주택들(선교, 의료, 역사박물관) → 근대골목 → 다부동전적지 → 인천상륙작전지역 등 순회 역사 실물교육 실시

동산의료원 의료박물관

3. 대구 3·1 독립만세운동 재연행사

기독교계를 중심으로 동산언덕에서 일어났던 3·1 독립만세운동 정신을 애국 계몽운동으로 되살려 국민의 애국심을 일깨운다. 필자는 동산의료원 재직기간 중 민족역사에 관심을 갖기 시작했고, 아래와 같은 일들을 추진하였다.

1) 2002 대구 3·1독립운동 기념관 건립(선교, 역사, 의료박물관과 함께 관

광명소화)

2) ‘대구 3·1운동의 정체성’ 도서 단행본 2권 발간

3) 대구 3·1운동길 제정(청라언덕에서 내려오는 90 계단 길)

4) 대구 3·1 독립운동 발원지 표지석 제정(섬유회관 건너편)

5) 대구 3·1 독립운동 재연행사(2003년 이후)

4. 병영 독서문화운동 전개

근현대사 책자를 보급하여 군 병영 내 독서문화운동을 전개하고 연 1회 정도 독후감 발표회를 개최토록 권장하여 충효와 애국심을 일깨우고 국방력의 초석을 놓는다.

*** 제50보병사단 근·현대사 독후감 발표대회**

○ 행사명 : “대한민국 근현대사 독후감 경연대회”

○ 주 최 : 보병 제50사단/(사)대한민국역사문화운동본부

○ 일 시 : 2016. 10. 14 사단사령부

○ 대 상 : 간부급(하사관 및 장교) 약 1,000명

○ 진 행 : 연대단위 예심 : 5명 선발 시상 후 사령부 출전
사령부 본선경연대회 : 우수작 17명 선발 시상

○ 시 상 : 대상1, 금상1, 은상2, 동상3, 입선10, 다독부대 상, 재정지원 400만 원

5. 고대역사 발굴 및 고증활동

6세기 중엽 신라에 병합된 후 역사가 거의 멸실된 가야문화 등 고대역사의 흔적들을 발굴하고 고증하여 아름다운 민족문화를 보존하고 전수하는 일을 계속 진행해 오고 있다.

6. 워커, 백선엽 장군 동상건립

낙동강 방어선 전투지역에 동상건립 및 호국공원 조성을 추진해 오고 있다.

VI. 전문인 선교인에게 남기고 싶은 메시지

인간은 항상 공동체를 형성하여 사회적 존재로 살아간다. 그래서 인간을 사회적 동물이라고 한다. 인간은 사회 안에서 연구하고 개발하여 문명을 발전시켜 나간다. 이 사회적 공동체에 있어서 필수적인 조건은 공동체에 선한 영향력을 줄 수 있는 지도자이고, 그러한 지도자의 역할은 공동체 내에서 상당히 중요하다. 전문인은 지도자의 역할을 감당할 수 있는 지식과 분별력을 갖춘 사람들이다. 선교에도 마찬가지다. 전문인이 자기 분야에서 선교하는 것은 대단한 설득력이 있다.

필자는 의사가 되어 선교사역에 참여하는 것을 대단한 영광으로 생각한다. 치유사역에 관한 한 목회자보다 더 신뢰성이 높고 우월하다. 그리하여 치유선교학 교재까지 발간하게 되었다. 여생에 내가 가진 전문성을 최대로 이용하여 복음을 전하는 선교사역에 더 폭넓게 기여할 수 있기를 간절히 소망한다. 전문인이 함께 연합하여 선교 전략을 세울 수 있다면 더할 나위 없이 좋은 선교활동이 될 것이다.

부록 Ⅲ

백암과 만호의 약력

1. 백암 전재규 박사 약력

1. 학력

계성중·고등학교 졸업
경북대학교 의과대학 졸업
경북대학교 대학원 석·박사
미국 클리브랜드병원 전문의 수료
미국 의사면허증 및 미국 마취과 전문의 자격증
대한장로회 신학교(대신대학교 전신) 졸업
졸러(Zola) 유태인 기독신학교 수료
명예신학박사 학위(대신대학교)
명예철학박사 학위(대만담강대학교)
명예철학박사 학위(영남신학대학교)

2. 경력

한국, 미국 의사 면허 및 마취과 전문의 정회원
에크론 아동병원 마취과 수료
클리브랜드 휴론로드병원 근무
미국 템플(Temple)대학교 의과대학 임상조교수
계명대학교 의과대학 교수
계명대학교 의과대학 학장
경주기독병원 이사 및 원장 직무대리

대한치료레이저학회 이사장
대한마취과 학회장
대한통증학회 학회장
한국의료윤리 교육학회장
세계마취과학회 상임위원
대한호스피스협회 초대 이사장
건양대학교 보건대학원 치유선교학 외래교수
동산의료원 박물관장(현재 명예관장)
대한민국역사문화운동본부 이사장
대구3·1독립운동 재연 추진위원장(10년)
대구동산의료원 100년사 편찬위원장
대구서현교회 선교 35년사 편찬위원장
SIM국제선교회 한국대표 국제이사
총신대학교 이사
대구신학교 외래교수 및 석좌교수
대신대학교 총장
(현) 대신대학교 명예총장
계명대학교 명예교수
사단법인 대한민국역사문화운동본부 이사장
서현교회 원로장로(시무장로 31년 봉사)

3. 주요 포상내용

학술상 다수: 대한마취과학회 및 외국학회(1980)
국가보훈처장 공로패: 지역보건 의료 향상 부문, 대구광역시의사회장(1987)

교육의료문화 저술상: 대한의학협회장(1992)

국가유공자의 복지증진 공로패: 국가보훈처장(2003)

국무총리 교육표창장(2003)

선행모범 시민상: 대구광역시장(2003)

국가보훈처장 감사패(2008)

지역사회발전 공헌 표창패: 대구광역시장(2013)

학교를 빛낸 안행대상 및 각명식: 경북의대 동창회(2015)

세계전문인 선교대상(2016)

국제 안중근 의사상(2020)

신인문학상(2020)

4. 저서

국내외 논문 234편

『마취과학』(1994)

『통증의학』(1994)

『임상의를 위한 순환호흡생리』(1996)

『수액요법의 실제』(1999, 군자출판사)

『동산의료원 100년사』(1999)

『통전적 치유와 건강』(2000)

『통전적 치유와 건강』(2000, 보문출판사)

『의료윤리학』(2001)

『호스피스총론』(2001)

『임상의를 위한 척추마취』(2001)

『대구3·1운동의 정체성』(2002, 뉴룩스)

『내 집이 평안할지어다』(2003, 보문사)

『동산에서의 30년』(2003, Timebook)

『의사의 눈으로 본 십계명, 주기도, 팔복』(2003, 생명의말씀사)

『지게꾼』(2004, 대한기독교서회)

『대한마취과학회 50년사』(2006, 대한마취과학 편찬위원회)

『대구서현교회 선교이야기』(2007, 대구서현교회 역사편찬위원회)

『대구는 제2의 예루살렘』(2012, 뉴룩스)

『구원을 이루시는 약속의 도피성』(2015, 뉴룩스)

『전인치유, 현대과학 그리고 성경』(2015, 이레서원)

『너도 가서 그리하라』(2019, 생명의말씀사)

『청라정신과 대구·경북 근대문화』(2022, 우리시대), 외 40여 권

2. 만호 류재양 장로 약력

학력

대구신학교 신학과 수료

대구미래대학교 사회복지과 수료

영남대학교 경영대학원 수료

대신대학교 명예신학박사 학위 수여

경력

第14회 전국남전도회 연합회회장

第33회 전국장로회 연합회회장

第7회 대구지역장로회 연합회회장

第28회 대구광역시장로회 총연합회회장

第83회 대한예수교장로회 헌법개정위원

第85회 대한예수교장로회 총회회계

第89회 대한예수교장로회 부총회장

학교법인 대신대학교 명예이사

학교법인 총신대학교 법인감사

합동교단개혁교단 합동선언문 작성위원

대신대학교종합관 건축추진위원장

한국찬송가공회 새찬송가위원

주간지 크리스챤공보사 이사장

경산농지개량조합 이사 역임

새대구기독인회 창립초대회장 역임

(현) 대구반야월중부교회 원로장로

(현) 대구광역시기독교총연합회 이사장

(현) 대구경북사랑의쌀나누기운동 협의회장

(현) 학교법인대신대학교발전 추진위원장

(사)충효례문화전승협의회 대구지회장

표창장

보건복지부장관 표창장 수상

경상북도지사 표창장 수상

대구광역시장 표창장 수상(2회)

저서

회고록 『물댄 동산 마르지 않는 샘』

백암 전재규 박사 평전 『향기 짙은 인생 여정』

시집 『물댄 동산 마르지 않는 샘(靈詩)』